Bebras 试题助你 Hold 住计算思维

青少年计算思维游戏宝典

· 初中卷 ·

丛书主编　张进宝
本书主编　边　琦
本书副主编　赵腾任

电子工业出版社
Publishing House of Electronics Industry
北京·BEIJING

内容简介

本书选取近几年国际计算思维挑战赛初中年级组最为经典的题目，在呈现形式上，尤其在"解析"和"计算思维相关知识"模块，重点体现趣味性、直观性、简洁性，让更多的读者容易上手；内容上着重介绍专家解决问题的思路及思维方式、带来的启示等。

本套丛书共有五本，考虑不同年龄阶段读者的认知发展水平，对应不同的学段，分别为小学一二年级、小学三四年级、小学五六年级、初中年级和高中年级，读者可以根据自己的实际情况进行选择。本套丛书涵盖了逻辑、二进制、编码、排序、图、编程、调度、算法、算法优化、路径等信息学和计算机领域的大部分专题。书中尽可能以图形化代替语言化，帮助读者更好地理解相关内容。读者可以在故事情境中学习与生活相关的计算思维概念和方法。

未经许可，不得以任何方式复制或抄袭本书之部分或全部内容。
版权所有，侵权必究。

图书在版编目（CIP）数据

青少年计算思维游戏宝典. 初中卷 / 边琦主编. —北京：电子工业出版社，2023.4
（Bebras 试题助你 Hold 住计算思维 / 张进宝主编）
ISBN 978-7-121-45416-5

Ⅰ.①青… Ⅱ.①边… Ⅲ.①计算机课—初中—教学参考资料 Ⅳ.① G634.673

中国国家版本馆 CIP 数据核字（2023）第 062393 号

责任编辑：刘　芳
文字编辑：仝赛赛　杨　晗
印　　刷：北京市大天乐投资管理有限公司
装　　订：北京市大天乐投资管理有限公司
出版发行：电子工业出版社
　　　　　北京市海淀区万寿路 173 信箱　邮编：100036
开　　本：720×1000　1/16　印张：19.5　字数：342.1 千字
版　　次：2023 年 4 月第 1 版
印　　次：2023 年 4 月第 1 次印刷
定　　价：109.80 元

凡所购买电子工业出版社图书有缺损问题，请向购买书店调换。若书店售缺，请与本社发行部联系，联系及邮购电话：（010）88254888，88258888。

质量投诉请发邮件至 zlts@phei.com.cn，盗版侵权举报请发邮件至 dbqq@phei.com.cn。
本书咨询联系方式：liufang@phei.com.cn。

丛书编委会

丛书主编：张进宝
丛书副主编：肖广德　魏雪峰　周越　邢洋
编　　委：倪伟　丁玉海　陈逸　余亮　王楠
　　　　　边琦　王玉英

本书编委会

本书主编：边琦
本书副主编：赵腾任
编　　写：崔东伟　范洁　郝思晨　侯岸泽　秦小娜
　　　　　沈福杰　沈映珊　石沙　王戈　王文华
　　　　　许会敏　翟学坦　张凯悦　周越　朱燕南
　　　　　李娜　王宇　侯雪静　赵华新

各界知名人士推荐语

在快速发展的信息社会，计算思维是重要的核心素养。计算思维的训练是人工智能科普活动的关键组成部分。提升逻辑思维能力，掌握解决问题的方法，培养创新创造的精神，这些都是未来科技创新人才不可或缺的要素。《青少年计算思维游戏宝典》系列图书通过一个个青少年喜闻乐见的趣味场景式问题，循序渐进地呈现计算思维教学资源库。参与"国际计算思维主题活动"的每一位成员既是资源的集成者和共享者，更是资源的贡献者，为新时代青少年科技教育活动的开展提供了全新的理念和方法。

——辛兵　中国科协青少年科技中心主任

通俗地说，学习计算思维就是学习如何像计算机一样去解决问题，或者说学习如何教计算机去解决问题。在这个过程中，青少年学会问题分解，学会抽象表达，学会通过分层分块的方式降低问题的复杂度，学会继承前人的通用解决方案（算法），领会算法与数学的关系、计算与生活的联系。这样的青少年长大后，在信息社会将如纵壑之鱼，游刃有余。《青少年计算思维游戏宝典》系列图书将全球计算思维社区的人才培养智慧引入中国，其本身又是计算思维中国社区合力的凝结，必将丰富国内计算思维教学活动，引领中国计算思维教育的发展与创新。

——汪琼　北京大学教授

信息素养和人文素养、科学素养一样，都是现代人必须具备的核心素养。信息意识、计算思维、数字化学习和创新，以及信息社会责任是信息素养的关键要素。《青少年计算思维游戏宝典》系列图书收录的试题，以信息科技基本概念与主要方法为核心，构建了利用计算思维解决问题的情景，符合基础信息科技教育发展的理念，必将成为广大教师案头的重要参考资料。广大教师可以以此为基础，拓展更多生动有趣的教育活动。

——熊璋　北京航空航天大学教授

学习编程是计算思维培养众多途径中的最基础的一种，却又难以有效组织。

《青少年计算思维游戏宝典》丛书以全新的视角带领你走入计算思维，丛书覆盖不同学段的内容和挑战任务，通过图文结合、多学科融合的方式，将孩子们带入情景化、生活化、游戏化的问题情境之中，将学习编程变成一种有趣的、实用的和有效的学习体验。期待这套书的推广为我国青少年计算思维的培养做出积极的贡献。

——黄荣怀　北京师范大学教授

　　青少年计算思维的培养是一个多环境、多因素、多层次、多阶段的复杂发展过程，没有简单定式可循，更不可一蹴而就。作为解决问题的一种通用思维，计算思维并非只有技术一个维度，还有社会、心理和认知等方面的意识和方法。因此，通过精心设计的场景和问题，引导学生从各种不同的方面认识问题、剖析问题，并使用信息技术手段解决问题，是全面发展学生计算思维的一个有效途径，也可以很大程度上弥补课堂教学的若干短板。

　　我相信本书对于从事中小学信息技术教育相关的教师、家长和企业，以及乐于提升自己计算思维素养和解决问题技巧的人都有价值。

——樊磊　首都师范大学教授

　　《青少年计算思维游戏宝典》系列图书有四个亮点：一是通过不同学段、不同视角的样题，强调计算思维是人的思维这一核心本质；二是阐明了训练计算思维的目的，是培养人的计算机科学中的思维与创造力，而不是培养"码农"的初衷；三是每个案例都力求贴近学习、生活的真实情境，符合当下我国中小学新课程中的要求；四是文字浅显易懂，样题解析逻辑严谨，很适合学生自学。有鉴于此，该书非常适合致力于培养高阶思维的学生。

——林众　人民教育出版社信息技术编辑室主任

《青少年计算思维游戏宝典》系列图书将计算思维专业性寓于生活化情境。对于学习者，这不仅是一套测量计算思维的工具书，更是一段寻找创新乐趣的旅程。

——田党瑞　《现代远程教育研究》杂志社主编

自2017年起，发展人工智能成为国家战略目标，"程序设计语言"成为中小学的热门课程，而作为程序设计基础和前提的计算思维，更值得教师、家长、学生关注和学习。计算思维的过程比问题的答案更重要，特别适合家长与孩子一起沟通、共同学习。《青少年计算思维游戏宝典》系列图书是给中国中小学生学习计算思维和程序设计的工具书，也是指引思维发展的好书，值得推荐给全国的中小学生们，它能给你们带来快乐，助你们成长。

——李劭劼　安徽先进产业技术创新研究院研究员

今天，如果还有家长问：孩子为什么要学编程啊？那么我们就可以反问他，你怎么不问孩子为什么要学语文啊？语文是第一语言，数学是第二语言，程序是第三语言，依次递进，正好对应着人类文明的三个阶段。感谢《青少年计算思维游戏宝典》系列图书作者以生动有趣的实例引领孩子们进入第三语言的世界！

——余宙华　北京阿儿法营教育科技有限公司创始人

Bebras国际计算思维活动自开展以来，全球近100个国家纷纷参与。该活动的目的在于让更多人通过参与活动，能更好地理解ICT思维方式，掌握计算思维能力，并将其应用在生活与工作之中。

《青少年计算思维游戏宝典》系列图书优选与萃取加拿大、荷兰、德国、西班牙等40多个国家的计算思维试题。这些试题跨学科涉及多个领域的知识维度与能力维度。将实际生活与工作中的问题运用场景化与游戏化的表述方式，让试题以最自然的方式呈现在教师与学生的面前，令人耳目一新。

——汤伟 EDDUUS Co.,Ltd. 中国区总经理原微软中国有限公司大中华区教育行业总监　原甲骨文中国软件系统有限公司大中华区公共事业行业总监

丛书序言

数百万年前,原始人类为了适应险恶的环境,捕获食物,保护自己和部落的安全,学会了创造和使用工具。世间变化日新月异,人类要想适应当下的环境,须不断学习,掌握不同的普适技能。在以信息化、后工业、知识经济为重要特征的时代背景下,人类所面临的外部环境愈加复杂。随着新一代信息技术的快速发展,计算机芯片处理技术、分析计算技术、量子计算技术获得重大突破,人工智能、云计算、物联网的新兴技术迅速发展,人类越来越重视计算的重要性。当人类开始突破机器可实现的计算模型,而向生物学、物理学和复杂科学寻求新的计算模式时,人类在模拟自然界和人类心智过程中所产生的各种突破,将引导我们走向更加壮丽的未来。例如,量子计算是一种遵循量子力学规律,调控量子信息单元进行计算的新型计算模式。利用量子计算机中某些已知的量子算法处理问题的速度要快于使用传统的通用计算机。又如生物计算,以生物大分子作为"数据"的计算模型,其巨大并行性所带来的惊人速度,使得密码系统对于这类计算机而言已经失去意义。如今,人工智能、大数据、区块链等技术的应用也已经在众多领域中发挥着令人瞩目的作用,人们日益关注计算的价值与威力。

与之相适应的人才培养体系,也因此聚焦于培养具有创造性思维、计算思维和系统思维,拥有高效学习能力,能够阅读、理解数据,拥有计算和数字分析能力等技能的综合性人才。计算思维被认为是计算机科学的核心思想,被当作一种新的视角和思维方式,引起了人们的关注与重视,越来越多的学者呼吁计算思维普适化,使计算思维成为人人具备的技能。计算思维在科学计算等领域不再是研究的辅助工具,已经化身为重要组成部分,发挥着关键作用。计算思维既是一种新的思想,也是一种新的视角。今后的科学研究与工程实践将普遍需要具备计算思维,能够理解、掌握和构造计算步骤,在计算机上执行并获得有用结果的工作者。世界各国都在积极推进计算思维教育,尤其是在基础教育阶段,一方面,在人才培养和课程体系中纳入计算思维,推进计算思维的全面普及;另一方面,在国家层面投入大量资金,支持计算思维教育的实践与研究。

秉持着教育要面向未来的基本逻辑,问题解决能力毫无疑问成了人们最为关注的、21世纪青少年应该掌握的核心技能之一,也是发展思维技能最好的切入点。因此，面向思维能力发展的各项国际性赛事，如袋鼠数学竞赛（Math Kangaroo）、国际数学奥林匹克竞赛（IMO）、国际信息学奥林匹克竞赛（IOI）、Bebras 国际计算思维挑战赛等均受到了人们的广泛关注。

Bebras 国际计算思维挑战赛是信息学领域中推动计算思维教育的最具影响力的国际赛事，也是信息学教育领域内拥有最大用户群体的非学校活动。为培养学生的算法思想，提升其计算思维能力及创造性解决问题的能力，使其更好地应对新时代的各种挑战，Bebras 国际联盟于 2004 年在立陶宛举办了第一届 Bebras 国际计算思维挑战赛（简称挑战赛）。挑战赛的创始人与组织者 Valentina Dagiene 教授，旨在利用挑战赛向学校学生介绍信息学（在中国可以等同于计算机科学）。目前，这项挑战赛已经在 70 多个国家和地区举行，中国大陆于 2017 年正式加入。从一开始，挑战赛的目标就已经扩展到促进和发展计算思维，促进信息学、计算机科学和计算方法的算法的发展。2019—2020 年，全球有近 300 万名学生参加挑战赛。

挑战赛以计算思维的概念和方法为核心，强调学习内容为实际应用服务。虽然国际信息学奥林匹克竞赛和 Bebras 国际计算思维挑战赛同为信息学领域的国际化赛事，但二者之间仍存在较大不同：前者要求参赛选手掌握系统性知识，并具备扎实的编程基础；而挑战赛因其旨在面向所有学生推广计算思维和信息学（计算机科学或计算），参赛者无需相关先验知识，只需要具备基本的逻辑思维能力即可，因此挑战赛面向所有学段的学生。

为了将历年来优秀的试题尽快引入国内，丛书编委会精心谋划，根据国内实情，精心挑选 2010—2018 年挑战赛评审通过的优秀试题。试题尽可能地囊括计算机科学的各分支领域，让读者在情境化的题目中，调用自己的逻辑思维，形成自我的计算思维，熟悉计算机科学的各个方面。其所面向的读者群体，不仅限于想要检验和提升计算思维能力以及探索计算机科学领域的学生，还可以是计算机科学领域的教师、学者、家长等。在计算思维培养的过程中，挑战赛试题集可作为辅助工具，用于测查学生对相关概念和方法的掌握情况，再根据测查结果，有针对性地进行知识弥补和概念框架完善。

本套丛书共有五本，考虑不同年龄阶段读者的认知发展水平，对应不同的学段，分别为小学一二年级、小学三四年级、小学五六年级、初中年级和高中年级,读者可以根据自己的实际情况进行选择。每道试题包含试题难度级别、试题分类、关键词、题目、答案解析及计算思维相关知识。其中试题难度划分为三个等级:易、中、难。所有试题归于五大类别:算法与编程,数据、数据结构与表征,计算机处理与硬件,通信与网络,交互系统与社会,这五大类别尽可能地涵盖信息学和计算机领域的所有专题。关键词描述了该试题的具体知识模块所属的类别,如序列和二进制属于数据、数据结构与表征模块,让读者对题目中包含的知识点产生清晰的脉络和框架。在试题本土化的过程中,作者们尽可能以图形化代替语言化,帮助读者更好地理解试题内容。读者可以在故事情境中学习与生活相关的计算思维概念和方法,如抽象、模式识别、优化策略等。

当前,中国处于近代以来最好的发展时期,世界处于百年未有之大变局,两者同步交织、相互激荡,加之诸如新冠肺炎疫情的叠加冲击,导致全球政治、社会和经济发展面临的矛盾冲突加剧,风险隐患急剧上升,进而引发了国际政治格局的变化和调整,这些都在提醒中国教育工作者:个体发展应与国家发展保持一致。所有的教育工作者应当增强风险意识,对发展有清醒的判断,要有敢于担当的责任心与使命感,将人才培养工作当作长期事业,放弃急功近利的实用主义,直面中国教育中的短板和不足,以真干、实干的精神,充分利用各种可能的机会,为广大学生提供形式多样的计算思维培养。

本丛书所有参编者不辞辛劳,在试题本土化的过程中,克服种种意想不到的困难,对每一道题目都进行了精心的校对与审核。这是众人不懈努力的成果,希望拿到此书的学生、教师、家长和教育研究者都能够有其独特的收获。全球对计算思维教育的探索方兴未艾,从理解内涵到转化为教育实践,尚需无数人不懈的努力。面向21世纪的教育应该是全面而有远见的教育,计算思维教育应该成为这其中的重点,并被广泛实践,而不能理解为仅限于计算机科学。故此,希望本丛书的出版能够给大家带来启发,希望我们都能因此而更加全面、深刻地理解与运用计算思维,开创新时代的美好生活!

张进宝
2020年12月7日
于北京师范大学曦园

国内计算思维教育发展情况

总体来讲,我国的计算思维教育还处于起步阶段。

一方面,计算思维在一线教学场景中尚处于普及认识阶段。学界对于计算思维的研究已逐渐成熟,而一线教师对其认知还较为有限。虽然大部分教师并不知晓"计算思维"一词的内涵,但他们一直在进行与计算思维教育相关的教育活动,包括信息技术教育、机器人教育、创客教育及STEM教育等。在我国的大部分学校,尤其是城市的小学,计算思维教育正得到大力推广与普及。

另一方面,国内计算思维教育在地区间发展不均衡。计算思维教育在国内经济、教育发达地区已较为常见,而在欠发达地区,学生还缺少接触计算思维的机会,他们只能接受简单的以技能操作为主要内容的信息技术教育。教学质量越好的学校,计算思维教育的开展情况越好;教学质量相对薄弱的学校,计算思维教育的开展情况越是差强人意。究其原因,计算思维教育对于师资、装备等具有较高要求。

计算思维试题价值体现

《普通高中信息技术课程标准(2017年版)》将计算思维列为学生需要培养的四大核心素养之一。联合国教科文组织发布的《教育中的人工智能:可持续发展的挑战和机遇》报告中亦明确指出,要强化青少年计算思维的培养。计算思维被誉为21世纪的普适思维,对培养未来创新人才、提升国家未来竞争力具有重要意义。

本丛书内容来源于国际计算思维挑战赛中的优秀试题案例,集合了世界各国比较共性的场景问题,趣味横生,将需要培养的思维能力蕴含于各类实际场景问题中,引导学生运用计算思维来解决问题,培养其计算思维能力。同时,这些试题涵盖了计算思维相关的各类知识点,并针对不同学段的学生标识了相应的难度等级,有助于学生循序渐进地学习计算思维相关知识,由简入繁地运用计算思维解决各类实际问题。

计算思维试题如何运用

对学生而言，可以通过"一观二试三思"方法来使用计算思维试题。一观：先观察、了解试题难度及本题要考查的知识点。二试：阅读题干，了解任务，尝试解答。三思：在问题解决后，阅读本题所涉及的计算思维相关知识，对本任务涉及的知识点进行进一步思考与理解，反思问题解决思路，并联系生活实践，尝试运用本题模式解决生活中其他类似的问题，达到融会贯通。

对教师而言，由于每一道计算思维试题都标识了难度等级与涉及的知识点，在计算思维相关知识点的教学过程中，教师可随时选取合适的试题案例、任务场景，呈现给学生，引导学生运用所学知识来解决场景中的问题，由浅入深，促进对当前所学知识的理解和吸收，也可用于检测学生对知识点的学习效果。另外，由于每道计算思维试题都有鲜活的任务场景，教师可以摒弃传统的知识教学，基于试题案例开展项目式教学，从一个需要解决的现实问题切入教学，激发学生的兴趣和求知欲。问题或项目是计算思维培养的开端，通过创设问题让学生寻求解决方案，也是促进学生对问题思考并进行分析、分解和抽象、逐步深入解决的过程。同时，教师可以鼓励学生或学习小组通过语言或思维导图表达问题解决的思路与过程，并进行分享，引导学生通过形式化符号对问题进行提炼与表示，将问题抽象化理解，并进行模式识别，锻炼学生的计算思维能力。

本书作者

Copyright © Bebras–International Challenge on Informatics and Computational Thinking. This work is licensed under a Creative Commons Attribution-ShareAlike 4.0 International License.

《青少年计算思维游戏宝典》使用说明

以 2012-AT-01 为例

2012-AT-01 打乱的绘画说明卡

Ⅰ：难	Ⅱ：中	Ⅲ：—	Ⅳ：—	Ⅴ：—	Ⅵ：—
分类	算法与编程					
关键词	奇偶性，穷举搜索，置换					

- 标题名称

2012——题目年度；

AT——题目所属国家/地区（奥地利）的简称；

01——该题在该国/地区所出题目中的序号；

打乱的绘画说明卡——题目名称。

- 题目难度

Ⅰ	Ⅱ	Ⅲ	Ⅳ	Ⅴ	Ⅵ
一、二年级	三、四年级	五、六年级	七、八年级	九、十年级	十一、十二年级

6个罗马数字对应6个不同的年龄层级。"难"表示题目对该年级的学生来说相对较难，"中"表示题目对该年级学生来说正适用，"易"表示题目对该年级学生来说较简单，"—"表示题目不适用于该阶段学生。

- 题目分类及关键词

算法与编程：计算思维知识五大领域之一；

奇偶性，穷举搜索，置换：此题目所考查的知识点。

- 计算思维知识对应的能力维度

知识维度	算法与编程	数据、数据结构与表征	通信与网络	计算机处理与硬件	交互系统与设计
能力维度	分解	抽象	算法	评估	概括

- 国家/地区对应简称列表

AT——奥地利
AU——澳大利亚
AZ——阿塞拜疆
BE——比利时
BG——保加利亚
CA——加拿大
CH——瑞士
CN——中国
CY——塞浦路斯
CZ——捷克
DE——德国
FI——芬兰
FR——法国
HR——克罗地亚
HU——匈牙利
ID——印度尼西亚
IL——以色列
IN——印度
IR——伊朗
IT——意大利
JP——日本

KR——韩国
LT——立陶宛
LV——拉脱维亚
MY——马来西亚
MK——马其顿
NL——荷兰
PK——巴基斯坦
PL——波兰
RO——罗马尼亚
RS——塞尔维亚
RU——俄罗斯
SE——瑞典
SI——斯洛文尼亚
SK——斯洛伐克
SP——西班牙
TH——泰国
TR——土耳其
UA——乌克兰
UK——英国
US——美国
VN——越南

目录

一、逻辑

2013-UA-01-3 电子锁 ··· 001

2015-BE-01 套餐偏好 ··· 004

2017-JP-03 分面包 ··· 006

2017-BR-02 太空漫游 ··· 008

2018-HR-05 撒谎是站不住脚的 ··· 010

2015-SK-04 剧院 ··· 013

二、二进制

2014-CZ-04-EN 二分之一 ·· 014

2017-TW-03 包装苹果 ··· 016

2018-US-04 装饰蛋糕 ··· 018

2017-IS-01 铁路调度 ··· 020

2017-SI-04 诺廷厄姆学校 ··· 023

2014-AT-05 二进制小号 ··· 026

2018-BE-01 翻转纸牌 ··· 028

2017-US-03 翻硬币 ··· 031

三、编码

2014-CZ-02a 偏侧性测试 ·· 033

2018-PK-06 Soundex 算法 ··· 034

2018-CY-02 海狸密码表 ··· 036

2017-LT-09 字母拼图 ··· 038

2013-SK-03 编码 ··· 040

2013-SI-02 食物储存 ··· 042

2017-MY-04 密码轮 ······ 044

2016-NL-04 基克斯码 ······ 046

2018-DE-09b 海狸的密码 ······ 048

2018-TW-06 旗语 ······ 051

2017-US-01 猪舍密码 ······ 053

四、常见的排序方法

2013-CA-03-ZH 排队 ······ 055

2013-FR-13 按质量排序 ······ 057

2013-SE-09 整数排序 ······ 060

2010-CH-04 碗厂 ······ 062

2013-JP-08 使用仓库 ······ 065

2018-ZA-01 寻找漏水处 ······ 067

2016-BE-02 找出小偷 ······ 069

2018-CN-05 整理书架 ······ 072

五、图

2013-FR-12 找出非好友 ······ 074

2013-PL-09 帮助海狸找同伴 ······ 076

2013-BG-02-ZH 多条路 ······ 078

2013-NL-02 河道检查 ······ 079

六、编程

2013-SK-10 画点（2） ······ 081

2013-SI-07 量杯装水 ······ 083

2016-TR-05 三角形 ········· 085
2012-DE-06 折纸 ········· 087
2016-UA-03d 鉴别假币 ········· 089
2013-BE-17 海狸007 ········· 091
2013-SE-07 按指令跳舞 ········· 093
2018-CA-06 跳板 ········· 095
2014-SK-02 折纸 ········· 098
2014-SK-03 瓢虫机器人 ········· 100
2013-HU-04 游泳 ········· 102
2015-DE-03 机器人车 ········· 104
2015-LT-03-EN 装饰巧克力 ········· 106
2015-CH-05 奶酪的价格 ········· 108
2016-CZ-08a 回到原点 ········· 110
2016-HU-07 烹饪 ········· 113
2015-NL-01 绘画机器人 ········· 115
2012-AT-12 机器人能到达终点吗？ ········· 117

七、调度

2013-AT-04 传送行李 ········· 119
2013-TW-08 美味的晚餐 ········· 121
2015-RU-02 烹饪菜名 ········· 123
2017-CH-07 隧道问题 ········· 125
2015-RU-05 采集橡果 ········· 127
2015-JP-01 木制品 ········· 129
2013-JP-12 仪器 ········· 131
2014-AT-02 铁路系统 ········· 133

2017-CA-04 超级英雄 ························· 135

2016-LT-03 四个地点四件事 ······················ 137

2018-IR-05 银行排队 ························· 139

2017-MK-02 足球比赛 ························· 141

八、算法

2018-CH-11 海狸挑战赛 ························ 143

2017-UK-05 水坝建设基地 ······················· 145

2016-UA-04c 棋类游戏 ························ 147

2018-TR-08 建造水坝 ························· 149

2016-AT-02 九宫格字谜 ························ 151

2015-BG-01 十六个 LED ······················· 153

2017-CZ-06 洗衣机 ·························· 156

2014-PL-07 奇怪的单词 ························ 158

2013-IT-03 海狸园丁 ························· 160

2014-RU-05 新森林时报 ························ 162

2017-KR-05 穿越脚踏石 ························ 164

2015-CA-03 "伐木"的速度 ······················ 167

2013-IL-05 多米诺棋盘 ························ 169

2016-CZ-06 二轮驱动车 ························ 171

2016-RU-07 三连胜 ·························· 173

2013-NL-03 圆环游戏 ························· 176

2016-PL-03 拉丁方阵 ························· 178

2017-PL-05 计算机组合 ························ 180

2017-RU-01 下载列表 ························· 183

2012-CA-02 无效的字符序列 ······················ 185

2013-PL-08 解锁 ·· 187

2015-CZ-08 提问与解答 ·· 189

2018-TR-04 共进晚餐 ·· 191

2017-US-02-EN 绘画墙纸 ·· 194

2013-FR-01 彩色的窗户 ·· 196

2018-DE-03 丢失的汽车 ·· 198

2013-UA-07 丁字路口 ·· 200

2015-CH-01 后缀计算机 ·· 202

2013-PL-06b 购物 ·· 204

2017-KR-02 迷路的小海狸 ·· 206

2014-SP-02-EN 城市交通 ·· 208

九、算法优化

2014-DE-08 货船问题 ·· 211

2016-TW-07a L 游戏 ·· 213

2014-LT-03 灌溉田地 ·· 215

2016-RU-08 松鼠换树洞 ·· 217

2018-SK-03 塔台 ·· 219

2015-MY-03 采集花粉 ·· 222

2018-RO-03 关键点 ·· 224

2018-IR-03 超睡眠成本 ·· 226

2015-SI-04-EN 鲍勃海狸 ·· 228

2015-TW-04 捡石头 ·· 230

2012-CA-04 海狸金字塔 ·· 232

2011-AT-05 算术表达式 ·· 234

2012-DE-04 洞穴探险者 ······ 236
2016-NL-03 洞穴游戏 ······ 238
2014-TW-03 梦乡 ······ 241
2016-CZ-02b 电梯里的麻袋 ······ 244
2017-IR-07 图书分享俱乐部 ······ 247
2014-SE-01 捉迷藏游戏 ······ 250
2018-HR-08 穿越沙漠 ······ 252

十、路径问题

2013-JP-10 回家的路 ······ 255
2013-AT-08 不能右转 ······ 257
2014-TW-01b 在六边形网格中移动 ······ 260
2013-CA-07 忽近忽远 ······ 262
2014-DE-07 地铁网络 ······ 264
2014-FR-05 激光反射问题 ······ 266
2016-PL-05b 邮差之旅 ······ 268
2018-IR-06 收费公路 ······ 270
2013-PL-10 挖水渠 ······ 273
2016-PL-05 邮差之旅 ······ 275
2015-IL-02 捷径 ······ 277
2013-FR-02 霍比特人 ······ 280
2018-IT-01a 海狸建小屋 ······ 282
2015-TW-02 收集木材 ······ 284
2018-SK-04 万圣节之旅 ······ 286
2016-LT-08 探索路径 ······ 289

一、逻辑

2013-UA-01-3 电子锁

Ⅰ：—	Ⅱ：—	Ⅲ：中	Ⅳ：—	Ⅴ：—	Ⅵ：—
分类	算法与编程					
关键词	逻辑表达，信息流					

为保护自己的房屋，海狸决定安装电子锁。要开门就必须同时按下电子锁外面特定组合的按钮。当按下按钮时，电子信号通过元件传输。

电子锁使用三种类型的元件，通过它们将输入信号转换为输出信号 Z。

"否"	"是"	"或"
X → Z=Not X	X, Y → Z=X×Y	X, Y → Z=X+Y

如果未收到任何输入信号，则元件"否"给出输出信号；当两个信号都输入时，元件"是"才给出输出信号；只要有一个信号输入，元件"或"给出输出信号。

例如，当且仅当按下按钮 B 时，右图中的电子锁才能开启。

 按下以下哪种按钮组合能打开右图中的电子锁？（　　）

A. A 和 B　　　B. A，C 和 D
C. C 和 A　　　D. A，B 和 C

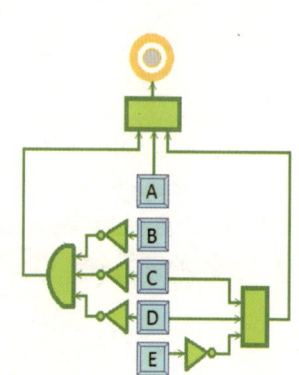

根据该电路写出一个逻辑表达式：

A×(NotB+NotC+NotD)×(C×D×NotE)

第一步：要使表达式结果为真，则 A、(NotB+NotC+NotD)、(C×D×NotE) 三项均需为真；

第二步：可得 A 为真；

第三步：由 (C×D×NotE) 为真可得：C 为真，D 为真，NotE 为真，则 E 为假；

第四步：由第三步推论可得：NotC 为假，NotD 为假，要使 (NotB+NotC+NotD) 为真，则 NotB 为真，所以 B 为假。

综上，当且仅当：A 为真，B 为假，C 为真，D 为真，E 为假时，电子锁才可以打开。

也就是说，A、C、D 三个按钮同时按下，电子锁才能被打开。

计算思维相关知识

这是用"与""或""非"操作将复杂问题分解为易于理解和解决的逻辑运算的例子。逻辑运算又称布尔运算，有"与""或""非"三种基本逻辑运算：与——同为真时，输出为真；或——同为假时，输出为假；非——真时，输出为假；假时，输出为真。例如，视觉设计中就应用了布尔运算，包括图、交集（或）、联集（与）、差集（非）等。

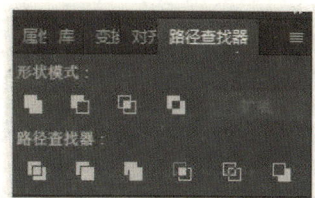

联集
两个图形的结合

减去顶层
用上方图形区域减去下方图形区域

交集
得到两个图形相交的图形区域

差集
删除两个图形相交的图形区域，其余留下

［英译中］李楠楠，linann47@qq.com

［审　核］高富，1252467595@qq.com；陈嘉薇，503881489@qq.com

［校　对］王戈，wgxp@sina.com；秦小娜，qinxiaona2009@yeah.net；
　　　　　张凯悦，2732382019@qq.com

2015-BE-01 套餐偏好

Ⅰ：—	Ⅱ：—	Ⅲ：难	Ⅳ：中	Ⅴ：易	Ⅵ：—
分类	算法与编程					
关键词	逻辑运算，数据库查询					

海狸妈妈为小海狸准备了五个套餐，分别使用了不同配料和特制酱料。

每个套餐的配料和特制酱料口味如下：

套餐	配料	特制酱料口味
A	米饭、水果	甜、苦
B	鲑鱼、螃蟹	咸
C	米饭、猪肉	甜、咸
D	凤尾鱼	苦、咸
E	米饭、豌豆、水果	咸

 小海狸根据自己的偏好选择了套餐 A、C 或 E，请问关于小海狸的偏好，以下哪一项正确？（　　）

A. 不吃凤尾鱼，喜欢甜的或咸的酱料

B. 喜欢米饭和咸的酱料

C. 喜欢水果或者甜的和咸的酱料

D. 喜欢米饭和甜的酱料

E. 只有咸的酱料

解析

题干中套餐A和套餐E都有水果，套餐C有甜的和咸的酱料。

使用排除法可知：

选项A的信息描述也符合套餐B。

选项B的信息描述包括套餐C和E，但未包括套餐A。

选项C的信息描述与题干信息符合，是正确答案。

选项D的信息描述只包括套餐A和C，但不包括套餐E。

计算思维相关知识

本题涉及在数据库中执行查询以及逻辑运算符的相关内容。数据库由一组标签组成，程序将这些标签与简单的运算符（与、或、非）组合在一起。

贡献者

［英译中］崔东伟，77107530@qq.com

［校　对］孔玲霞，895245816@qq.com

［修　改］方海玉，2952370026@qq.com

［审核意见］边琦，bianqi@imnu.edu.cn

2017-JP-03 分面包

I：—	II：—	III：难	IV：中	V：易	VI：易
分类	算法与编程					
关键词	布尔代数					

桌上放着一些面包（见下图），从左到右依次是：两条法式面包、两块甜面包、两块牛角面包和两片吐司面包。

有四只小海狸，他们的名字分别是爱丽丝、鲍勃、查尔斯和多萝西。每只小海狸都分到了两块不同种类的面包。

目前已知：

（1）爱丽丝和鲍勃没有同一种类的面包；

（2）查尔斯有一条法式面包；

（3）多萝西有一块甜面包，但是爱丽丝没有；

（4）鲍勃有一块牛角面包。

请问，爱丽丝分到了哪两种面包？（   ）

A. 一条法式面包和一块牛角面包

B. 一块甜面包和一片吐司面包

C. 一条法式面包和一片吐司面包

D. 一块甜面包和一块牛角面包

 解析

根据已知条件，可以列出小海狸与面包种类之间的关系真值表如下表所示。

	爱丽丝	鲍勃	查尔斯	多萝西
法式面包			有（根据已知条件2）	
甜面包	没有（根据已知条件3）			有（根据已知条件3）
牛角面包	没有（根据已知条件1、4）	有（根据已知条件4）		
吐司面包				

然后可以从表中得知：因为爱丽丝没有甜面包和牛角面包，所以她肯定分到了另外两种面包——法式面包和吐司面包。

因此，答案是C选项。

计算思维相关知识

数学逻辑研究的是数学基本原理，布尔代数是数学逻辑研究的重要内容之一。它基于逻辑的归纳演绎原则，将处理的数据分为两种状态：正确或错误。本题用"真值表"，也就是数学上常用的表格法，描述海狸和面包种类之间的关系，从而快速得出相应结论。

 贡献者

[英译中] 白子颀，987088174@qq.com
[审　核] 张鹏飞，hs2zzpf@163.com
[校　对] 范浩，sunnymato@qq.com；任嘉莉，845489971@qq.com；
　　　　 沈福杰，1034451217@qq.com

2017-BR-02 太空漫游

Ⅰ：—	Ⅱ：—	Ⅲ：难	Ⅳ：难	Ⅴ：中	Ⅵ：易
分类	算法与编程					
关键词	逻辑推理，布尔逻辑，循环，控制结构					

"地球二号"是一艘探索太阳系行星的太空飞船，它以木星为目的地，可以使用两种燃料：太阳能电池和固体燃料，但是两种燃料不能同时使用。"地球二号"还有两种运行模式："加速"表示太空飞船正在使用燃料以提高速度；"惯性"表示飞船没有使用燃料，仅靠惯性保持当前速度。

"地球二号"的计算机系统有一个名为"到达木星"的程序，一旦启动，它就会执行以下步骤。

1. 将"地球二号"置于加速模式。
2. 当"地球二号"不在惯性模式下时，执行以下操作：

（1）当太阳能电池的电量大于35个单位时，使用太阳能电池；

（2）如果太阳能电池的电量等于或小于35个单位且固体燃料的量大于20个单位：

　　① 向地球发送信息："太阳能电池充电"；

　　② 使用10个单位的固体燃料；

　　③ 等待并给太阳能电池充电到50个单位。

（3）如果固体燃料的量小于或等于20个单位：

　　① 向地球发送信息："进入惯性模式"；

　　② 将"地球二号"调到惯性模式。

当能量统计结果为：100个单位的太阳能电池电量和40个单位的固体燃料。一旦执行"到达木星"程序，"地球二号"将依次向地球发送什么消息？（　　　）

A. 太阳能电池充电，太阳能电池充电，太阳能电池充电，进入惯性模式

B. 太阳能电池充电，太阳能电池充电，进入惯性模式
C. 太阳能电池充电，进入惯性模式
D. 进入惯性模式，太阳能电池充电，太阳能电池充电

"地球二号"及两种燃料各阶段的状态如下表所示。

	"地球二号"向地球发送信息	太阳能电池的电量	固体燃料的量	"地球二号"使用的燃料
初始状态		100	40	
第一阶段		100→35	40	使用太阳能电池
第二阶段	太阳能电池充电	35→50	40→30	使用固体燃料
第三阶段		50→35	30	使用太阳能电池
第四阶段	太阳能电池充电	35→50	30→20	使用固体燃料
第五阶段	进入惯性模式			

综上，答案为 B 选项。

计算思维相关知识

本题涉及了一种太空飞船控制算法，理解并遵循算法的步骤，才能得到正确的答案。给定的算法包含嵌套循环，例如，每次进行外部循环时都需要重复内部循环。此外，此算法的两个条件语句中使用了复合布尔表达式，例如，本题需要先判断"地球二号"是不是处在惯性模式，再判断太阳能电池电量和固体燃料的量是否符合条件。本题还涉及布尔逻辑。

[英译中] 荆丽娟，1766527044@qq.com
[审　核] 徐超，465250095@qq.com
[校　对] 边琦，bianqi@imnu.edu.cn

2018-HR-05 撒谎是站不住脚的

Ⅰ：—	Ⅱ：—	Ⅲ：难	Ⅳ：中	Ⅴ：易	Ⅵ：—
分类	数据、数据结构与表征					
关键词	逻辑，逻辑代数					

在一个美丽的日子里，玛雅、大卫、伊娃和马尔科在安娜老师家附近踢足球。不幸的是，他们中的一个人打碎了安娜老师家的窗户玻璃。安娜老师想弄清楚是谁打碎了窗户玻璃。安娜很了解这几名学生。他们中的三个一直很诚实，但她对第四名学生不太有把握。

学生们的说法如下。

马尔科：我没有打碎窗户玻璃。

伊娃：是马尔科或大卫打碎了窗户玻璃。

玛雅：是大卫打碎了窗户玻璃。

大卫：不，玛雅在撒谎！

请问，究竟是谁打碎了窗户玻璃呢？（　　）

A．玛雅　　　B．大卫　　　C．伊娃　　　D．马尔科

 **解析**

首先，我们可以知道，玛雅和大卫的话不可能都是事实或者都是谎言。他们二人中必有一个人说的是实话，一个人在撒谎。

我们可以用两种方法继续进行推理。

方法一

情况（a）如果玛雅说的是实话，那么大卫在撒谎。

情况（b）如果大卫说的是实话，那么玛雅在撒谎。

如果是情况（b），就会发现伊娃或者马尔科两人中也应该有一个人在撒谎。但是，这四人中只有一个撒谎者。

因此，根据（a）（b）两种情况可以知道：大卫在撒谎，是大卫打碎了窗户玻璃。

方法二

情况（a）如果玛雅说的"大卫打碎了窗户玻璃"是假的，这意味着其他三个人都说了真话（安娜老师确信有3个人讲了真话）。基于这种情况，马尔科说他没有打碎窗户玻璃是实话，那么伊娃的话就表明是大卫打碎了窗户玻璃，但是这又与大卫的话是矛盾的。因此，大卫也在说谎。

情况（b）如果大卫在撒谎，这意味着其他三个人说的是真话。如果这样，马尔科没有打碎窗户玻璃，伊娃的话说明大卫打碎了窗户玻璃，玛雅也这样说。因此，大卫在撒谎。

根据（a）和（b）两种情况可以得知：是大卫打碎了窗户玻璃。

计算思维相关知识

逻辑代数是所有计算机程序设计的基础，其理论基础是乔治·布尔于1854年建立的，因此也称之为布尔代数。逻辑代数的基本元素是一个逻辑语句。对于每个陈述语句，可以判定它是真值还是假值。

真值的表示：truth 或者 True，也可以用 T 或 1 表示。

假值的表示：lie 或者 False，也可以用 F 或 0 表示。

逻辑代数中的变量称为逻辑变量。通过逻辑运算来对逻辑变量进行运算操作。基本逻辑运算由一个或两个逻辑变量和一个运算符组成，而复杂的逻辑运算则由基本逻辑运算组成。逻辑运算的结果可以抽象地表示为1或0，也就是真值或假值。

由于计算机由只能区分两种稳定状态的电路，因此布尔代数的原理（运算、逻辑变量和逻辑关系的规则）适用于计算机。

贡献者

[英译中] 孟爱玮，meng_aiwei@163.com

[审核|校对] 孟繁舒，673800843@qq.com；石沙，shisha1974@163.com；
　　　　　　秦小娜，qinxiaona2009@yeah.net

[修改|完善] 何建春，45568307@qq.com

2015-SK-04 剧院

I : 一	II : 一	III : 一	IV : 难	V : 难	VI : 中
分类	交互系统与社会					
关键词	RGB模型，行为序列，并发执行					

海狸剧院的舞台有三盏用于照明的聚光灯：一盏是红色的，一盏是绿色的，一盏是蓝色的。舞台颜色取决于被打开的那些灯，如下图所示。

红色灯	绿色灯	蓝色灯	舞台颜色
开	关	关	红色
关	开	关	绿色
关	关	开	蓝色
开	开	关	黄色
开	关	开	品红色
关	开	开	蓝绿色
开	开	开	白色
关	关	关	黑色

演出开始时，聚光灯的开关规律如下。

- 红色灯按照如下规律重复执行：关闭1分钟，接着打开1分钟。
- 绿色灯按照如下规律重复执行：关闭半分钟，接着打开半分钟。
- 蓝色灯按照如下规律重复执行：打开2分钟，接着关闭2分钟。

 请问，演出开始1分钟后，在接下来的半分钟内，舞台将是什么颜色的？

A. 红色 B. 绿色 C. 白色 D. 品红色

 **解析**

各时刻舞台颜色如下表所示,由表可知,正确答案是 D 选项(品红色)。

时间 (分钟)	0~0.5	0.5~1	1~1.5	1.5~2	2~2.5	2.5~3	3~3.5	3.5~4
红色灯			红	红			红	红
绿色灯		绿	绿			绿		绿
蓝色灯	蓝	蓝	蓝	蓝				
舞台颜色	蓝色	蓝绿色	品红色	白色	黑色	绿色	红色	黄色

计算思维相关知识

任何颜色都是由三种基本颜色(红色、绿色和蓝色)混合而成的,这就是 RGB 模型的原理。图像是由像素组成的,而像素的颜色取决于这三种基本颜色的组合方式。这个原理被广泛应用于显示器、电视机等图像显示领域。

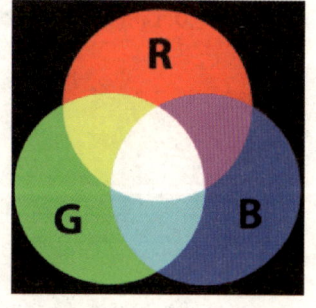

在本题中,行为序列表现为聚光灯的开关顺序,三个独立的行为序列并发执行,从而触发不同的灯光效果。

 **贡献者**

[英译中] 刘宇隆,2461143833@qq.com
[审　核] 付康华,874081355@qq.com
[审核/校对] 边琦,bianqi@imnu.edu.cn

二、二进制

2014-CZ-04-EN 二分之一

Ⅰ：一	Ⅱ：一	Ⅲ：一	Ⅳ：易	Ⅴ：易	Ⅵ：一
分类			算法与编程		
关键词			二进制		

二进制中的数字只有 0 和 1，可以利用下标 2 来标识二进制数，如十进制数 1 到 6 依次可以用二进制形式表示为 1_2，10_2，11_2，100_2，101_2，110_2。请注意以下重要数字：$1=1_2$，$2=10_2$，$4=100_2$，$8=1000_2$ 等。当然，即使是小数也可以表示为二进制形式。

十进制数 0.5 的二进制形式是（　　　）。

A. 0.1_2　　　　B. 0.101_2　　　　C. 0.5_2　　　　D. 1.2_2

解析

0.1_2 是正确的。在二进制中，小数点后的第一位表示的不是十分之一，而是二分之一，1 的一半我们写为：0.1_2。

这个题我们也可以使用排除法，可以先排除 C 和 D 选项，因为 0.5_2、1.2_2 包含 0 和 1 以外的数字。101_2 表示十进制数 5，但 0.101_2 并不是十分之五，而是八分之五（小数点每向后移动 1 个位置表示的不是十分之一、百分之一和千分之一，而是二分之一、四分之一、八分之一等，即 $0.1_2=(\frac{1}{2})_{10}$，$0.01_2=(\frac{1}{4})_{10}$，$0.001_2=(\frac{1}{8})_{10}$，B 选项的 0.101_2 表示 $1/2+1/8=5/8$）。因此，可以排除 B 选项。

计算思维相关知识

二进制是信息学的基础，计算机内部只能处理二进制数。可以将二进制的正整数表示方法扩展到表示二进制的分数（与十进制分数类似的形式）。但有趣的是，十进制中有 1/3=0.33333…这种无限小数的形式，但十进制数 0.2 却不能表示为 $0.001100110011\cdots_2$ 的二进制形式。

[英译中] 边琦，bianqi@imnu.edu.cn
[校　对] 边琦，bianqi@imnu.edu.cn

2017-TW-03 包装苹果

I：难	II：中	III：中	IV：易	V：易	VI：易
分类	数据、数据结构与表征					
关键词	八进制，二进制					

海狸家有一个苹果园。在收获的季节，海狸们想找到最好的方法包装苹果，并把它们运送到市场。今年，他们决定按照以下的规则来包装苹果：

（1）将苹果装在袋子里。每个袋子装 8 个苹果，不多也不少。如果少于 8 个苹果，他们就会将剩余苹果零散地放在袋子外面。

（2）将袋子装在箱子里。每个箱子装 8 袋，不多也不少。如果少于 8 袋，剩余袋子就被零散地放在箱子外。

 海狸们采摘了 275 个苹果，按照上面的包装规则该如何装箱？
（ ）

A. 🥡🥡🥡 👝👝👝👝 🍎🍎🍎🍎🍎🍎
B. 🥡🥡🥡🥡 👝👝 🍎🍎🍎
C. 🥡🥡🥡 👝👝👝 🍎
D. 🥡🥡🥡🥡 👝 🍎🍎🍎🍎🍎🍎🍎

 解析

每个箱子里共有 64 个苹果，每个袋子里有 8 个苹果。

海狸们采摘了 275 个苹果，275÷64=4（箱）……19（个），表示能装满 4 个箱子，剩余 19 个苹果。

剩下的19个苹果，19÷8=2(袋)……3(个)，表示能装满2个袋子，剩余3个苹果。

剩下的3个苹果被零散地放在袋子外面，所以答案为B选项。

而A选项总共有：$3×64+7×8+7=255$ 个苹果。

C选项有：$3×64+5×8+1=233$ 个苹果。

D选项有：$4×64+1×8+6=270$ 个苹果。

计算思维相关知识

本题可以通过除法来解决，也可以尝试从二进制、八进制的角度进行理解。二进制系统是计算机表示信息最简单的形式，它完全由二进制数字表示，即由0和1组成的序列表示。

八进制系统使用8个不同的符号：从0到7。如果需要表示大于7的值，则向左侧添加额外的列。八进制系统只使用二进制1/3的数字，就能表示相同的信息量，因为1位八进制数能够表示为3位二进制数，例如，$(7)_8=(111)_2$。

本题中，一个箱子代表 8^2 个苹果，一个袋子代表 8^1 个苹果，零散的苹果代表 8^0 个苹果。因此，在八进制系统中，十进制数 $(275)_{10}$ 表示八进制数 $(423)_8$，八进制数转化为十进制数：$4×8^2+2×8^1+3×8^0=275$。所以海狸的苹果数量用八进制可以表示为 $(423)_8$。

那么十进制数100用八进制怎么表示呢？

贡献者

[英译中] 张妮，627711474@qq.com

[审　核] 荆丽娟，1766527044@qq.com；侯岸泽，1023911646@qq.com；
　　　　 边琦，bianqi@imnu.edu.cn

[校　对] 赵腾任，ZTR_2019@126.com

[修　改] 蹇晓焱，1285243664@qq.com

2018-US-04 装饰蛋糕

Ⅰ：—	Ⅱ：—	Ⅲ：—	Ⅳ：中	Ⅴ：—	Ⅵ：—
分类	数据、数据结构与表征					
关键词	二进制					

海狸们正在装饰蛋糕。他们想在每个蛋糕上都插上不同的蜡烛组合。共有两种颜色的蜡烛：红色和黄色。每个蛋糕上至少要有 1 支蜡烛，并且蜡烛的颜色顺序很重要，例如，（红，黄）组合与（黄，红）组合是不同的。

海狸们希望使用尽可能少的蜡烛。如图所示，先用 1 支蜡烛装饰蛋糕，有两种装饰方法；然后使用 2 支蜡烛装饰蛋糕，有 4 种装饰方法；接着用 3 支蜡烛装饰蛋糕，以此类推。

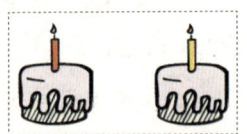

1 支蜡烛　　　　　2 支蜡烛

如果海狸有 14 个蛋糕要装饰，那么他们至少需要使用几支蜡烛？
（　　）

A．28　　　　B．30　　　　C．32　　　　D．34

解析

装饰一个蛋糕使用的蜡烛数量	装饰方法	能装饰的蛋糕个数（个）	共需使用的蜡烛数量（支）
1支蜡烛	（红）、（黄）	2	2
2支蜡烛	（红，黄）、（黄，红）、（红，红）、（黄，黄）	4	8
3支蜡烛	（红，红，红）、（红，红，黄）、（红，黄，黄）、（红，黄，红）、（黄，红，黄）、（黄，红，红）、（黄，黄，红）、（黄，黄，黄）	8	24

因此，装饰2+4+8=14个蛋糕，一共至少需要使用2+8+24=34支蜡烛，答案为D选项。

计算思维相关知识

本题涉及了二进制数的相关知识，二进制数由"0"和"1"两个数字表示，正如本题中的红、黄蜡烛。二进制数在信息学中非常重要。

我们可以试着计算使用 n 支蜡烛可以生成多少种不同的组合。使用1位数字，只能输入2个数："0"或"1"；使用2位数字，可以输入4个数：00，01，10，11；使用3位数字，可以输入8个数：000，001，010，011，100，101，110，111；以此类推，使用 n 位数字，可以输入 2^n 个数。

贡献者

[英译中] 张凯悦，2732382019@qq.com
[审　核] 张书剑，btzsj_ss@163.com
[校　对] 朱燕南，3116465579@qq.com

2017-IS-01 铁路调度

I：—	II：—	III：—	IV：中	V：易	VI：易
分类			数据、数据结构与表征		
关键词			二进制		

8列火车（分别命名为 a 到 h）从图中的岔道口 X1 处出发，火车 a 要行驶到车站 A 处，火车 b 要行驶到车站 B 处，火车 c 要行驶到车站 C 处，以此类推。

起初，7 个岔道口均引导火车向左行驶。当一列火车行驶过该岔道口后，此岔道口的轨道将转变方向（例如，如果有一列火车经过 X2 到达 X4 后，则 X2 处的轨道将转向 X5），引导下一列行驶到该岔道口的火车向着另一个方向行驶。

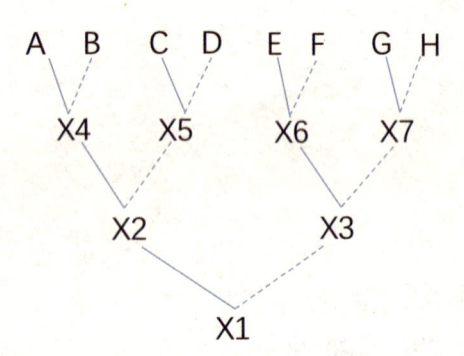

铁路调度员需要设定合理的方案调度火车的发车顺序，以使每一辆火车都可以到达正确的目的地。

请问，调度员应该怎样安排火车的发车顺序？（   ）

A．aecgbfdh　　　　　B．adcgbfeh
C．agcdbfeh　　　　　D．acedfghb

解析

可以把每一个岔道口设定为两种状态：向左行驶的状态，用数字 0 表示；向右行驶的状态，用数字 1 表示。

当有火车经过岔道口 X1 后，其状态发生改变。

根据岔道口 X1 的状态，岔道口 X2 或 X3 也会改变状态。同理，根据岔道口 X2 或 X3 的状态，岔道口 X4 或 X5 或 X6 或 X7 也会改变状态。

火车依次经过 3 个岔道口，根据 3 个岔道口的状态，可以得到一个三位的二进制数。将这个二进制数转换为十进制数，会发现十进制数恰好与火车的目的地对应。

发车顺序	通过 X1	通过 X2 或 X3	通过 X4 或 X5 或 X6 或 X7	到达的车站	二进制数	对应的十进制数	应发出的火车
1	X1(0)	X2(0)	X4(0)	A	000	0	a
2	X1(1)	X3(0)	X6(0)	E	100	4	e
3	X1(0)	X2(1)	X5(0)	C	010	2	c
4	X1(1)	X3(1)	X7(0)	G	110	6	g
5	X1(0)	X2(0)	X4(1)	B	001	1	b
6	X1(1)	X3(0)	X6(1)	F	101	5	f
7	X1(0)	X2(1)	X5(1)	D	011	3	d
8	X1(1)	X3(1)	X7(1)	H	111	7	h

因此，正确答案为 A 选项。

计算思维相关知识

使用二进制可以简化相对复杂的问题。

二进制指以 2 为基数的记数系统。这一系统中，通常用两个不同的符号 0（代表零）和 1（代表一）来表示。数字电子电路中，逻辑门的实现直接应用了二进制，现在的计算机和依赖计算机的设备都用到了二进制。

生活中，可以使用二进制来表示事物的两种状态。在本题中，每一个岔道口的左侧用"0"表示，右侧用"1"表示。这样，每一列火车的行驶路径就可以用一个二进制数表示。例如，a 车到达车站 A，要经过 X1 左→X2 左→X4 左，即"000"；b 车到达车站 B，要经过 X1 左→X2 左→X4 右，即"001"……，以此类推，h 车到达车站 H，要经过 X1 右→X3 右→X7 右，即"111"。

贡献者

[英译中] 张鹏飞，hs2zzpf@163.com

[审　核] 白子颀，987088174@qq.com；任嘉莉，845489971@qq.com；
范洁，sunnymato@qq.com

[校　对] 沈福杰，1034451217@qq.com；石沙，shisha1974@163.com

2017-SI-04 诺廷厄姆学校

Ⅰ：—	Ⅱ：—	Ⅲ：难	Ⅳ：中	Ⅴ：中	Ⅵ：中
分类	数据、数据结构与表征					
关键词	二进制表示					

  诺廷厄姆学校有一条走廊，走廊里有 5 扇门。学生们的行为非常夸张：当一个学生进入走廊，经过各个教室时，他会关上每一扇原本打开的门。但是，当他遇到了一扇原本关闭的门，则会打开这扇门，走进那间教室，并让这扇门开着。如果走廊里所有的门都打开了，那么这个学生就会庆祝，因为他在关上所有门之后，就可以离开走廊，不用上课了。

  我们都知道，这是绝对不应该在学校发生的行为。但是，在假设的情况下，如果你今天不想上课，而走廊里所有的门最初都是关闭的，学生们会一个接一个地进入走廊。你应该第几个进入，才有可能最终离开走廊呢？（　　）

  A．20　　　　　B．35　　　　　C．40　　　　　D．32

解析

可以用"0"代表关闭的门,"1"代表打开的门。下表为走廊起始状态和前8个学生进入后,各扇门的开、闭状态(假设进入走廊的入口在右边)。

观察表格中各扇门的开、闭情况所呈现的规律,可以看出,这是一组二进制数列。每个学生进入走廊的序号数(十进制)转化为二进制数以后,与5扇门状态显示的二进制数是相符的。

门号	五	四	三	二	一	状态描述
	0	0	0	0	0	所有门呈关闭状态
1	0	0	0	0	1	打开第一道门,进入
2	0	0	0	1	0	关上第一道门,打开第二道门,进入
3	0	0	0	1	1	打开第一道门,进入
4	0	0	1	0	0	关上第一、第二道门,打开第三道门,进入
5	0	0	1	0	1	打开第一道门,进入
6	0	0	1	1	0	关上第一道门,打开第二道门,进入
7	0	0	1	1	1	打开第一道门,进入
8	0	1	0	0	0	关上第一、第二、第三道门,打开第四道门,进入

(左侧纵向表头:学生进入走廊序号)

当某学生进入时,5扇门如果都处于打开的状态,即二进制数为"11111"时,这名学生就可以在关上所有门以后,离开走廊。而二进制数11111对应的十进制数为31。所以,进入走廊序号为32的学生,可以离开走廊,即答案为D选项。

计算思维相关知识

二进制数的进位法则为"逢二进一"。对于二进制数,1+1等于2以后,就应该向前进一位,得到10(读作"一零")。

在本题中,原本5扇门都是关闭的状态,设其为"00000",第一个进来的学生,遇到第一扇关闭的门并将其打开，就类似于在原来的数值上加了一个"1"，使数值变为"00001"；第二个进来的学生，将原本打开的门关上，再将下一个关闭的门打开，则类似于将数值加1以后进位，变为"00010"；以此类推，每一位新进入的学生，对于关门、开门的操作，都要在原来的数值上加1，而得到新的数值。一直加到11111，即第31位学生进入后的状态，下一位学生进来，再加1，二进制数变为"100000"，即5扇门都为打开状态，他（她）可以关上门之后离开走廊啦。

贡献者

[英译中] 张妮，627711474@qq.com
[审　核] 荆丽娟，1766527044@qq.com
[校　对] 沈福杰，1034451217@qq.com；石沙，shisha1974@163.com

2014-AT-05 二进制小号

I：—	II：—	III：难	IV：难	V：—	VI：—
分类	数据、数据结构与表征					
关键词	二进制					

有一个二进制的海狸小号，它有 4 个带有编号的阀门。通过这 4 个阀门可以演奏出 16 种音高。如果这 4 个阀门都在高位（未被按下）状态，此时演奏的音高最低，我们可以用 0 个黑点表示；如果把 4 个阀门都按下，则此时演奏的音高最高，可以用 15 个黑点表示。总之，黑点越多，音高越高。

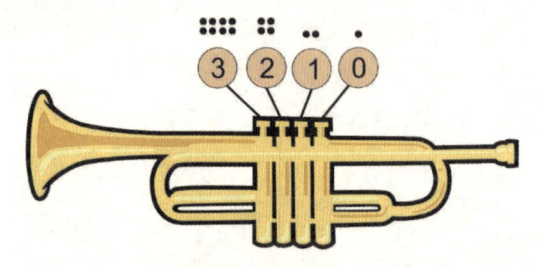

例如，2&0 表示阀门 2 和 0 同时被按下，演奏的音高为 #5（4+1）；3&1&0 表示阀门 3、1 和 0 同时被按下，演奏的音高为 #11（8+2+1）。因为音高 #5 比音高 #11 低，所以这两个音高的顺序是递增的。

请问，下列哪个选项中的四音序列是按照音高递增来排序的？（ ）

	第 1 个音高	第 2 个音高	第 3 个音高	第 4 个音高
A	2&1&0	3&0	3&2&1&0	1&0
B	1&0	2&1&0	2&1	3&1&0
C	2&1&0	3	3&0	3&2&0
D	3&0	3	3&2&1&0	3&2&1

解析

本题答案为 C 选项，音高顺序为（#7<#8<#9<#13）。

选项 A 错误，其音高顺序为（#7<#9<#15>#3）。

选项 B 错误，其音高顺序为（#3<#7>#6<#11）。

选项 D 错误，其音高顺序为（#9>#8<#15>#14）。

计算思维相关知识

本题可以通过以下两种方法解决。

方法一：简单地数一数，把每个阀门上的黑点累加起来求和，并比较它们的音高。

方法二：运用二进制系统中的逻辑，使用数字 2 作为基数，小号的阀门作为位权，可以得到：

当小号的阀门都没有被按下时，值为 0。小号的阀门从右往左数。

第 1 个阀门对应的值（黑点数）为：$2^0=1$；

第 2 个阀门对应的值（黑点数）为：$2^1=2$；

第 3 个阀门对应的值（黑点数）为：$2^2=4$；

第 4 个阀门对应的值（黑点数）为：$2^3=8$。

因此，黑点数是以 2 为基数，以特定阀门数为位权计算后的结果。

位权法计算：在一个数字当中，处在不同位置上的相同数字所表示的值是不同的。一个数字在某个位置上的值等于该数字与这个位置上的因子的乘积，而该因子的值由所在位置相对于小数点的距离来确定，这个因子就是位权。

如在 $(123)_{10}$ 中，1 的位权是 10^2，2 的位权是 10^1，3 的位权是 10^0。

计算结果：$(123)_{10}=1 \times 10^2+2 \times 10^1+3 \times 10^0=123$。

贡献者

[英译中] 张鹏飞，hs2zzpf@163.com

[审　核] 白子颀，987088174@qq.com

[校　对] 任嘉莉，845489971@qq.com；范洁，sunnymato@qq.com；
　　　　 王文华，ivanlawyer@126.com

2018-BE-01 翻转纸牌

Ⅰ:—	Ⅱ:—	Ⅲ:—	Ⅳ:—	Ⅴ:难	Ⅵ:中
分类	数据、数据结构与表征					
关键词	二进制数					

"纸牌游戏"：一排纸牌摆在我们面前，这些纸牌可以正面朝上或正面朝下放置，我们可以依次执行以下操作。

（1）从右到左检查每张纸牌；

（2）如果当前纸牌正面朝上，则将其翻转为正面朝下，并继续对下一张纸牌进行操作；

（3）如果当前纸牌正面朝下，则将其翻转为正面朝上，并停止本轮翻牌；

（4）如果纸牌全部被操作一遍，则停止。

下图为执行一轮操作的前后对比效果：首先，把最右边原本正面朝上的纸牌翻转；然后，将右数第2张纸牌也翻转；接着，遇到了右数第3张正面朝下的纸牌，将其翻转。此时，根据游戏规则，停止操作。

翻转前：

翻转后：

现在有 32 张正面朝下的纸牌。

请问，在游戏中正确执行 32 轮操作后，正面朝上的纸牌有多少张？
（　　）

A. 1　　　　B. 2　　　　C. 16　　　　D. 32

解析

按照要求执行前 8 轮操作，得到的结果如右图所示。

请注意，经过 1 轮、2 轮、4 轮和 8 轮操作之后，正好有一张纸牌正面朝上，只是每次向左移动了一个位置。

你是不是有想法了呢？它们都是 2 的整数幂，序列（1，2，4，8）中的每个数都是其前面数的两倍大。因此，可以猜测，在第 16、32、64…轮操作时，也只会是一张纸牌正面朝上，即答案为 A 选项。

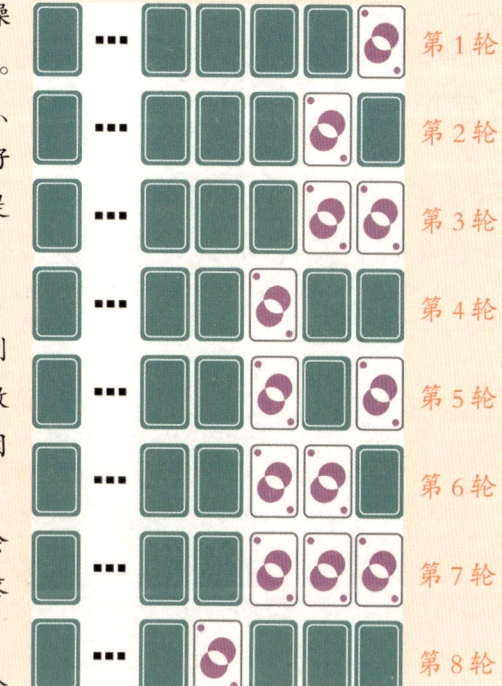

还有一种方法，每次恰好只有一张纸牌正面朝上所需的步骤数是翻倍的：在上图中，如果只查看最右边的一张纸牌就会发现，每 2 轮重复一次；而如果仅查看最右边的 2 张纸牌，则图案每 4 轮重复一次；最右边 3 张纸牌的图案，每 8 轮重复一次；最右边 4 张纸牌的图案，每 16 轮重复一次，以此类推。

第 1 轮
第 2 轮
第 3 轮
第 4 轮
第 5 轮
第 6 轮
第 7 轮
第 8 轮

计算思维相关知识

在计算机内部，数字以二进制的形式表示。将十进制数表示为二进制数的情况如下：1 表示为 0…00001，2 表示为 0…00010，3 表示为 0…00011，4 表示为 0…00100，5 表示为 0…00101，6 表示为 0…00110 等（现代计算机使用的位数通常是 32 位）。

如果用 0 表示正面朝下的纸牌，用 1 表示正面朝上的纸牌，如果把十进制数 32 转换成二进制数就是 100000，那么会发现，经过 32 轮操作后，实际上只有一张纸牌正面朝上。

我们在游戏中进行的每一"轮"操作,其实就是计算机内部电子设备给二进制数增加 1 的操作。

贡献者

[英译中] 孟繁舒,673800843@qq.com

[审核/校对] 石沙,shisha1974@163.com;何建春,45568307@qq.com;孟爱玮,meng_aiwei@163.com;崔东伟,77107530@qq.com

2017-US-03 翻硬币

Ⅰ:—	Ⅱ:—	Ⅲ:难	Ⅳ:中	Ⅴ:易	Ⅵ:易
分类	算法与编程					
关键词	奇偶校验					

克里斯有 10 枚硬币，硬币的一面是金色的，一面是银色的，10 枚硬币的放置顺序如下图所示。

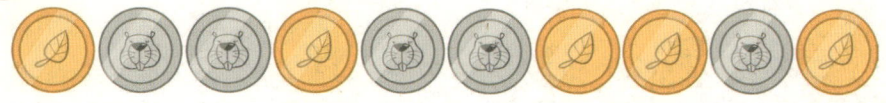

克里斯每次只能翻转两枚相邻的硬币，想要让所有的硬币都展示为金色面，他需要把硬币翻转几次？（　　）

A. 1   B. 2   C. 4   D. 6   E. 8   F. 不可能

解析

目前银色面硬币数目为奇数，克里斯每次翻转两枚相邻的硬币，翻转过后，银色面的数目会出现三种情况：保持不变、增加 2 或减少 2。三种情况下，银色面的数目都是奇数，出现 0 个银色面的情况永远无法实现。

也可以分析硬币金色面的情况。目前金色面硬币数目为奇数，克里斯每次只能翻转两枚相邻的硬币，按照图示展示的硬币摆放顺序，金色面的数目会出现三种情况：保持不变、增加 2 或减少 2。三种情况下，金色面的数目都是奇数，出现 10 个金色面的情况永远无法实现。

计算思维相关知识

奇偶校验位是最简单的错误检测码。奇偶校验可以用于不同的概念中，例如，用于计算机的"位"值系统，以确保字符串中某位的总数是偶数或奇数。这是一种检测错误数据的简单方法。

贡献者

[英译中] 陈嘉薇，503881489@qq.com
[审　核] 李楠楠，linann47@qq.com；高富，1252467595@qq.com
[校　对] 曹悦，caoyue@2dai.com
[修改|完善] 王戈，wgxp@sina.com
[审核意见] 沈福杰，1034451217@qq.com

三、编码

2014-CZ-02a 偏侧性测试

Ⅰ：—	Ⅱ：—	Ⅲ：难	Ⅳ：中	Ⅴ：易	Ⅵ：易
分类			算法与编程		
关键词			信息编码		

心理学家在教室里做了一项由三个任务组成的横向性测试，答案被储存在电脑里。任务是：

（1）扣手：记录左右拇指哪个在上面。

（2）识图：说出图片中是兔子还是鸭子。

（3）鼓掌：记录左右手哪个在上面。

心理学家必须为三个任务的每一种可能的结果想出不同的代码。请问，至少应该有多少种不同的代码？（　　）

A. 1　　　　B. 3　　　　C. 8　　　　D. 16

解析

每个任务都有两种可能性（左拇指或右拇指，兔子或鸭子，左手或右手），由于任务是独立的，所以需要 2×2×2=8 个代码。

计算思维相关知识

信息编码是信息学的基本问题之一。此外，代码的设计必须使信息准确、唯一，这样人们才可以区分不同的信息。

贡献者

[英译中] 张雅娟，490128905@qq.com

[审　核] 王宇，12533540@qq.con

[修改|完善] 王宇，12533540@qq.con

[审核意见] 边琦，bianqi@imnu.edu.cn

2018-PK-06 Soundex 算法

Ⅰ：—	Ⅱ：—	Ⅲ：—	Ⅳ：中	Ⅴ：易	Ⅵ：—
分类			算法与编程		
关键词			数字，字符串		

鲍勃想知道不同的单词听起来有多不一样。他按照以下步骤为每个单词生成四位代码：

（1）保留单词的第一个字母。

（2）删除后面所有出现的"A""E""I""O""U""H""W""Y"。

（3）将下列字母改为数字：

字母	对应的数字
B, F, P, V	1
C, G, J, K, Q, S, X, Z	2
D, T	3
L	4
M, N	5
R	6

（4）保留两个或多个相同数字中的一个。

（5）只使用结果代码的前四位代码，必要时在末尾加零。

例如

文字	代码
BOB	B100
BEAVER	B160
HEILBRONN	H416
ESSAY	E200

"HILBERT"这个单词会产生什么代码？（　　）

A. H410　　B. B540　　C. H041　　D. H416

解析

单词转换步骤如下：

第1步：保留单词的第一个字母（H）。

第2步：应用步骤（2）、（3），可得H4163。

第3步：根据步骤（5），仅保留前四位代码，可得H416。

计算思维相关知识

这种算法被称为Soundex。Soundex是一种语音算法，利用英文的读音计算近似值，该值由四个字符构成，第一个字符为英文字母，后三个字符为数字。常用于按语音索引名称，如英语发音。

这种算法可用于搜索。这项技术与语音纠正有关：纠正由于用户输入听起来像目标单词而产生的拼写错误。

贡献者

[英译中] 张桓玮，949956843@qq.com

[校　对] 曹悦，caoyue@2dai.com

[修改|完善] 张雅娟，490128905@qq.com；王宇，12533540@qq.com；
　　　　　　尚凯，178004221@qq.com

[审核意见] 崔东伟，77107530@qq.com

2018-CY-02 海狸密码表

Ⅰ：—	Ⅱ：—	Ⅲ：—	Ⅳ：中	Ⅴ：—	Ⅵ：—
分类	算法与编程					
关键词	密码，加密					

为了保护自己免受捕食者的侵害，海狸们发明了一种交流方法。在第一行，海狸们按正常顺序写下字母表。下一行以基于关键字的字母开始，后面按正常顺序排列其余字母，每个字母只出现一次。如关键词"BEAVER"有两个字母"E"，然后他们只在密码中保留第一个字母"E"，再按正常顺序写下"BEAVR"和其余未使用的字母。结果如下：

字母表

| A | B | C | D | E | F | G | H | I | J | K | L | M | N | O | P | Q | R | S | T | U | V | W | X | Y | Z |

密码字母表

| B | E | A | V | R | C | D | F | G | H | I | J | K | L | M | N | O | P | Q | S | T | U | W | X | Y | Z |

我们可以使用密码字母表为一个单词编码，方法是将每个字母替换为密码字母表中对应的字母。例如，单词"EXAM"将被编码为"RXBK"。

? 如果你收到一条加密信息，并且想理解它，就需要把这个过程颠倒过来。如果关键词是ZAPPY，你会如何编码单词FOXES？
（　　）

A. CLVBQ 　　　　　　B. CLVQB
C. CLQZB 　　　　　　D. CLQBZ

解析

如果关键词为 ZAPPY，则字母表和密码字母表如下所示：

字母表

| A | B | C | D | E | F | G | H | I | J | K | L | M | N | O | P | Q | R | S | T | U | V | W | X | Y | Z |

密码字母表

| Z | A | P | Y | B | C | D | E | F | G | H | I | J | K | L | M | N | O | Q | R | S | T | U | V | W | X |

单词 FOXES 的编码为 CLVBQ，所以本题的答案为 A 选项。

计算思维相关知识

在信息学中，加密是将文本或其他数据从可读形式编码为不可读形式。只有当其他人有权访问解密关键词时，才能解码。加密是保证数据安全的最重要的方法之一，特别是通过本地网络或互联网传输的数据。此题中使用的加密方法是一种简单的替换密码，称为单字母密码。

贡献者

[英译中] 崔东伟，77107530@qq.com
[校　对] 孔玲霞，895245816@qq.com；曹悦，caoyue@2dai.com
[审核意见] 沈福杰，1034451217@qq.com

2017-LT-09 字母拼图

I：一	II：一	III：一	IV：难	V：难	VI：中
分类	算法与编程					
关键词	加密，编码，代码					

索菲亚喜欢做字谜游戏。她在报纸上看到一个很有意思的玩法，用三个 3×3 的字母网格来给单词编码：

例如，单词 BEAVER 被编码为 ⌐⌐⌐⌐⌐⌐。

她编码了另一个单词 ⌐⌐⌐⌐⌐⌐⌐。

下面哪个选项是她编码的单词？（　　）

A. CREATIVE　　B. CREATION　　C. BEHAVIOR　　D. CREATE

解析

本题中，用三个 3×3 的网格对 26 个字母进行编码。每个字母的编码由组代码和组内代码构成。第一个网格内的字母为第一组，组代码用"空"表示；第二个网格内的字母为第二组，组代码用"·"表示；第三个网格内的字母为第三组，组代码用"··"表示。组内代码为每个字母的内边框线。组代码与组内代码组合，即构成了每个字母的编码。所以选项 A 的单词 CREATIVE 为正确答案。

计算思维相关知识

本题的编码方式是一种替代密码，用相应的符号替换每个字母。若没给出这三个 3×3 的字母网格（即密钥），则很难破译出文本。在信息学中，加密对信息安全来说非常重要。

贡献者

[英译中] 荆丽娟，1766527044@qq.com
[审　核] 张妮，627711474@qq.com
[校　对] 林泽珊，1123447303@qq.com

2013-SK-03 编码

I：一	II：一	III：一	IV：一	V：难	VI：难
分类	算法与编程					
关键词	编码					

孩子们喜欢玩文字编码游戏，编码规则与步骤如下。

第一步：在已知的字母组中，将每个字母替换成 n 个相同的原字母，n 的值由原字母在原字母组中的位置决定，例如，第一个字母，则 $n=1$，第二个字母，则 $n=2$；

第二步：按字母顺序重新排列字母组；

第三步：将相同的字母转换成由数字和字母组成的字母对，其中数字表示该字母组中这个字母的个数。

例如，字母组 BABY 是这样编码的：

第一步：替换结束后得到的结果是 BAABBBYYYY。

第二步：将第一步得到的字母组重新按字母顺序排列后，得到的结果是 AABBBBYYYY。

第三步：在第二步的结果上用字母对替换后，得到的结果是 2A4B4Y。

请问，以下哪个单词的编码与单词 TEETH 的编码相同？（   ）

A. EHEHT
B. HEEHT
C. TEHET
D. 不存在这样的词

解析

对单词 TEETH 进行编码：第一步的结果是 TEEEEETTTTHHHHH，第二步的结果是 EEEEEHHHHHTTTTT，第三步的结果是 5E5H5T。

同样，分别对 A、B、C 选项中的单词进行编码，结果如下。

A 选项：EHEHT → EHHEEEHHHHTTTTT → EEEEHHHHHHTTTTT → 4E6H5T

B 选项：HEEHT → HEEEEEHHHHTTTTT → EEEEEHHHHHTTTTT → 5E5H5T

C 选项：TEHET → TEEHHHEEEETTTTT → EEEEEEHHHTTTTTT → 6E3H6T

可以发现，单词 HEEHT 和 TEETH 有相同的编码，即答案为 B 选项。

计算思维相关知识

编码是信息处理中的一个重要过程，解决类似问题的方法就是按规则执行。

贡献者

[英译中] 杨科可，540794502@qq.com
[审　核] 刘凤祥，fengxiangliumail@163.com；邓文华，407438506@qq.com
[修改|完善] 李娜，19247232@qq.com

2013-SI-02 食物储存

I：—	II：中	III：中	IV：易	V：—	VI：—
分类	数据、数据结构与表征					
关键词	数据存储，数据表					

海狸喜欢吃木头，不同的海狸喜欢吃的木头类型不一样。为了储存木头，海狸们建立了一个共同的食物储藏室，储藏室内存储着数量和类型各不相同的木头。每只海狸都有一个标着自己身份证号码的手镯，海狸可以用它来存储或取出木头。为了确认每只海狸的身份，他们准备了一个笔记本来记录每只海狸的姓名和对应的身份证号码。为了记录每只海狸拥有什么类型、拥有多少数量的木头，他们还需要另外一个笔记本记录数据。他们想节约用纸，不希望记录多余的数据。

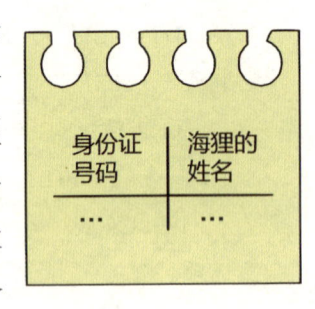

请问，海狸们应该使用下列哪种格式来记录第二个笔记本上的数据？（　　）

A. 身份证号码 | 海狸的姓名 | 海狸的地址 | 木头的数量

B. 身份证号码 | 海狸的地址 | 木头的类型

C. 身份证号码 | 木头的类型 | 木头的数量

D. 身份证号码 | 海狸的姓名 | 木头的类型 | 木头的数量

解析

根据题意可知，需要记录海狸拥有的木头的类型和数量，因此另外一个笔记本中的数据必须包含木头的类型和数量，只有C选项和D选项两者都有。为了节约用纸，在第二个笔记本中不需要将海狸的姓名和地址都记录，因为在第一个笔记本中已经将姓名与身份证号码关联上了，而地址这项数据不需要记录。因此A、B、D选项是错的，即答案为C选项。

计算思维相关知识

该题是关于数据库中最常见的逻辑结构设计，它将数据存储在包含关系的表中。

贡献者

[英译中] 杨科可，540794502@qq.com
[审　核] 刘凤祥，fengxiangliumail@163.com；邓文华，407438506@qq.com
[修改|完善] 李娜，19247232@qq.com
[审核意见] 边琦，bianqi@imnu.edu.cn

2017-MY-04 密码轮

Ⅰ：—	Ⅱ：难	Ⅲ：中	Ⅳ：易	Ⅴ：—	Ⅵ：—
分类	数据、数据结构与表征					
关键词	编码，加密，解密					

一只海狸用密码轮在他的墓碑上留下了一条秘密信息，人们想弄清楚这些信息表示什么意思。密码轮如下图所示，其工作原理是：内轮（带有小写字母）是可以逆时针旋转的，外轮则是用来传递信息的。

当密钥为 0 时，"A"被编码为"a"（左图）。

当密钥为 17 时（内轮逆时针旋转了 17 格），"A"被编码为"r"（右图）。

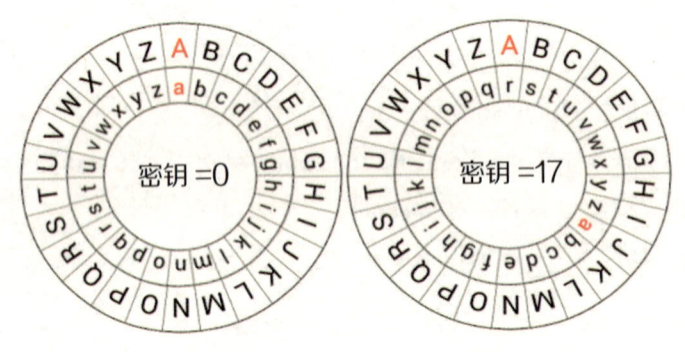

当密钥为 17 时，会将消息"WHO ARE YOU"编码为"nyf riv pfl"。

如果第一个字母的密钥是 1，第二个字母的密钥是 2，第三个字母的密钥是 3，以此类推，那么"j cp f jgcma"表示什么意思呢？（　　）

A．I LOVE YOU
B．I AM BEAVER
C．I AM SEAL
D．I LIKE YOU

解析

这里需要注意的是：每一个字母都要更改密钥。对本题而言，需要通过小写字母的位置来确定密码轮逆时针转动的格数，同时将小写字母对应的大写字母找出来。例如，对于第一个小写字母"j"，内轮需要逆时针转1格，这时j对应I。其他对应字母见表格。

密文（内轮）	j	c	p	f	j	g	c	m	a
密钥	1	2	3	4	5	6	7	8	9
明文（外轮）	I	A	M	B	E	A	V	E	R

综上，答案为 B 选项。

计算思维相关知识

密码轮类似于密码盘，它是由意大利建筑师兼作家 Leon Battista Alberti 于 1470 年开发的一种加密和解密工具。他构造了一种称为 Alberti 密码盘的设备，该设备由两个同心的圆盘组成，一个圆盘安装在另一个圆盘的上面。较大的圆盘为固定盘，较小的圆盘为可转动盘。

如今，加密（安全通信过程）通常通过计算机以数字方式进行，并且变得非常复杂。而诸如密码轮之类的加密和解密工具只是一个示例，它证明了可通过机械的方式完成有效的加密。

贡献者

[英译中] 荆丽娟，1766527044@qq.com
[审　核] 张妮，627711474@qq.com；边琦，bianqi@imnu.edu.cn
[校　对] 侯岸泽，1023911646@qq.com；赵腾任，ZTR_2019@126.com

2016-NL-04 基克斯码

Ⅰ：—	Ⅱ：—	Ⅲ：—	Ⅳ：中	Ⅴ：易	Ⅵ：—
分类	数据、数据结构与表征					
关键词	字符编码					

海狸邮局设计了一套邮政编码，为包含 26 个字母"A～Z"和 10 个数字"0～9"的字符集。为了使机器能够读取并识别邮政编码，邮局技术人员将邮政编码转换为基克斯码。

在基克斯码中，每个字符由四条小竖线表示，而每一条竖线又由上下两部分组成，分别称为"上部"和"下部"。如右上图所示，一个基克斯码的上部包含"top"和"middle"两部分，而下部则包含"middle"和"bottom"两部分。也就是说，在实际应用时，"middle"是上、下部共有的部分。

右图为各字符所对应的基克斯码。

例如，字符串"G7Y0"对应的基克斯码为：

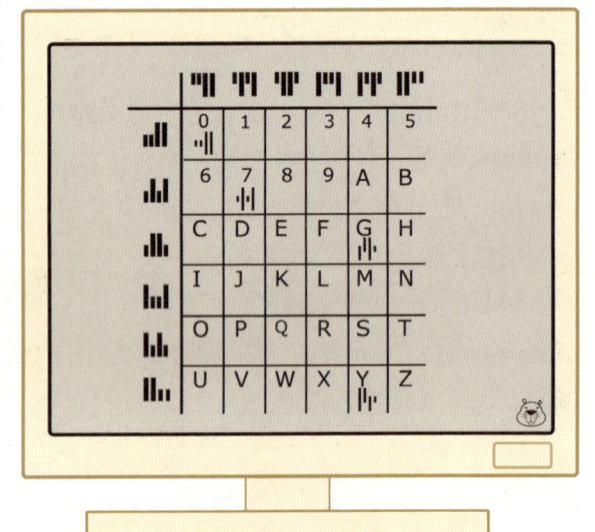

下面的基克斯码表示哪组字符串？（　　）

A．BD3O　　B．BC3O　　C．BD16　　D．BC16

解析

查看表格，先根据编码规则，标出各个字符对应的基克斯码。

再根据题中所给的基克斯码，找出对应的四个字符（见右图中红圈标注的内容）即可，可知答案为 D 选项。

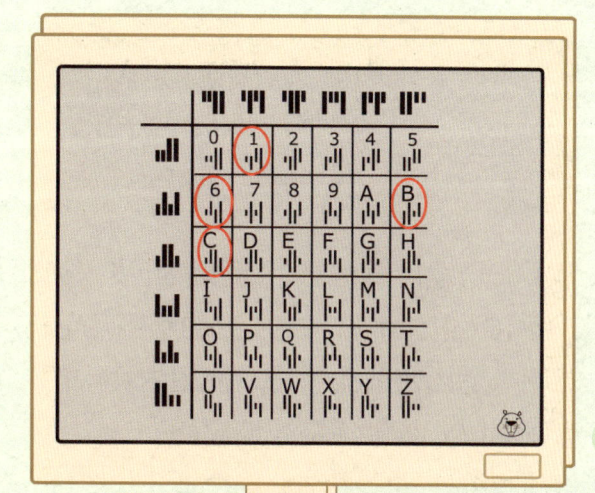

计算思维相关知识

基克斯码是条形码的一个示例。条形码在我们的日常生活中很常见，它可以由机器读取且识别，主要应用于自动选择和分类方面。在本例的编码表中，每一行表示编码上部，每一列则表示编码下部。这种技术在呈现编码信息的过程中十分常见。

贡献者

[英译中] 孟繁舒，673800843@qq.com

[审核 | 校对] 石沙，shisha1974@163.com；何建春，45568307@qq.com；
孟爱玮，meng_aiwei@163.com；沈福杰，1034451217@qq.com

2018-DE-09b 海狸的密码

Ⅰ:—	Ⅱ:—	Ⅲ:难	Ⅳ:中	Ⅴ:易	Ⅵ:—
分类	数据、数据结构与表征					
关键词	编码，密码学					

为了安全地传输信息，海狸们开发了以下加密系统：使用内外两个环，每个环包含字母表中所有的字符及空格。

外环中是加密前的字符，使用内环中的字符取代外环中对应的字符，形成编码。一个字符被编码后，内环将顺时针旋转一个字符的位置。例如，对"HHH"进行编码，第一个字符"H"对应着内环的"U"；然后，内环顺时针旋转一个字符，此时，第二个字符"H"对应内环的"T"（可以注意到，此时外环字符"N"对应的内环字符是空格）；内环再顺时针旋转一个字符，于是，第三个字符"H"对应内环的"S"。因此，"HHH"被编码后的密文就是"UTS"。同理可知，"YES"被编码后的密文为"OVG"。

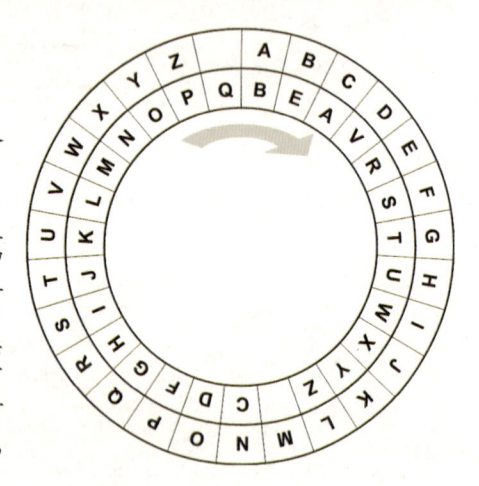

"COME AT THREE"的编码结果是下面哪一个呢？（   ）

A. ACYEMMCJZPUKJ

B. AFDUVSPTBGBFG

C. AD RQBJQJUHRR

D. NZYEQHMTO OMN

解析

正确答案是 A 选项：ACYEMMCJZPUKJ。

加密前信息的第一个字符 C 被 A 取代；内环顺时针旋转一个字符，第二个字符 O 被 C 取代。此时便可判断答案为 A 选项。

也可以根据下面的表格来进行判断。

内环旋转次数 \ 外环字符	A	B	C	D	E	F	G	H	I	J	K	L	M	N	O	P	Q	R	S	T	U	V	W	X	Y	Z
0	B	E	A	V	R	S	T	U		W	X	Y	Z		C	D	F	G	H	I	J	K	L	M	N	O
1	Q	B	E	A	V	R	S	T	U		W	X	Y	Z		C	D	F	G	H	I	J	K	L	M	N
2	P	Q	B	E	A	V	R	S	T	U		W	X	Y	Z		C	D	F	G	H	I	J	K	L	M
3	O	P	Q	B	E	A	V	R	S	T	U		W	X	Y	Z		C	D	F	G	H	I	J	K	L
4	N	O	P	Q	B	E	A	V	R	S	T	U		W	X	Y	Z		C	D	F	G	H	I	J	K
5	M	N	O	P	Q	B	E	A	V	R	S	T	U		W	X	Y	Z		C	D	F	G	H	I	J
6	L	M	N	O	P	Q	B	E	A	V	R	S	T	U		W	X	Y	Z		C	D	F	G	H	I
7	K	L	M	N	O	P	Q	B	E	A	V	R	S	T	U		W	X	Y	Z		C	D	F	G	H
8	J	K	L	M	N	O	P	Q	B	E	A	V	R	S	T	U		W	X	Y	Z		C	D	F	G
9	I	J	K	L	M	N	O	P	Q	B	E	A	V	R	S	T	U		W	X	Y	Z		C	D	F
10	H	I	J	K	L	M	N	O	P	Q	B	E	A	V	R	S	T	U		W	X	Y	Z		C	D
11	G	H	I	J	K	L	M	N	O	P	Q	B	E	A	V	R	S	T	U		W	X	Y	Z		C
12	F	G	H	I	J	K	L	M	N	O	P	Q	B	E	A	V	R	S	T	U		W	X	Y	Z	
13	D	F	G	H	I	J	K	L	M	N	O	P	Q	B	E	A	V	R	S	T	U		W	X	Y	Z
14	C	D	F	G	H	I	J	K	L	M	N	O	P	Q	B	E	A	V	R	S	T	U		W	X	Y
15		C	D	F	G	H	I	J	K	L	M	N	O	P	Q	B	E	A	V	R	S	T	U		W	X
16	Z		C	D	F	G	H	I	J	K	L	M	N	O	P	Q	B	E	A	V	R	S	T	U		W
17	Y	Z		C	D	F	G	H	I	J	K	L	M	N	O	P	Q	B	E	A	V	R	S	T	U	
18	X	Y	Z		C	D	F	G	H	I	J	K	L	M	N	O	P	Q	B	E	A	V	R	S	T	U
19	W	X	Y	Z		C	D	F	G	H	I	J	K	L	M	N	O	P	Q	B	E	A	V	R	S	T
20	U	W	X	Y	Z		C	D	F	G	H	I	J	K	L	M	N	O	P	Q	B	E	A	V	R	S
21	T	U	W	X	Y	Z		C	D	F	G	H	I	J	K	L	M	N	O	P	Q	B	E	A	V	R
22	S	T	U	W	X	Y	Z		C	D	F	G	H	I	J	K	L	M	N	O	P	Q	B	E	A	V
23	R	S	T	U	W	X	Y	Z		C	D	F	G	H	I	J	K	L	M	N	O	P	Q	B	E	A
24	V	R	S	T	U	W	X	Y	Z		C	D	F	G	H	I	J	K	L	M	N	O	P	Q	B	E
25	A	V	R	S	T	U	W	X	Y	Z		C	D	F	G	H	I	J	K	L	M	N	O	P	Q	B
26	E	A	V	R	S	T	U	W	X	Y	Z		C	D	F	G	H	I	J	K	L	M	N	O	P	Q
27	B	E	A	V	R	S	T	U	W	X	Y	Z		C	D	F	G	H	I	J	K	L	M	N	O	P
28	O	B	E	A	V	R	S	T	U	W	X	Y	Z		C	D	F	G	H	I	J	K	L	M	N	O
29	P	Q	B	E	A	V	R	S	T	U	W	X	Y	Z		C	D	F	G	H	I	J	K	L	M	N

行首表示外环字符（字母或空格），下方表示内环顺时针旋转相应次数后所对应的字符。"COME AT THREE"编码后的字符用黄色标记显示。

B 选项是逆时针旋转内环得到的编码。

C 选项是内环没有旋转得到的编码。

D 选项是将加密前的字符定位在内环中，用外环中对应的字符对其编码后得到的结果。

计算思维相关知识

替换是密码学中的一种加密方法，它根据某一个固定的系统，用密文替换原始信息中的字符。接收器再执行逆替换的操作来解密文本。容易被解密的是单字母密码，尤其当解密者能够看懂文本结构时，很容易知道哪些密文组织在一起，表示的是哪个特定的单词。

在本题中，单词的加密使用了多字符密码，即在密文的使用上应用了"旋转环"的思想。

贡献者

[英译中] 孟爱玮，meng_aiwei@163.com

[审核|校对] 孟繁舒，673800843@qq.com；石沙，shisha1974@163.com；
秦小娜，qinxiaona2009@yeah.net

[修改|完善] 何建春，45568307@qq.com

2018-TW-06 旗语

I：—	II：—	III：—	IV：难	V：中	VI：易
分类	数据、数据结构与表征					
关键词	可变长度编码，解码					

一个小镇上的海狸们通过旗帜进行交流，他们通过水平或垂直地摆放旗帜来发出不同的信号。

位置1：水平   位置2：垂直

海狸会给朋友们发出五个不同的字母信号，分别是P、Q、R、S、T。如图所示，海狸通过把旗帜摆成不同的序列依次展示每个字母信号，最终组合成一封信，寄给朋友们。

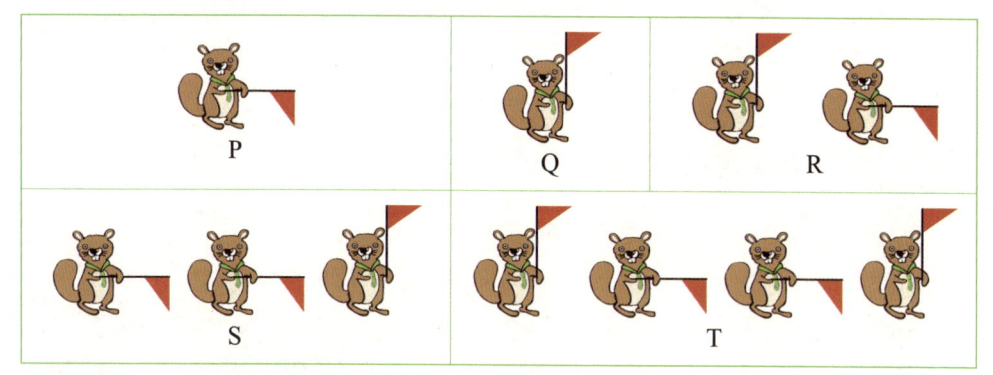

海狸小达要给朋友寄一封信，他摆出了以下旗帜序列的组合：

请问小达信中的内容可能是什么？（　　）

A. TSQ　　　B. RPQSR　　　C. RPSP　　　D. QPPTP

解析

每个字母都是由若干面水平或垂直的旗帜组合而成的，我们可以把水平的旗帜编码为 0，垂直的旗帜编码为 1，那么小达信中的旗帜序列为：垂直、水平、水平、垂直、水平、水平、垂直、水平，可以编码为 10010010。字母信号对应的编码如下表所示。

旗帜					
字母	P	Q	R		
编码	0	1	10		
旗帜					
字母	S		T		
编码	001		1001		

各选项对应的编码如下表所示。

选项	A	B	C	D
选项内容	TSQ	RPQSR	RPSP	QPPTP
对应的编码	10010011	100100110	1000010	10010010

因此，答案为 D 选项。

计算思维相关知识

使用旗帜信号发送消息是海军通信中的一种老方法。要以这种方式发送消息，所使用的代码必须明确（代码是用来为单个字母分配标记位置序列的）。使代码明确的一种方法是使它没有前缀，这意味着一个字母的代码不能是其他字母代码的前缀。而在本题中，代码是有前缀的，如 P 的代码是 S 的代码的前缀，Q 的代码是 R 的代码和 T 的代码的前缀；R 的代码是 T 的代码的前缀。所以在小达的信中，传输的信息还可以解码为：QPPQPPQP、QSSP、QPPTP、TSP、RPQSR、RPTP 等。

贡献者

[英译中] 张书剑，btzsj_ss@163.com　　[审　核] 张凯悦，2732382019@qq.com

[校　对] 边琦，bianqi@imnu.edu.cn　　[审核意见] 崔东伟，77107530@qq.com

2017-US-01 猪舍密码

Ⅰ：—	Ⅱ：—	Ⅲ：难	Ⅳ：中	Ⅴ：易	Ⅵ：—
分类	通信与网络					
关键词	编码，密码学，密码					

小明和邻居小月悄悄地在花园篱笆下传递信息。他们制作了属于自己的密钥，以确保没有其他人能看懂他们的信息。

他们使用以下密钥来传递信息：

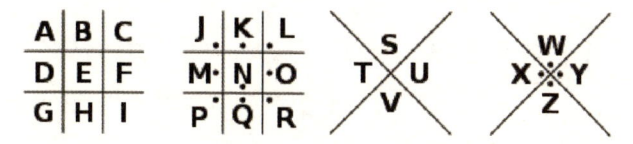

例如，单词 BEAVER 的写法如下：

小明收到了小月传递的信息如下：

? 小月想对小明表达什么呢？（   ）

    A. At dinner she will eat apple

    B. We will meet at the apple tree

    C. Apples are better than oranges

    D. At dinner she will eat orange

    E. We will meet at the orange tree

解析

从图中的密钥能够找到对应的字母,即为 Apple for dinner。

所以小月的意思是:她会在晚餐的时候吃苹果(At dinner she will eat apple),即答案为 A 选项。

计算思维相关知识

在信息学中,可以用编码的方式对信息进行加密,因此只有知道如何加密的人才能真正读取信息。

现在已经有很多不同类型的加密算法。本题中使用的"猪舍密码"是一种"替代密码",它的加密效果是比较弱的。因为加密后的符号与被加密的文本是一一对应的,仅通过分析加密后的符号就可以猜测并解密。密码学家已经设计出了更复杂的密码,使原文本和加密文本之间没有明显的对应关系。

贡献者

[英译中] 张妮,627711474@qq.com

[审　核] 荆丽娟,1766527044@qq.com;侯岸泽,1023911646@qq.com;
边琦,bianqi@imnu.edu.cn

[校　对] 赵腾任,ZTR_2019@126.com;蹇晓焱,1285243664@qq.com

四、常见的排序方法

2013-CA-03-ZH 排队

Ⅰ：—	Ⅱ：难	Ⅲ：中	Ⅳ：中	Ⅴ：—	Ⅵ：—
分类	算法与编程				
关键词	冒泡排序				

现要根据人们衬衫上的号码按照从小到大的顺序对他们进行排列。初始号码列表为：732985146，你将使用以下技术来排列他们：从左边开始，依次比较相邻两个人的号码。如果左边的人的号码大于右边的人的号码，则交换这两个人的位置；否则，按原先的顺序排列；然后向右移动一个位置，按照同样的方法比较从左边数第2个人和第3个人的号码；以此类推。在比较了号码列表中最右边的两个人的号码之后，称此列表"通过"一次。

直到人们按顺序123456789排列为止，这个号码列表需要"通过"多少次？（　　）

A. 2　　　　B. 4　　　　C. 6　　　　D. 9

解析

从初始号码列表开始，下面是每次"通过"后的号码列表排列情况。

初始号码：732985146

"通过"一次：327851469

"通过"二次：237514689

"通过"三次：235146789

"通过"四次：231456789

"通过"五次：213456789

"通过"六次：123456789

计算思维相关知识

上述过程涉及"冒泡排序"算法。使用该算法可将任意序列按升序排序,但是最坏情况下的运行时间是序列大小的平方,如该例中最坏情况下的执行次数为 $9^2=81$ 次。其他排序算法有合并排序、快速排序和堆排序,突出了算法分析的不同方面,还突出了各种数据结构(如堆排序情况下的堆)。

贡献者

[英译中] 翟学坦,zhaixuetan@163.com
[审　核] 张思旭,2350975151@qq.com
[校　对] 王文华,ivanlawyer@126.com;高静静,gaojingjing0813@163.com;
　　　　　赵腾任,ZTR_2019@126.com

2013-FR-13 按质量排序

Ⅰ：—	Ⅱ：难	Ⅲ：难	Ⅳ：中	Ⅴ：易	Ⅵ：易
分类	算法与编程					
关键词	冒泡排序					

第一排架子上有 5 个形状各异的积木（质量未知），请帮助小海狸将这 5 个积木根据质量排序，并摆放在第二排的架子上，使其从左到右，积木的质量逐渐增大。

可以使用天秤来比较两个积木的质量。

请描述给积木排序的操作过程。

解析

可以使用冒泡排序、选择排序、插入排序等算法对积木按质量进行排序。

假设各积木的质量大小顺序为：⬟ > ◆ > ⬆ > ★ > ▲。

使用冒泡排序的方法对积木进行排序的步骤如下所示。

第一轮

第1步：比较 ★ 和 ◆ 的质量，★ < ◆，两者位置不变，积木序列为 ★◆⬟▲⬆；

第2步：比较 ◆ 和 ⬟ 的质量，◆ < ⬟，两者位置不变，积木序列为 ★◆⬟▲⬆；

第3步：比较 ⬟ 和 ▲ 的质量，⬟ > ▲，交换两者位置，积木序列为 ★◆▲⬟⬆；

第4步：比较 ⬟ 和 ⬆ 的质量，⬟ > ⬆，交换两者位置，积木序列为 ★◆▲⬆⬟。

第二轮

第1步：比较 ★ 和 ◆ 的质量，★ < ◆，两者位置不变，积木序列为 ★◆▲⬆⬟；

第2步：比较 ◆ 和 ▲ 的质量，◆ > ▲，交换两者位置，积木序列为 ★▲◆⬆⬟；

第3步：比较 ◆ 和 ⬆ 的质量，◆ > ⬆，交换两者位置，积木序列为 ★▲⬆◆⬟；

第4步：比较 ◆ 和 ⬟ 的质量，◆ < ⬟，两者位置不变，积木序列为 ★▲⬆◆⬟。

第三轮

第1步：比较 ★ 和 ▲ 的质量，★ > ▲，交换两者位置，积木序列为 ▲★⬆◆⬟；

第 2 步：比较 ★ 和 ⬆ 的质量，★＜⬆，两者位置不变，积木序列为 ◣ ★ ⬆ ◆ ⬟；

第 3 步：比较 ⬆ 和 ◆ 的质量，⬆＜◆，两者位置不变，积木序列为 ◣ ★ ⬆ ◆ ⬟；

第 4 步：比较 ◆ 和 ⬟ 的质量，◆＜⬟，两者位置不变，积木序列为 ◣ ★ ⬆ ◆ ⬟。

各积木块没有移动，即最终的积木摆放顺序为 ◣ ★ ⬆ ◆ ⬟。

计算思维相关知识

可以采用任意一种排序算法来解决本题。仅通过"比较"来给列表对象排序是算法学中的问题之一，由此问题可以引出各种不同的排序算法。

贡献者

[英译中] 范浩，sunnymato@qq.com
[审　核] 张鹏飞，hs2zzpf@163.com；朱燕南，3116465579@qq.com
[修改|完善] 白子颀，987088174@qq.com；任嘉莉，845489971@qq.com

2013-SE-09 整数排序

I：—	II：—	III：难	IV：难	V：易	VI：—
分类			算法与编程		
关键词			冒泡排序		

海狸彼得试图将下面的数字按升序（由小到大）排列：

1、11、5、15、4、17、7、2、10、16、13、6、3、12、9、14、8。

他只能交换两个相邻的数字，那么他对上述序列进行升序排列需要进行的最少交换次数是多少？（　　）

A. 40　　　　B. 50　　　　C. 60　　　　D. 70

解析

如果按从左到右、从小到大的顺序对它们排序，需依次比较相邻的两个数字，每当右边的数字小于左边的数字时，就要交换这一对数字。

初始序列：1、11、5、15、4、17、7、2、10、16、13、6、3、12、9、14、8

第1轮比较后：1、5、11、4、15、7、2、10、16、13、6、3、12、9、14、8、17（共交换了13次）

第2轮比较后：1、5、4、11、7、2、10、15、13、6、3、12、9、14、8、16、17（共交换了11次）

第3轮比较后：1、4、5、7、2、10、11、13、6、3、12、9、14、8、15、16、17（共交换了11次）

第4轮比较后：1、4、5、2、7、10、11、6、3、12、9、13、8、14、15、16、17（共交换了6次）

第 5 轮比较后：1、4、2、5、7、10、6、3、11、9、12、8、13、14、15、16、17（共交换了 5 次）

第 6 轮比较后：1、2、4、5、7、6、3、10、9、11、8、12、13、14、15、16、17（共交换了 5 次）

第 7 轮比较后：1、2、4、5、6、3、7、9、10、8、11、12、13、14、15、16、17（共交换了 4 次）

第 8 轮比较后：1、2、4、5、3、6、7、9、8、10、11、12、13、14、15、16、17（共交换了 2 次）

第 9 轮比较后：1、2、4、3、5、6、7、8、9、10、11、12、13、14、15、16、17（共交换了 2 次）

第 10 轮比较后：1、2、3、4、5、6、7、8、9、10、11、12、13、14、15、16、17（共交换了 1 次）

经过 10 轮比较后，数字序列已经按升序排列，共经过了 13+11+11+6+5+5+4+2+2+1=60 次交换，即答案为 C 选项。

计算思维相关知识

本题可以采用冒泡排序算法解决。冒泡排序是计算机科学领域一种比较简单的排序算法。它重复地访问要排序的元素列，依次比较两个相邻的元素，如果顺序（如从大到小）错误，就把它们交换过来。访问两个相邻元素的工作重复进行，直到没有相邻元素需要交换为止，也就是说，该元素列已经排序完成。这个算法名字的由来：更小的元素经过交换会慢慢"浮"到元素列的顶端（升序排列），就如同碳酸饮料中的气泡最终会上浮到顶端一样，故名"冒泡排序"。

贡献者

[英译中] 郝思晨，904087600@qq.com
[审　核] 赵腾任，ZTR_2019@126.com
[修改|校对] 秦小娜，qinxiaona2009@yeah.net；侯岸泽，1023911646@qq.com；
高路祎，601306788@qq.com；赵腾任，ZTR_2019@126.com

2010-CH-04 碗厂

Ⅰ:—	Ⅱ:—	Ⅲ:—	Ⅳ:难	Ⅴ:中	Ⅵ:易
分类		算法与编程			
关键词		排序，冒泡排序			

一家工厂生产 1 套不同尺寸的碗，每套有 6 个碗。一条长长的传送带把碗一个接一个地从左向右传送。碗厂将每套碗按任意顺序放在一起。在包装碗之前，需要对它们进行排序，排序结果如下图所示：

当一套碗经过一个工人时，他会把相邻的两个排序错误的碗交换。一套碗经过一个工人时的顺序变化如下图所示。

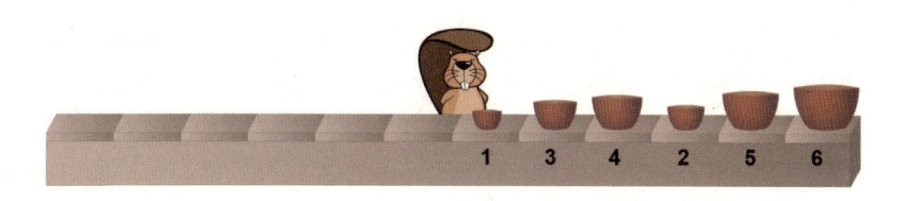

请问，下面这套碗要经过几个工人才能完成排序？（　　）

A. 3个　　　B. 4个　　　C. 5个　　　D. 6个

解析

这套碗的原始顺序是：563241。注意，相邻碗的交换是从右到左进行的。

经过第一个工人后，碗的顺序是：156324（5次交换，碗1与其左边所有比碗1大的碗交换）。

经过第二个工人后，碗的顺序是：125634（3次交换，碗2与其左边所有比碗2大的碗交换）。

经过第三个工人后，碗的顺序是：123564（2次交换，碗3与其左边所有比碗3大的碗交换）。

经过第四个工人后，碗的顺序是：123456（2次交换，碗4与其左边所有比碗4大的碗交换）。

综上，答案为B选项。

计算思维相关知识

在信息学中，人们花了很多精力研究排序算法。此题中对碗进行排序的方法称为"冒泡排序"。这种排序算法一次又一次地遍历对象列表，交换所有顺序错误的相邻对象。当在遍历列表期间未发生交换时，说明列表已完成排序。

与其他排序算法相比，冒泡排序非常容易被人理解，但它却不是最高效的排序算法。对 1000 个元素的排序，使用冒泡排序在最坏的情况下可能需要多达 100 万个步骤，而其他更好的排序算法可能只需要大约 10000 个步骤。

贡献者

[英译中] 王文华，ivanlawyer@126.com

[审　核] 沈映珊，esandq@qq.com；侯岸泽，1023911646@qq.com

[修改|完善] 沈映珊，esandq@qq.com

[审核意见] 边琦，bianqi@imnu.edu.cn

2013-JP-08 使用仓库

Ⅰ：—	Ⅱ：难	Ⅲ：难	Ⅳ：中	Ⅴ：易	Ⅵ：—
分类	算法与编程					
关键词	二分法					

海狸村的一位木匠建造了 31 个新仓库，他将最左边的仓库编为 1 号，并从 1 号开始按顺序使用这些仓库。某天，他忽然发现自己忘记了已经使用了多少个仓库。

为了减少开门次数，他想出了如下策略：

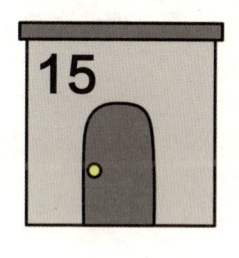

首先，他打开 31 个仓库里最中间的 16 号仓库。如果 16 号仓库为空，就继续在 1 到 15 号仓库中尝试，随后打开 8 号仓库；如果 16 号仓库已被使用，就继续在 17 到 31 号仓库中尝试，随后打开 24 号仓库。他会按照这个规律重复上述步骤，直到确认使用了多少仓库。

海狸木匠最终发现他使用了从 1 到 15 号的仓库。在这个过程中，他一共需要开多少次门？（　　）

A. 4　　　　B. 5　　　　C. 6　　　　D. 7

解析

按照海狸木匠的策略可以进行如下操作：

第一步：从 1~31 号仓库查找，因为 (1+31)÷2=16，打开 16 号仓库，是空的；

第二步：从 1~15 号仓库查找，因为 (1+15)÷2=8，打开 8 号仓库，已使用；

第三步：从 9~15 号仓库查找，因为 (9+15)÷2=12，打开 12 号仓库，已使用；

第四步：从 13~15 号仓库查找，因为 (13+15)÷2=14，打开 14 号仓库，已使用；

第五步：因为 16 号仓库是空的，只剩下 15 号仓库需要确认，打开 15 号仓库，已使用，确认完毕。

综上，答案为 B 选项。

计算思维相关知识

在数据量很大的情况下，适宜采用二分法进行查找。采用该方法时，有个前提——列表需是排好序的。其基本思想为：假设列表数据是按升序排列的，对于给定值 x，从列表的中间位置开始比较，如果当前位置的值等于 x，则查找成功；若 x 小于当前位置的值，则在列表的前半段中继续查找；若 x 大于当前位置的值，则在列表的后半段中继续查找，直到找到为止。使用二分法进行查找可以有效地找出目标值在列表中的位置，这是一种基础而重要的算法。

贡献者

[英译中] 王宇，12533540@qq.com

[审　核] 尚凯，178004221@qq.com；张雅娟，490128905@qq.com

[校　对] 张桓玮，949956843@qq.com；王文华，ivanlawyer@126.com；
赵腾任，ZTR_2019@126.com

2018-ZA-01 寻找漏水处

Ⅰ:—	Ⅱ:—	Ⅲ:难	Ⅳ:中	Ⅴ:易	Ⅵ:—
分类	算法与编程					
关键词	二分查找					

同一条街上的 16 户人家中，有一户的管道漏水。维修工人正在努力寻找漏水的地方。为了帮助搜索，对街道上所有的家庭都切断了供水。

为了搜索漏水的地方，维修工人将关闭两栋房屋之间的阀门，看看管道上的水表是否仍显示有水在使用。例如，如果他们关闭 8 号和 9 号之间的阀门，而水表显示有水仍在使用，他们就知道漏水的地方在 1 号和 8 号之间。若水表未显示有水在使用，则 9 号和 16 号之间漏水。

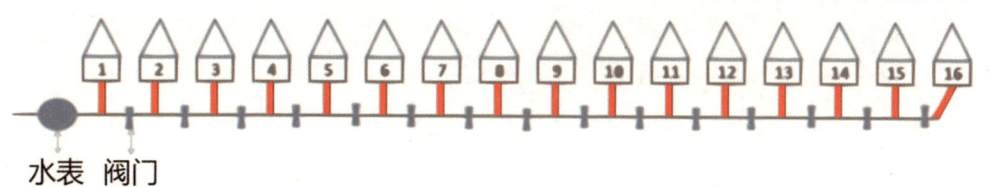

假设管道只有一个地方漏水（上图中的某一条垂直红色线段），他们至少需要关闭多少个阀门才能确定漏水的地方？（　　）

A. 2　　　　B. 3　　　　C. 4　　　　D. 8

解析

每次将搜索区域平均分成两部分，先搜索其中一半，这一半如果没有漏水则搜索另一半。通过重复该过程，逐渐缩小搜索范围。

例如，第一次关闭 8 号与 9 号之间的阀门，若水表显示有水在使用，则漏水处在 1~8 号。

第二次关闭4号与5号之间的阀门，若水表未显示有水在使用，那么漏水处在5～8号。

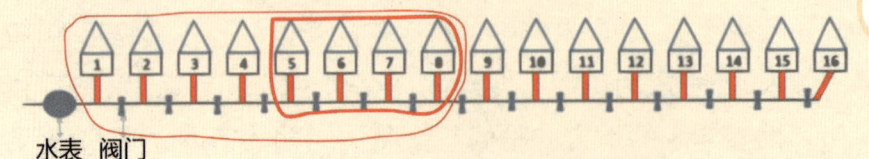

第三次关闭6号与7号之间的阀门，若水表显示有水在使用，则漏水处在5～6号。

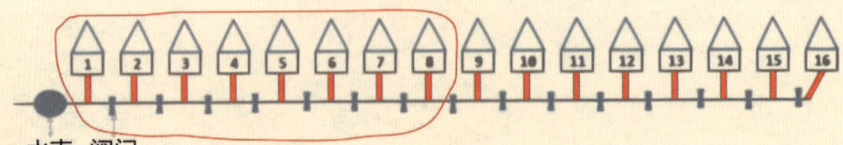

第四次关闭5号与6号之间的阀门，根据水表情况，即可断定漏水处。

因此，至少需要四次才能判断出来。

计算思维相关知识

这是典型的二分查找算法，它是一种在有序数组中查找某一特定元素的搜索算法。搜索过程从数组的中间元素开始，正如本题中要从16个阀门中找到漏水的那一个阀门，如果中间8号与9号之间的阀门正好是要查找的元素，则搜索过程结束；如果某一特定元素（漏水阀门）大于或者小于中间元素（8号与9号之间的阀门），则在数组中大于或小于中间元素的另一半中查找，而且也从这一半的中间元素开始比较。如果在某一步骤中数组为空，则代表找不到该元素。使用这种搜索算法，每一次比较后，搜索范围都会缩小一半，非常高效。

贡献者

[英译中] 张凯悦，2732382019@qq.com

[审 核] 张书剑，btzsj_ss@163.com

[校 对] 朱燕南，3116465579@qq.com

2016-BE-02 找出小偷

Ⅰ：—	Ⅱ：—	Ⅲ：难	Ⅳ：中	Ⅴ：中	Ⅵ：易
分类	算法与编程					
关键词	集合，重复减半，二分查找法，有序列表					

天哪！著名的蓝色钻石今天在博物馆被盗了，小偷把它换成了绿色的廉价仿制品。

今天共有2000人参观了钻石展，他们是一个接一个地进入展室的。为了找到小偷，罗探长要审问部分参观者。他有2000名参观者的名单，名单上的参观者是按照进入展室的先后顺序排列的。

罗探长会向每个被审问者提出同样的问题：你看到那颗钻石时，它是绿色的还是蓝色的？除了小偷，每个人都会如实回答。而小偷会说，他看到钻石时，钻石已经是绿色的了。

罗探长非常聪明，他采用了一种策略，可以使被审问的人数尽可能少，从而提高效率。

？ 以下各项陈述中，哪句话肯定是罗探长说的？（　　　）

A. 我可以保证，通过审问不到20个人就能找到那个小偷。

B. 审问20个人是不够的（除非我很幸运），但我可以通过审问不到200个人来完成这项工作。

C. 这将是一项艰巨的工作，我至少需要审问200人，有可能多达1999人。

D. 我不能保证什么，如果我很不走运，我可能需要审问每一个参观者。

解析

令人惊讶的是，罗探长只需要审问一小部分参观者就可以找出小偷。他通过以下方式依次将嫌疑人数减半：

按参观者进入展室的顺序，将他们分别编号为 1 至 2000。

首先，罗探长问第 1000 号参观者（即第 1 个被审问者），他看到的钻石是什么颜色的。如果他回答"是蓝色的"，那么小偷的编号一定在 1001 到 2000 之间；如果他回答"是绿色的"，那么小偷的编号肯定在 1 到 1000 之间。（注意：小偷也有可能正好是 1000 号参观者哦！）

在这两种情况下，可能使小偷的参观者数量从 2000 人减少到 1000 人。换句话说，嫌疑人的人数"减半"了。

然后，罗探长再向剩余名单中的"中间编号人"提出这个问题（也就是说，如果第 1 个被审问者回答"是蓝色的"，就询问第 1500 号参观者；如果第 1 个被审问者回答"是绿色的"，就询问第 500 号参观者）。这样，又将嫌疑人的人数"减半"。

以此类推，罗探长能够依次把嫌疑人的人数从 2000 减少到 1000、500、250、125、63、32、16、8、4，并最终减少到 2 人。当只剩下两个嫌疑人时，罗探长向第一个嫌疑人提出问题，如果他回答"是绿色的"，那么他就是小偷。否则另一个嫌疑人就是小偷。因此，在审问 11 个人之后，罗探长就可以找到小偷，即答案为 A 选项。

计算思维相关知识

"减半"是计算机科学中非常常见的一种方法，最著名的例子应该是"二分查找法"，在这道题中，我们使用二分查找法在名单列表中查找回答"绿色"的人，小偷应该是在所有回答"蓝色"的人之后的第一个回答"绿色"的人。因为正常人都会如实回答，而小偷肯定会撒谎，这就是那个有趣的转折点。

值得注意的是，如果我们事先不知道小偷在回答时会说哪种颜色，那么这道题就是无解的。

贡献者

[英译中]何建春,45568307@qq.com
[审 核]石沙,shisha1974@163.com;孟繁舒,673800843@qq.com
[校 对]向阳,15210848280@163.com;赵腾任,ZTR_2019@126.com
[修改|完善]孟爱玮,meng_aiwei@163.com

2018-CN-05 整理书架

Ⅰ：—	Ⅱ：—	Ⅲ：难	Ⅳ：中	Ⅴ：中	Ⅵ：易
分类	数据、数据结构与表征					
关键词	选择排序，时间复杂度					

爱丽丝非常喜欢读书，看完书后，她总是把书随意摆放。一段时间之后，书架上就会变得特别乱，爱丽丝决定把书整理一下。有趣的是，在整理的过程中，她用布蒙住了眼睛。所以，她只能用手去摸书的高度，而且每次只能同时比较两本书。

右图中，书架上有 3 本书。爱丽丝用手比较书的高度，并按书的高度进行整理。经过两轮比较，书就整理好了。

第一轮：找到最高的书，把它移到第 1 位。

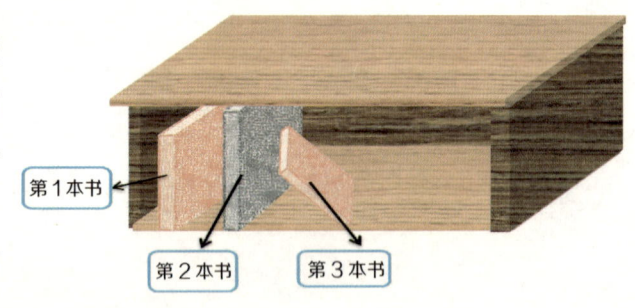

书架上有 3 本书。爱丽丝用左手拿第 1 本书（最左边的书），用右手拿第 2 本书，比较两本书的高度。她觉得第 2 本书比第 1 本书高，于是换左手拿第 2 本书；然后右手拿第 3 本书，比较两本书的高度，发现第 2 本书比第 3 本书高，不需要交换。

第一轮过后，她进行了两次比较，找到了最高的一本书（第 2 本书），并把它移到第 1 位。

第二轮：找到第二高的书，把它移到第 2 位。

在第一轮的基础上爱丽丝从第 2 本书开始，先用左手拿第 2 本书，右手拿第 3 本书，比较两本书的高度，发现第 2 本书比第 3 本书高，所以不需要交换书。

在第二轮之后，她找到了第二高的书，进行了一次比较。

通过两轮整理，包括三次比较、一次移动，她成功地整理了书架。

> 现在书架上有5本书，爱丽丝将通过多少轮，共包括多少次比较和多少次移动能整理好这些书？（　　）

A. 5轮，12次比较，5次移动
B. 5轮，10次比较，4次移动
C. 4轮，10次比较，3次移动
D. 4轮，12次比较，3次移动

解析

在第一轮中，第1到第5本书比较4次，得出第2本书最高，将第2本书移到左侧第1位，移动1次。

在第二轮中，第2到第5本书比较3次，得出第5本书最高，将第5本书移到左侧第2位，移动1次。

在第三轮中，第3到第5本书比较2次，得出第4本书最高，将第4本书移到左侧第3位，移动1次。

在第四轮中，第4本书和第5本书比较1次，得出第4本书更高，不需要移动书。

共进行了4轮，包括10次比较和3次移动，即答案为C选项。

计算思维相关知识

本题应用了选择排序。选择排序以其简单性而著称，在某些情况下，特别是在辅助存储器有限的情况下，它比更复杂的算法具有性能优势。

与其他排序算法相比，选择排序更容易分析，因为它没有一个循环依赖于数组中的数据。选择最小值需要扫描 n 个元素（进行 $n-1$ 次比较），然后将其交换到第一个位置；找到下一个最小的元素需要扫描其余的 $n-1$ 个元素，以此类推。因此，总比较次数为：$n*(n-1)/2$。就比较次数而言，其复杂性为 $O(n^2)$。

贡献者

[英译中] 崔东伟，77107530@qq.com
[校　对] 孔玲霞，895245816@qq.com；曹悦，caoyue@2dai.com
[审核意见] 沈福杰，1034451217@qq.com

五、图

2013-FR-12 找出非好友

I : 一	II : 难	III : 难	IV : 中	V : 易	VI : 易
分类	算法与编程					
关键词	图					

海狸想寻找一种方法来判断人们之间是否存在朋友关系。他收集了海狸平台上互为好友的人群信息，并绘制了一张图。如下图所示，每个圆圈代表一只海狸，每对海狸好友之间通过一条线段连接。

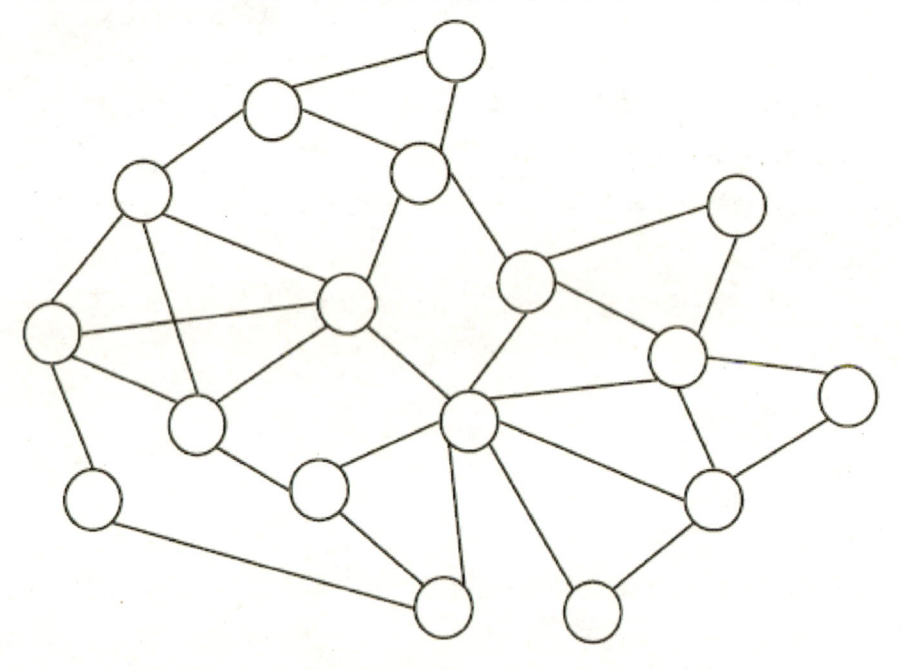

请将图中互不为好友的八只海狸用红色笔圈出来。

🗝 **答案：**

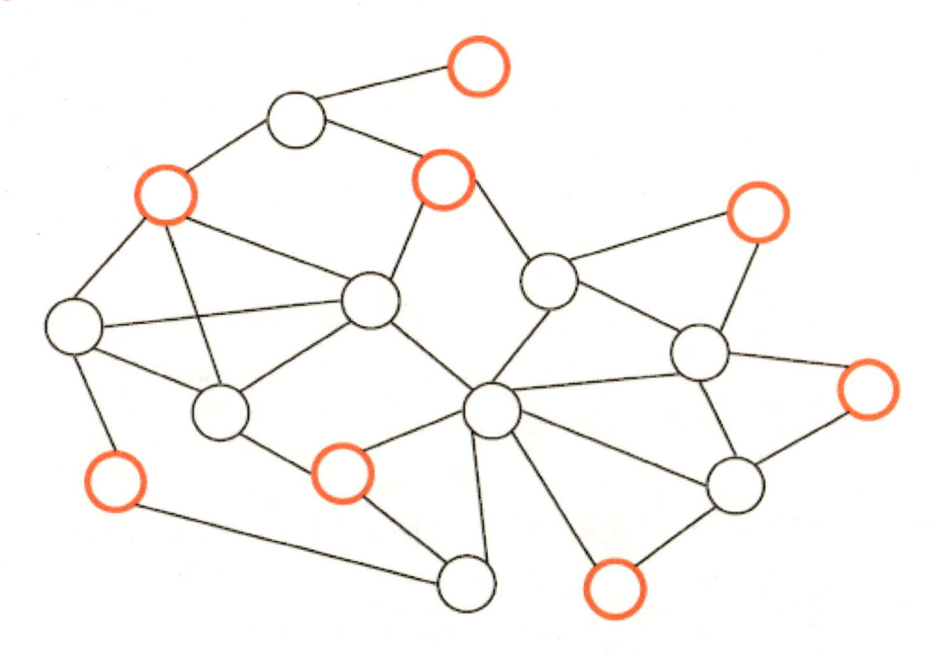

计算思维相关知识

要解决这个问题，先要理解"图"的概念及其表示形式，再通过有效策略寻找正确的解决方案，好的策略对算法来说非常关键。

本题是经典问题"极大独立集"的一个实例。目前还没有解决这类问题的通用的有效算法。

贡献者

［英译中］范洁，sunnymato@qq.com
［审　核］白子颀，987088174@qq.com；任嘉莉，845489971@qq.com
［校　对］张鹏飞，hs2zzpf@163.com；王文华，ivanlawyer@126.com；
　　　　　赵腾任，ZTR_2019@126.com

2013-PL-09 帮助海狸找同伴

Ⅰ：—	Ⅱ：—	Ⅲ：—	Ⅳ：难	Ⅴ：难	Ⅵ：中
分类			算法与编程		
关键词			图，完全图		

海狸市最近的报告指出，许多海狸时常会感到孤独，但幸运的是，聪明的海狸们想出了一个改善心情的办法：如果海狸们有共同的兴趣爱好，能一起谈论他们都感兴趣的事情，他们就会心情愉悦。

右图中的结点（蓝色圆圈）代表海狸，两个结点之间的连线代表两只海狸有共同的兴趣爱好，并且成功组队。以此类推，如果在3个结点中每两个结点之间均有连线（边），那么代表3只海狸有共同的兴趣爱好，并且成功组队；如果4个结点中每两个结点之间均有连线（边），那么代表4只海狸有共同的兴趣爱好，并且成功组队。

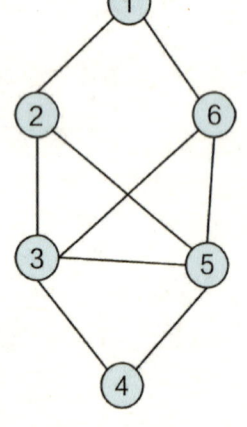

上图中的6只海狸中有多少个不同的兴趣小组？（　　）

A. 9　　　　B. 12　　　　C. 7　　　　D. 20

解析

我们先来考虑有2只海狸组队的情况，即在图中找到两个结点之间有连线存在的情况（我们把结点间的连线叫作"边"），可以发现图中有9条边，分别是1—2，1—6，2—3，2—5，3—4，3—5，3—6，4—5，5—6。

接着，我们考虑有 3 只海狸组队的情况，在图中找到有 3 个结点并且每两个结点之间均有连线的图（称之为"完全图"）。我们可以找到 3 组符合条件的完全图，分别是：由 2，3，5 三个结点组成的完全图；由 3，4，5 三个结点组成的完全图；由 3，5，6 三个结点组成的完全图。

然后我们考虑有 4 只海狸组队的情况，在图中找到有 4 个结点并且每两个结点之间均有连线的图，此时我们发现图中没有符合要求的完全图，所以停止查找。

因此，本题的正确答案是：9+3=12，即答案为 B 选项。

计算思维相关知识

完全图是指在一个简单的无向图中，每两个不同的结点之间都恰好有一条边相连。

查找完全图的方法为：首先设完全图为一个空图，往其中加入一个结点，然后依次考虑每个结点，查看该结点加入完全图之后，是否仍然构成一个完全图，只需要考虑该结点和图中其他结点是否都有连接。如果满足条件，则将该结点加入完全图；如果不满足条件，则舍弃，然后递归判断下一结点。

贡献者

[英译中] 高路祎，601306788@qq.com
[审　核] 赵腾任，ZTR_2019@126.com
[校　对] 侯岸泽，1023911646@qq.com；秦小娜，qinxiaona2009@yeah.net；
　　　　　郝思晨，904087600@qq.com；王戈，wgxp@sina.com

2013-BG-02-ZH 多条路

Ⅰ:—	Ⅱ:难	Ⅲ:中	Ⅳ:易	Ⅴ:—	Ⅵ:—
分类	数据、数据结构与表征					
关键词	图论					

有一条连接了 8 个城镇的公路网,其中任何两个城镇都通过一条直接道路相连,那么这条公路网里存在多少条道路?(　　)

A. 28　　　　B. 32　　　　C. 49　　　　D. 64

解析

要连接任何两个城镇,共需（8×7）/2=28 条道路。

用数学概率的做法是 C_8^2=28 条道路,即答案为 A 选项。

计算思维相关知识

此题是图论的入门问题。这是一个发现问题→建模→计算模型→编程→分析结果的过程,把每个城镇看作一个结点,进行着色,找到与之有关的每一个结点并进行统计,这样就使得问题求解清晰明了了。

贡献者

[英译中] 翟学坦,zhaixuetan@163.com
[审　核] 赵腾任,ZTR_2019@126.com
[校　对] 秦小娜,qinxiaona2009@yeah.net;张凯悦,2732382019@qq.com

2013-NL-02 河道检查

Ⅰ：—	Ⅱ：—	Ⅲ：—	Ⅳ：—	Ⅴ：难	Ⅵ：难
分类	数据、数据结构与表征					
关键词	有向图					

一群海狸需要每个月对河道进行一次检查。由于水势湍急，海狸们只能顺着水流游到下游，而且每天只能游一次。如右图所示，海狸检查员们从 A 点出发，在 B 点汇合，河流的每一条支流都需要检查。

如果希望在一天之内完成检查，至少需要安排几位海狸检查员呢？（　　）

A. 3 位　　B. 4 位　　C. 5 位　　D. 6 位

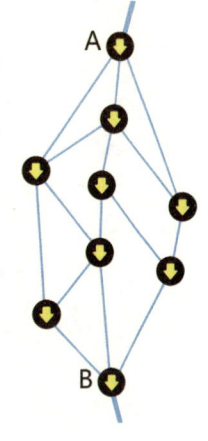

解析

如右图所示，我们在河流上画一条红线，将河流截断，这条红线最多可以穿过 6 条支流。由于水势湍急，每只海狸都不可能回头，因此至少要为这 6 条支流各安排 1 位海狸检查员，才可能在一天之内完成所有的检查工作，即答案为 D 选项。

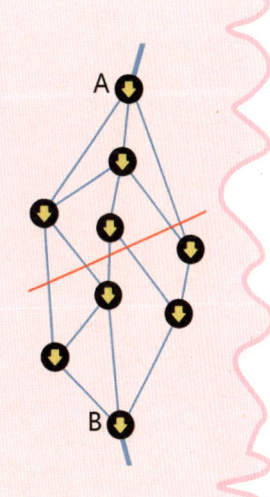

计算思维相关知识

河流及其支流问题是平面有向图中的一个经典问题。我们经常需要在平面有向图中分析其中的流，人们常用的一种算法就是：尝试在一次切割中截断尽可能多的流。这类算法的研究是计算机科学中的一个重要方向。

贡献者

[英译中] 尚凯，178004221@qq.com
[审　核] 张桓玮 949956843@qq.com；张雅娟 490128905@qq.com
[校　对] 王宇，12533540@qq.com；赵腾任，ZTR_2019@126.com；
　　　　 王戈，wgxp@sina.com

六、编程
2013-SK-10 画点（2）

Ⅰ：—	Ⅱ：—	Ⅲ：中	Ⅳ：易	Ⅴ：易	Ⅵ：—
分类			算法与编程		
关键词			程序，图示		

使用画图命令可以画出不同图形，现有三个画图命令"画图_1""画图_2"和"画图_2A"，分别可以画出以下图形。

画图_1　　　画图_2　　　画图_2A

画图命令"旋转90°"，表示对已有图形进行旋转。画图命令可以组合使用，并按顺序执行，例如，执行组合命令"画图_2A，旋转90°"可画出图1所示图形；执行组合命令"画图_1，画图_2，旋转90°"可画出图2所示图形。

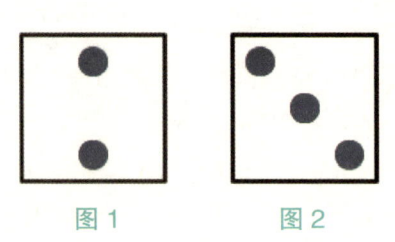

图1　　　图2

那么，下列哪个选项的图形无法通过组合命令画出？（　　）

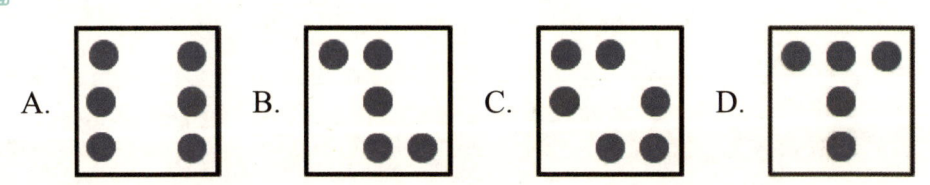

A.　　　B.　　　C.　　　D.

解析

选项 A 的图形可通过组合命令"画图_2，旋转 90°，画图_2，画图_2A"画出。

选项 B 的图形可通过组合命令"画图_1，画图_2，旋转 90°，画图_2A，旋转 90°"画出。

选项 C 的图形可通过组合命令"画图_2，旋转 90°，画图_2A，旋转 90°，画图_2A"画出。

选项 D 无法使用这些命令画出。

计算思维相关知识

此题涉及分步执行命令绘制图形。分步执行命令是信息学和程序设计的重要组成部分，它明确了每一个命令所能实现的功能，并且要按顺序执行。

贡献者

[英译中]李娜，19247232@qq.com
[审　核]刘凤祥，fengxiangliumail@163.com；邓文华，407438506@qq.com
[修　改]方海玉，2952370026@qq.com
[修改|完善]杨科可，540794502@qq.com
[审核意见]边琦，bianqi@imnu.edu.cn

2013-SI-07 量杯装水

Ⅰ:—	Ⅱ:中	Ⅲ:中	Ⅳ:易	Ⅴ:—	Ⅵ:—
分类	算法与编程					
关键词	序列命令执行，程序设定					

海狸在湖边玩量杯装水的游戏，海狸有 A、B 两个量杯，量杯 A 最多能装 500 毫升水，量杯 B 最多能装 700 毫升水，水用 L 表示。

- 用水装满量杯，表示为 L→A 或 L→B；
- 将量杯里的水全部倒入湖中，表示为 A→L 或 B→L；
- 将水从一个量杯倒入另一个量杯，表示为 A→B 或 B→A，每次倒水直到第二个量杯完全装满水，或者第一个量杯完全空时结束。

例如，在某次倒水的过程中，起初量杯 A 装有 400 毫升水，量杯 B 装有 200 毫升水。海狸把量杯 A 中的 400 毫升水倒入量杯 B（A→B），留下空的量杯 A 和装有 600 毫升水的量杯 B；然后把水从量杯 B 倒入量杯 A（B→A），那么量杯 A 会被装满（500 毫升），量杯 B 中留下 100 毫升水。

假设一开始两个量杯都是空的，海狸按以下顺序倒水：

L→A　A→B　L→A　A→B　B→L　A→B　L→A

请问量杯 B 最后装有多少毫升水？（　　）

A. 0　　　　B. 300　　　　C. 500　　　　D. 700

解析

下表为每一步操作后每个量杯的装水情况。

步骤	A（毫升）	B（毫升）
最初	0	0
L→A	500	0
A→B	0	500
L→A	500	500
A→B	300	700
B→L	300	0
A→B	0	300
L→A	500	300

综上，量杯B最后装有300毫升水。

计算思维相关知识

量杯中的水量类似于程序中的变量，量杯类似于程序中的存储空间，倒水的过程就是赋值的过程。程序执行的过程中，程序员必须在程序中找到赋值错误，解答此题所需要的方法与程序员在程序执行过程中寻找赋值错误的方法类似。

贡献者

[英译中] 杨科可，540794502@qq.com

[审　核] 刘凤祥，fengxiangliumail@163.com；邓文华，407438506@qq.com

[修改|完善] 李娜，19247232@qq.com

[审核意见] 边琦，bianqi@imnu.edu.cn

2016-TR-05 三角形

I：—	II：难	III：中	IV：易	V：—	VI：—
分类	算法与编程					
关键词	算法分析，模式识别					

一只海狸想用三角形的瓷砖拼马赛克图案。他从一块瓷砖开始，按照以下规则完成下一步的图案。规则为：（1）将瓷砖顺时针旋转90°；（2）在三角形瓷砖的每一侧添加相同颜色的瓷砖，如下图所示。

第一步　　　　第二步　　　　第三步

请问，第三步的最终图案是什么？（　　）

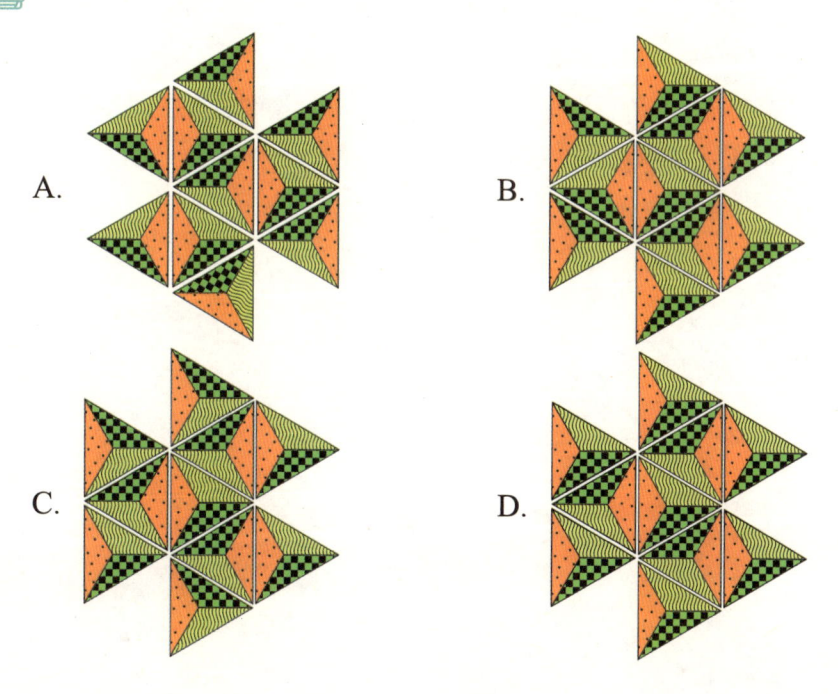

A.　　　　B.

C.　　　　D.

解析

选项 A 不正确，因为大部分瓷砖为按逆时针旋转 90° 得到的，且部分瓷砖不符合要求。

选项 B 不正确，因为左边的第二块瓷砖不是通过顺时针旋转 90° 得到的。

选项 C 不正确，因为有些瓷砖的相邻面不匹配。

计算思维相关知识

该题涉及迭代算法的应用。算法的执行是计算机科学中的一个关键步骤，该题中的算法思维是很明显的。我们需要根据前两步规律来梳理规则，形成解决问题的模式。利用这种过程寻找潜在的答案是一种常用的解决问题的方式。

贡献者

[英译中] 邓文华，407438506@qq.com
[审核|校对] 刘凤祥，fengxiangliumail@163.com；李娜，19247232@qq.com；杨科可，540794502@qq.com
[修改|完善] 邓文华，407438506@qq.com；刘凤祥，fengxiangliumail@163.com
[审核意见] 边琦，bianqi@imnu.edu.cn

2012-DE-06 折纸

I：—	II：—	III：中	IV：易	V：—	VI：—
分类			算法与编程		
关键词			函数，参数，对象		

海狸开发了一种能够折叠直边纸张的编程语言。e=fold（a,b）表示：折叠纸张，使 a 边完全贴合于 b 边，该折痕称为 e。

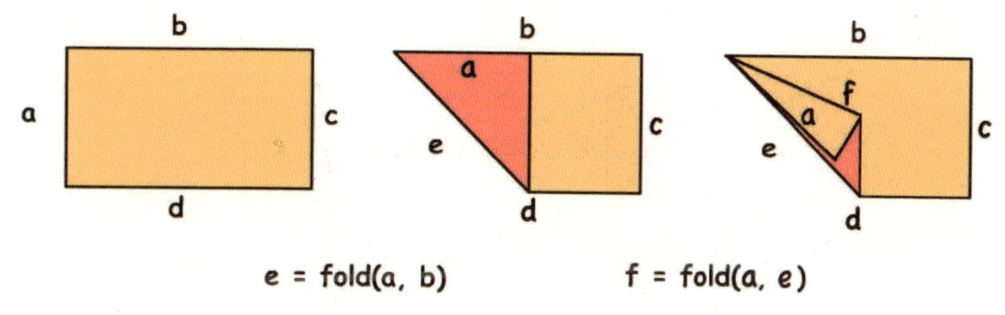

e = fold(a, b)　　　f = fold(a, e)

请注意，折叠时将纸张放在桌面上，并且 b 边长度是 a 边长度的两倍。依次执行以下命令：e=fold（c,a）；f=fold（c,d）；g=fold（a,f），矩形纸（a,b,c,d）的外观最终如何？（ D ）

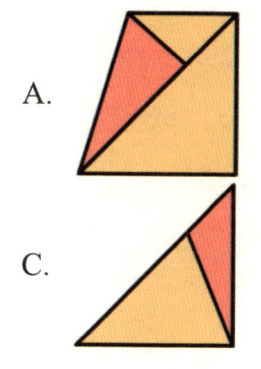

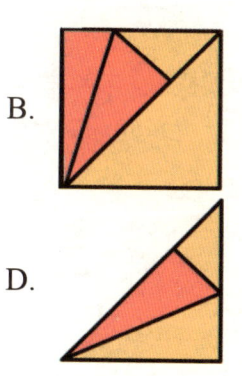

A.　　　B.

C.　　　D.

解析

折叠操作过程如下图所示。

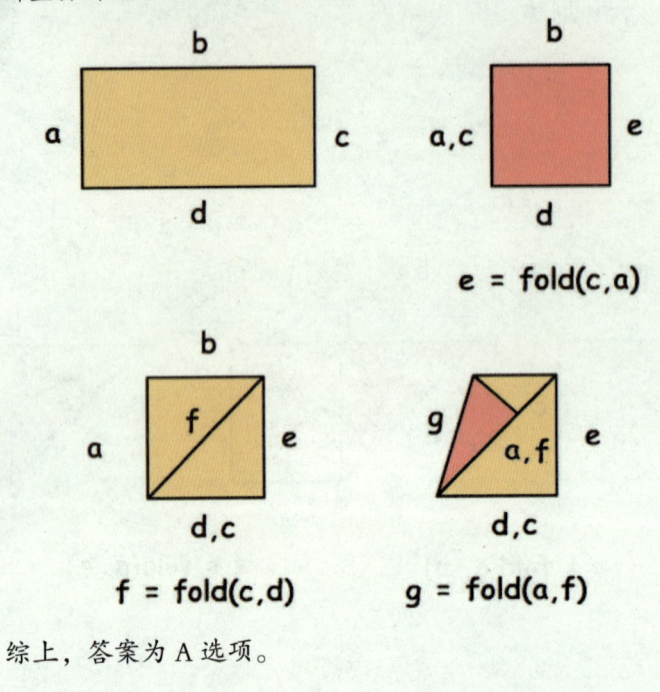

e = fold(c,a)

f = fold(c,d)　　g = fold(a,f)

综上，答案为 A 选项。

计算思维相关知识

函数是编程中的重要概念。在编程中，通过函数接收一些参数（此题中为两条边），处理一些数据，并返回一个对象（此题中为折痕）。这与数学中的函数概念不同。

2016-UA-03d 鉴别假币

Ⅰ：—	Ⅱ：—	Ⅲ：中	Ⅳ：易	Ⅴ：易	Ⅵ：易
分类			算法与编程		
关键词			分支算法		

一共有 8 枚硬币，其中有 7 枚是真币，1 枚是假币。把 8 枚硬币分成 4 份，每份 2 枚，将每份硬币分别标号为 W1、W2、W3、W4，将每枚硬币分别命名为 W1（1）、W1（2）、W2（1）、W2（2）、W3（1）、W3（2）、W4（1）、W4（2）。

目前尚不清楚是假币重还是真币重。要求用天平称三次来确定哪一枚是假币，请你给出具体的鉴别方法。

解析

第一次：先将 W1 与 W2 比较。如果 W1 = W2，说明 W1、W2 中的硬币都为真币，假币在 W3、W4 中；如果 W1 ≠ W2，则假币在 W1、W2 中，W3、W4 中的硬币都为真币。

第二次：根据第一次称重的结果任意取一份真币，与包含假币的两份硬币中的一份做比较，如果重量相等，那么这份是真币，剩下的一份包含假币；如果重量不相等，则这份是假币，剩下的一份是真币。

第三次：根据第二次称重的结果，从包含假币的 2 枚硬币中取其中一枚，和任意一枚真币作比较。如果重量不相等，则这枚硬币是假币；如果重量相同，那么剩下的一枚硬币是假币。

以下为找到假币的算法流程演示：

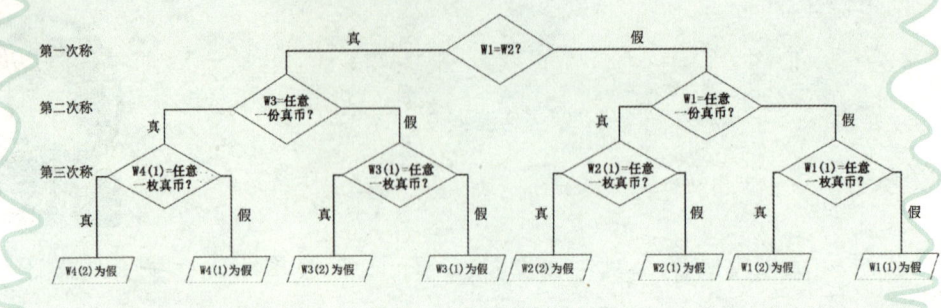

```
第一次称              W1=W2?
                 真 /        \ 假
第二次称      W3=任意        W1=任意
            一份真币?       一份真币?
           真 /    \ 假    真 /    \ 假
第三次称  W4(1)=任意 W3(1)=任意 W2(1)=任意 W1(1)=任意
         一枚真币?  一枚真币?  一枚真币?  一枚真币?
        真/  \假   真/  \假   真/  \假   真/  \假
      W4(2) W4(1) W3(2) W3(1) W2(2) W2(1) W1(2) W1(1)
      为假  为假  为假  为假  为假  为假  为假  为假
```

计算思维相关知识

此题是具有分支的算法的经典示例。

贡献者

[英译中] 邓文华，407438506@qq.com

[审核|校对] 刘凤祥，fengxiangliumail@163.com；李娜，19247232@qq.com；杨科可，540794502@qq.com；边琦，bianqi@imnu.edu.cn

[修改|完善] 邓文华，407438506@qq.com；刘凤祥，fengxiangliumail@163.com；蹇晓焱，1285243664@qq.com

2013-BE-17 海狸 007

I：—	II：难	III：中	IV：中	V：易	VI：—
分类	算法与编程					
关键词	解谜，空间探索					

海狸 007 在猫头鹰的领地执行秘密任务，他需要在博物馆里收集尽可能多的线索。

下面的网格表示博物馆。海狸 007 可以在白色的方格上行走，但不能在灰色的方格上行走。海狸 007 也不能在有猫头鹰的方格上行走，除非他给猫头鹰一只老鼠。

海狸 007 从右下角进入大楼，他最多能在博物馆收集到多少种不同的线索？（　　）

A. 6　　　　B. 7　　　　C. 8　　　　D. 9

解析

海狸007出发后沿着白色方格走，能够收集一枚徽章、一只老鼠、一副眼镜、两个锤子、一把钥匙和一支笔，这样就有6种不同的线索。如果想要获得更多的线索就要用一只老鼠去换取更多的东西，把老鼠给橡子或树叶右边的任何一只猫头鹰，这样就可以再得到一片树叶和一个橡子，减掉给出去的老鼠，因此海狸最多能收集到7种不同的线索，路线如图所示。

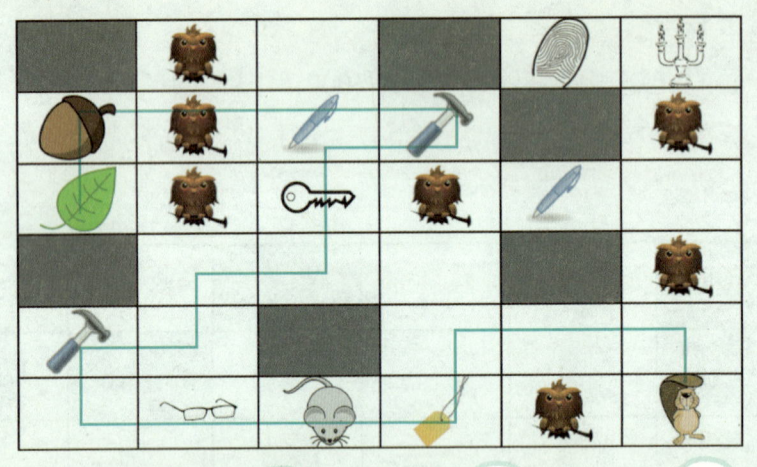

贡献者

[英译中] 谢惜珍，670157989@qq.com
[审　核] 王梓璇，2479240985@qq.com
[校　对] 许会敏，huimin890@qq.com；赵腾任，ZTR_2019@126.com；
　　　　 张凯悦，2732382019@qq.com

2013-SE-07 按指令跳舞

Ⅰ：—	Ⅱ：难	Ⅲ：中	Ⅳ：中	Ⅴ：易	Ⅵ：—
分类	算法与编程					
关键词	指令					

通过编程实现机器人跳舞是一件有意思的事情。我们也可以玩按指令指挥舞伴跳舞的游戏。整个过程中，舞伴只能接收跳舞的文字指令，除此之外不允许以其他任何方式交流，如口型、口头交流等。

请你判断下面哪一条指令有歧义，会导致舞伴无法执行操作？（　　）

A. 先迈右脚，向前走 3 步
B. 先迈右脚，后退 3 步
C. 身体：转向 270°
D. 身体：向右转 90°
E. 身体：向左转 90°

解析

C 选项中的指令并没有告诉舞伴向右转还是向左转，该指令含义不明确。

计算思维相关知识

计算机程序是一系列指令。该题要求用一种易于理解的自然语言编写计算机程序，且每条指令需要有明确的含义。

贡献者

[翻　译] 秦小娜，qinxiaona2009@yeah.net
[审　核] 赵腾任，ZTR_2019@126.com；边琦，bianqi@imnu.edu.cn
[校　对] 赵腾任，ZTR_2019@126.com；侯岸泽，1023911646@qq.com；
　　　　 郝思晨，904087600@qq.com；高路祎，601306788@qq.com

2018-CA-06 跳板

I：—	II：—	III：难	IV：中	V：易	VI：易
分类	算法与编程				
关键词	图灵机纸带，指针，路径				

跳板上有 8 个盒子，依次编号为 1 到 8，每个盒子上标有三种移动规则中的一种，如下图所示。

下面给出了每种规则的示例：

（1）向左移动

例如，2L 表示向左移动两个位置。

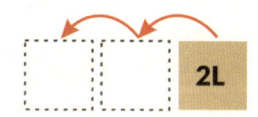

（2）向右移动

例如，3R 表示向右移动三个位置。

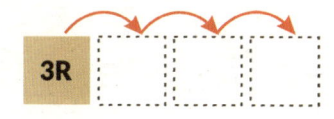

（3）不移动

如果标记为"0"，则表示不移动。

依据每个盒子上标记的规则，从下面哪个盒子开始移动，可以使每个盒子都被访问到？（   ）

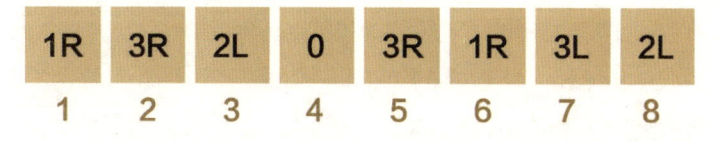

1R	3R	2L	0	3R	1R	3L	2L
1	2	3	4	5	6	7	8

A. 2　　　B. 3　　　C. 5　　　D. 不可能访问到每一个盒子

解析

该题目可以运用逆向思维来解决，从"0"所对应的4号盒子开始倒推。我们可以看到，7号盒子可以移动到4号盒子，6号盒子可以移动到7号盒子，8号盒子可以移动到6号盒子，5号盒子可以移动到8号盒子，2号盒子可以移动到5号盒子，1号盒子可以移动到2号盒子，3号盒子可以移动到1号盒子。从下面的示意图中可以清晰地看到每个盒子的移动过程，根据逆向推导寻找源头，便可找出开始移动的盒子。

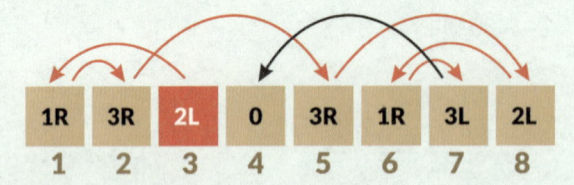

| 1R | 3R | 2L | 0 | 3R | 1R | 3L | 2L |
| 1 | 2 | 3 | 4 | 5 | 6 | 7 | 8 |

我们也可以把它绘制成有向图，图的结点是盒子的编号，图的边是盒子的移动规则。该图可以从任何结点开始绘制，当所有盒子的编号都被记录在图中时，整个图就绘制完毕了。

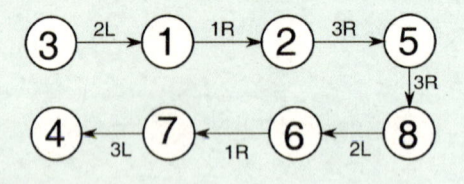

③ —2L→ ① —1R→ ② —3R→ ⑤
                              ↓3R
④ ←3L— ⑦ ←1R— ⑥ ←2L— ⑧

计算思维相关知识

这个问题包含以下几点内容：我们可以把像"3R"这样从2号盒子移动到5号盒子的过程看作一个指针。给定一个指针集合（实际上是一个有向图），我们实际上一直在寻找这个集合的"头"或"父"结点。

在操作系统（或Java垃圾回收）的内存管理中，遵循指针序列是很重要的，可以将不再使用的内存回收以供其他程序使用。通过将有问题的计算或指令追溯到其父级源代码，可以发现许多软件中的错误。

这个游戏的规则与go to语句（或汇编语言中的jump语句）类似，go to语句表示的并不是执行"Next"指令,而是移动到程序的某个其他部分并继续执行。

贡献者

[英译中] 任嘉莉,845489971@qq.com
[审　核] 张鹏飞,hs2zzpf@163.com;白子颀,987088174@qq.com
[校　对] 曹悦,caoyue@2dai.com
[修改|完善] 范洁,sunnymato@qq.com
[审核意见] 崔东伟,77107530@qq.com

2014-SK-02 折纸

Ⅰ:—	Ⅱ:—	Ⅲ:难	Ⅳ:中	Ⅴ:中	Ⅵ:—
分类		算法与编程			
关键词		折纸，图案算法，调试			

马丁按照下面的说明步骤 1～7，用纸为自己折了一顶漂亮的帽子。纸的一面是白色的，另一面是浅蓝色的。

1	2	3	4	5	6	7
把纸张的上边和下边对齐折叠	把左边和右边对齐折叠，然后展开	沿对折线折叠顶部的角	将纸张正面的下部向上折叠	向后折角，然后将整个折纸翻转到背面	将纸张背面的下部向上折叠	向后折角

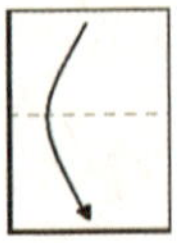

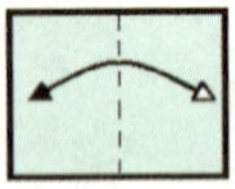

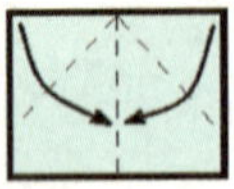

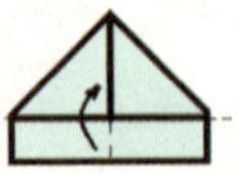

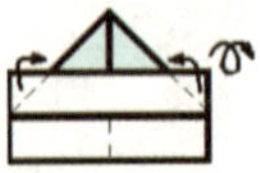

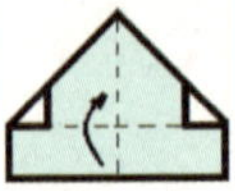

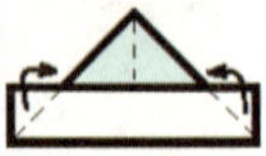

马丁将帽子展开后，折叠线在纸上可见。他在思考每条折叠线是由哪一个步骤产生的。

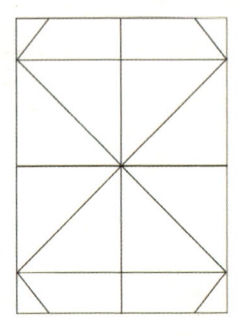

下面每个图中的数字对应的是折叠步骤编号，哪个选项中的图正确反映了折叠线与折叠步骤的对应关系？（　　）

A. 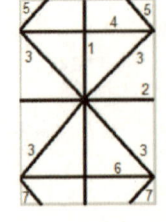　　B. 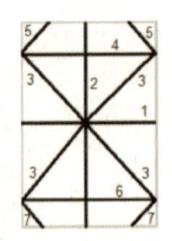　　C. 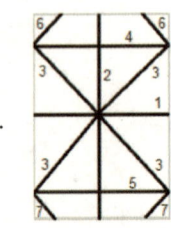　　D.

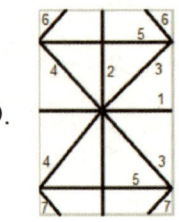

解析

如果你能按照图片中所描述的步骤，正确地定位每个步骤产生的折叠线，就能得出正确答案为 B 选项。

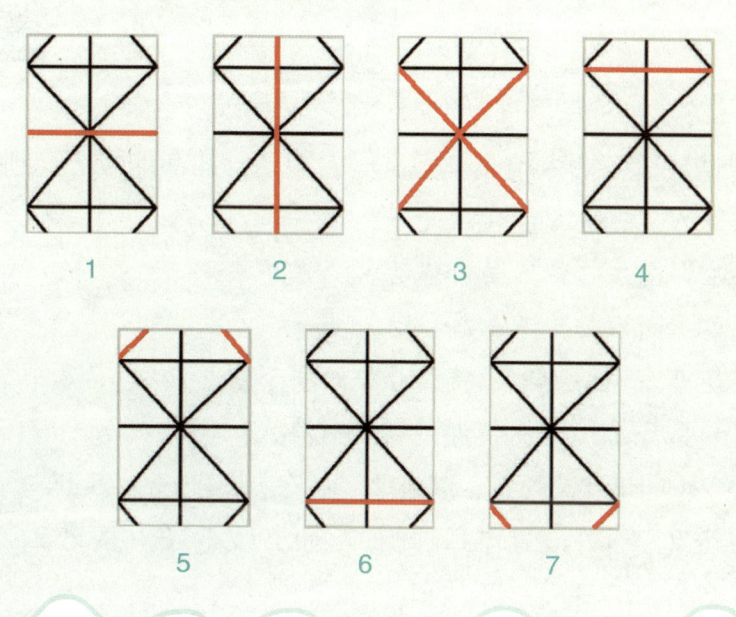

计算思维相关知识

能够理解以特定编程语言精确表达一系列操作（如此题中的操作步骤描述）对于编程而言是很重要的。

编程时及时查看程序的结果，了解编程中每一个结果是由程序的哪一部分创建或达成的，也是非常重要的。这样有助于调试程序，帮助查找结果不正确的部分和程序中相应的错误代码。

贡献者

[英译中] 黄素云，1182994505@qq.com
[审　核] 朱燕南，3116465579@qq.com；赵腾任，ZTR_2019@126.com
[校　对] 大熊，lovepooh1990@gmail.com；李泓，hushilihong@163.com；
　　　　 向阳，15210848280@163.com

2014-SK-03 瓢虫机器人

I：—	II：—	III：难	IV：中	V：中	VI：易
分类	算法与编程					
关键词	命令序列，机器人编程					

可以通过以下命令控制瓢虫机器人移动，并在地板上绘制轨迹。

- 前进 N：前进 N 步（N 是一个数字）。
- 向左：向左转但不向前移动。
- 向右：向右转但不向前移动。
- 重复 R（一些命令）：将括号中的命令重复 R 次（R 是一个数字）。

小明将以下命令序列传递给瓢虫机器人：

重复 2（前进 1，向右，前进 1，向左），前进 1，向右，前进 1，向右，前进 2，向右，前进 1，向左，前进 1，向右，前进 2，向右

瓢虫机器人执行以上命令后，行走的轨迹会是下面哪个？（   ）

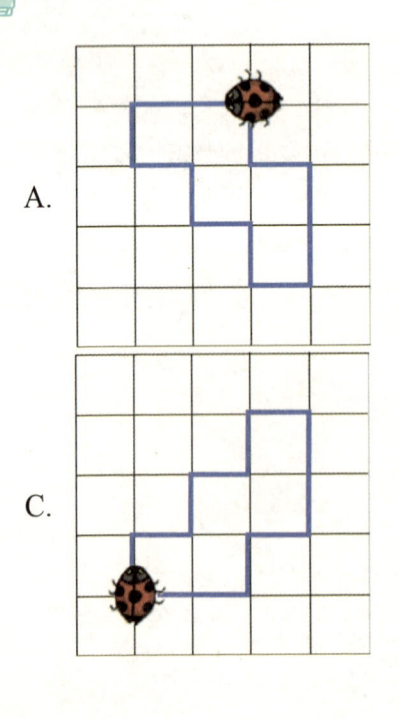

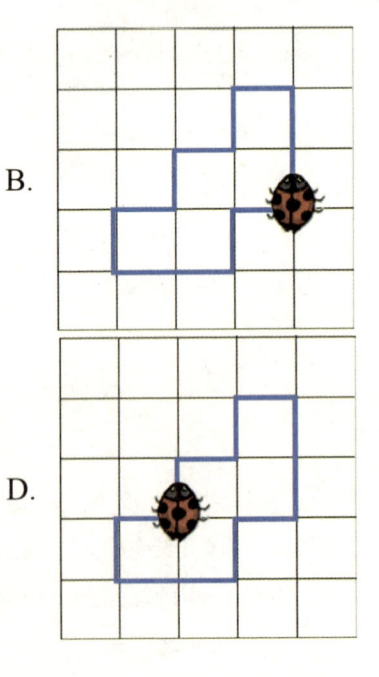

A.

B.

C.

D.

解析

可根据命令序列依次执行每一个操作,在纸上描绘相应的轨迹,可知答案为 C 选项。

计算思维相关知识

此题体现了信息学的基本问题——计算机或机器人以特定的顺序执行命令后,会发生的事情,体现了程序步骤设计的矢量(向量)思维。

贡献者

[英译中] 大熊,lovepooh1990@gmail.com

[审　核] 朱燕南,3116465579@qq.com;黄素云,1182994505@qq.com;
李泓,hushilihong@163.com

[校　对] 向阳,15210848280@163.com;赵腾任,ZTR_2019@126.com

2013-HU-04 游泳

Ⅰ：—	Ⅱ：—	Ⅲ：难	Ⅳ：难	Ⅴ：中	Ⅵ：易
分类	算法与编程					
关键词	面向过程的程序设计，Logo编程					

一只海狸正在游泳，请问他重复执行以下哪组动作可以尽可能地离起点更远？（　　）

A. 向前游 1m →向右转 90° →向前游 1m →向右转 90° →向前游 2m →向右转 90° →向前游 2m →向右转 90°

B. 向前游 1m →向右转 90° →向前游 1m →向前游 1m →向右转 90°

C. 向前游 1m →向右转 90° →向右转 90° →向前游 1m →向右转 90° →向右转 90°

D. 向前游 1m →向右转 90° →向前游 1m →向左转 90° →向前游 1m →向右转 90° →向右转 90°

解析

分别执行一轮四个选项中的动作,海狸的运动轨迹分别如下图所示,其中绿色圆点为海狸的起点,红色箭头表示海狸执行一轮动作后的朝向。

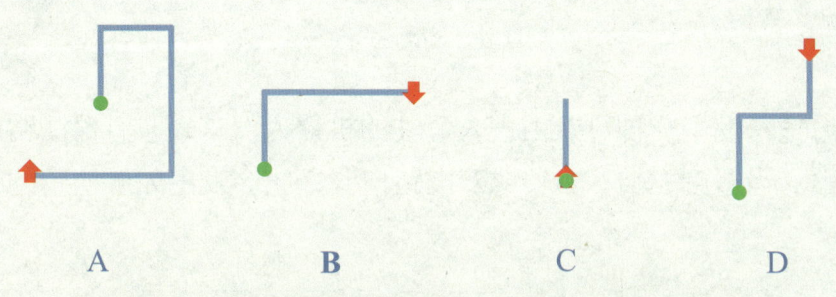

A B C D

从上图可知,若重复执行 A 选项中的动作,将以螺旋形逐渐远离起点;

B 选项中的动作,每重复执行 2 轮,便会回到起点;

C 选项中的动作,每执行一轮又回到起点;

D 选项中的动作,每重复执行 2 轮,便会回到起点。

综上,答案为 A 选项。

计算思维相关知识

该题与面向过程的程序设计和算法思维有关,使用 Logo 语言编程可以更好地理解程序设计和算法思维。

贡献者

[英译中] 任嘉莉,845489971@qq.com
[审　核] 白子颀,987088174@qq.com;张鹏飞,hs2zzpf@163.com
[校　对] 王戈,wgxp@sina.com;赵腾任,ZTR_2019@126.com;
　　　　　高静静,gaojingjing0813@163.com
[修改|完善] 范洁,sunnymato@qq.com

2015-DE-03 机器人车

I：—	II：—	III：难	IV：难	V：中	VI：易
分类	算法与编程					
关键词	自动驾驶，回溯法					

海狸开发了一种可以由盲人驾驶的机器人汽车，它有探测路口的传感器。当遇到左转、右转或双向路口时，它会发出如下所示的提示声音。

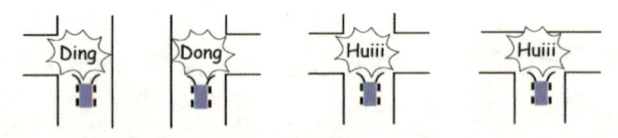

机器人汽车不能掉头，也不能倒车。当它感觉到前方有障碍物时，会自动停止。安娜开着机器人汽车出行时，它发出的声音为：Huiii DingHuiii Dong。

❓ 汽车会停在以下哪个位置📍？（　　）

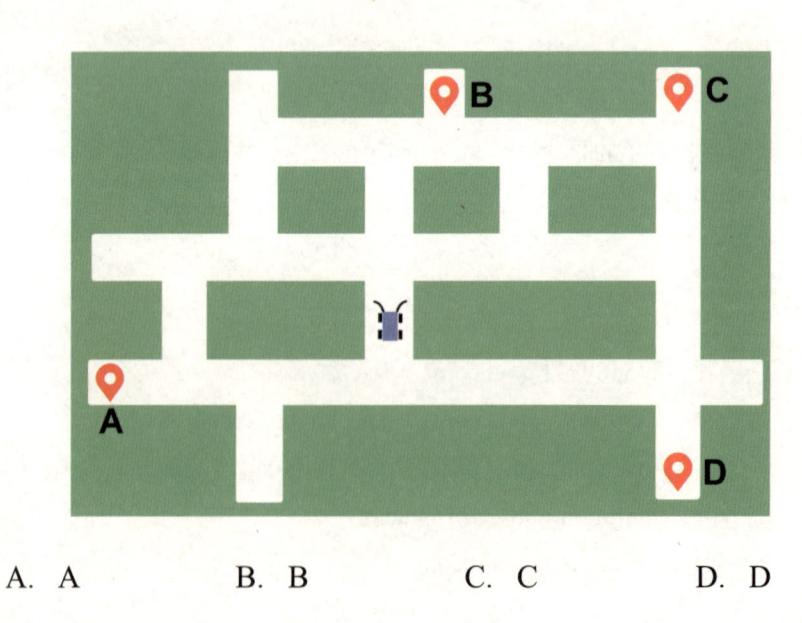

A. A　　　B. B　　　C. C　　　D. D

解析

根据给定的声音序列，标出机器人汽车在地图中可以走的唯一路线。

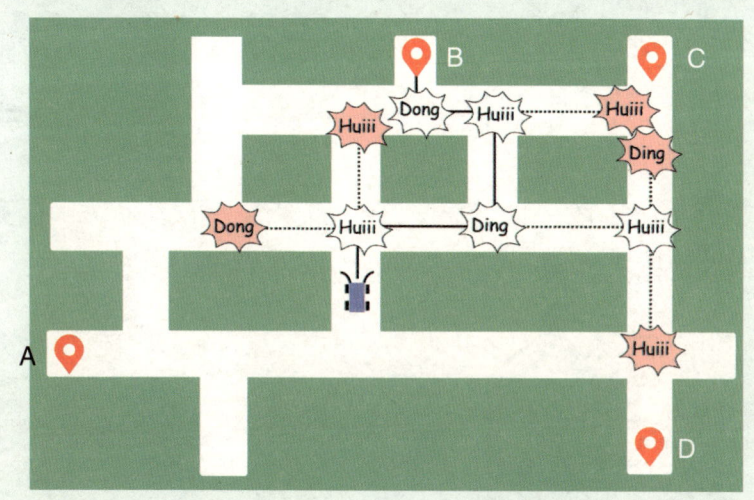

综上，答案为 B 选项。

计算思维相关知识

该题中的机器人汽车是一款简单的自动驾驶汽车。自动驾驶汽车通过雷达、GPS 或计算机视觉感知周围环境，识别适当的导航路径、障碍物和相关标志。自动驾驶汽车控制系统的开发是信息学的一个重要领域。

此外，该题在算法上需要探索搜索空间。这里使用的特殊方法叫回溯法。从起点开始，当它可以做出选择（第一个路口）时，它做出一个决定（在本题中为右转）；在做下一个选择时，如果可以，它会做出另一个决定（如在此题中，汽车可以直走，也可以左转）；如果它不能做出决定，会返回到它上一个做决定的地方（即它做了错误决定的地方），并做出一个新的决定。这个过程一直重复，直到达到目标，或者说试尽了所有可能的决策。

贡献者

[英译中] 李泓，hushilihong@163.com　[审　核] 大熊，lovepooh1990@gmail.com
[校　对] 黄素云，1182994505@qq.com；朱燕南，3116465579@qq.com；
　　　　王文华，ivanlawyer@126.com
[修改|完善] 李泓，hushilihong@163.com

2015-LT-03-EN 装饰巧克力

I：—	II：—	III：难	IV：难	V：中	VI：易
分类			算法与编程		
关键词			函数，for循环		

巧克力工厂里的一切都是自动化的：传送带自动传送糖果，一个带注射器的机器人在每一颗糖果上画出不同的形状。

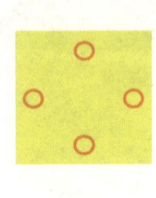

图1　　　　　　图2

机器人可以执行以下命令。

（1）椭圆：绘制叶子；

（2）圆圈：绘制圆圈；

（3）旋转k：将糖果顺时针旋转$k°$；

（4）重复n［…］：重复括号内的命令n次，如执行"重复4［圆圈，旋转90］"，机器人将绘制图1中的花朵。

机器人执行以下哪组命令序列后，不能在糖果上画出图2所示的花朵？（　　）

A. 重复6［旋转30，圆圈，旋转30，椭圆］

B. 重复6［椭圆，旋转60］，旋转330，重复6［圆圈，旋转300］

C. 重复6［椭圆，旋转60］，重复6［圆圈，旋转60］

D. 重复3［旋转120，重复2［椭圆，旋转30，圆圈，旋转150］］

解析

除了选项 C，所有选项的命令序列都可以按照不同的顺序画出给定的花朵，而只有选项 C 是在椭圆上画圆圈，而不是在椭圆之间画圆圈，所以画不出图 2 所示的花来。

计算思维相关知识

这个问题涉及了编程命令的基本组成，涉及了一种非常简单的编程语言，它有带参数的函数和 for 循环指令。

贡献者

[英译中] 李泓，hushilihong@163.com
[审　核] 大熊，lovepooh1990@gmail.com；黄素云，1182994505@qq.com
[校　对] 朱燕南，3116465579@qq.com；王文华，ivanlawyer@126.com
[修改|完善] 李泓，hushilihong@163.com

2015-CH-05 奶酪的价格

Ⅰ：—	Ⅱ：—	Ⅲ：—	Ⅳ：难	Ⅴ：中	Ⅵ：易
分类			算法与编程		
关键词			流程图，循环，赋值，变量		

海狸岛上会根据年份的不同而调整奶酪的价格，我们可以使用流程图来计算奶酪的价格。以下是计算 5 年后一块奶酪价格的流程图，奶酪的起始价格为 1。

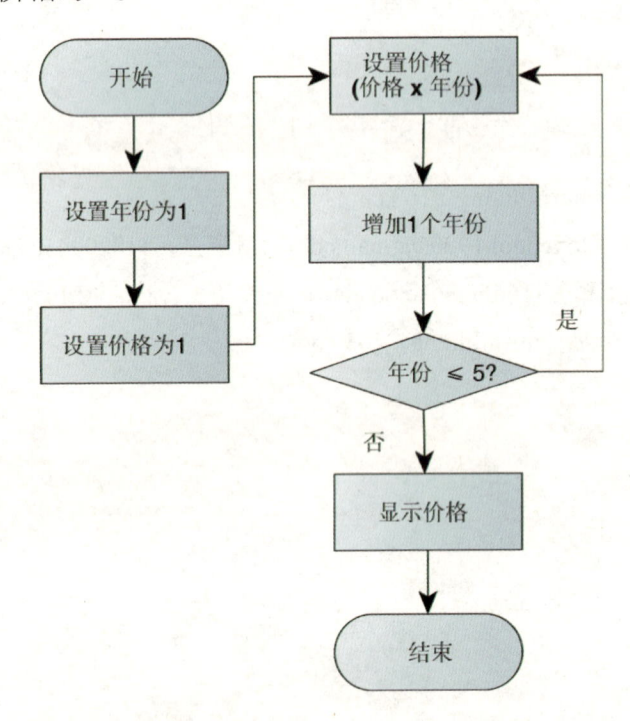

请问，最后显示的价格是多少？（　　）

A. 30　　　　B. 100　　　　C. 120　　　　D. 200

解 析

在程序开始时，将年份设置为 1，价格设置为 1。若当前年份小于或等于 5，将价格乘以年份的当前值，作为新的价格，并将年份增加 1。

我们从价格 =1，年份 =1 开始。

设置价格 =1×1=1，年份 =1+1=2。

判断次数	当前显示价格	当前年份	年份是否≤5	流程走向	设置价格	设置年份
第一次	1	2	是	回到顶部	1×2=2	2+1=3
第二次	2	3	是	回到顶部	2×3=6	3+1=4
第三次	6	4	是	回到顶部	6×4=24	4+1=5
第四次	24	5	是	回到顶部	24×5=120	5+1=6
第五次	120	6	否	显示价格，结束流程		

综上，答案为 C 选项。

计算思维相关知识

在流程图中，程序从头开始，沿着箭头的方向执行，直到结束。在这道题中，程序还包含了一个循环，即计算机必须连续执行多次的命令序列。

题中变量（年份和价格）的值会随着时间的变化而变化，且最终结果依赖于年份的大小。

还可以看到，此题涉及阶乘的相关知识。阶乘在组合数学（用来计算一些事物所有可能的组合）和计算机科学中都有应用。

贡献者

[英译中] 大熊，lovepooh1990@gmail.com
[审　核] 朱燕南，3116465579@qq.com
[校　对] 黄素云，1182994505@qq.com；李泓，hushilihong@163.com；
　　　　 王文华，ivanlawyer@126.com

2016-CZ-08a 回到原点

I：—	II：—	III：—	IV：难	V：中	VI：易
分类			算法与编程		
关键词			序列，子程序，参数，指令		

一只机械蜜蜂的背面有 4 个箭头按钮和 1 个 GO 按钮。机械蜜蜂会根据输入的序列（按钮的不同组合方式）在方形瓷砖地板上移动：

⬆ 表示向前移动一块瓷砖的距离

↺ 表示在同一块瓷砖上左转 90°

↻ 表示在同一块瓷砖上右转 90°

⬇ 表示向后移动一块瓷砖的距离

GO 表示从该按钮开始执行序列

以下图为例，按下 GO 按钮后，机械蜜蜂从初始位置先左转 90°，然后向前移动一块瓷砖的距离，接着向右转 90°，再向前移动一块瓷砖的距离，最后左转 90°。机械蜜蜂能记住该序列，当再次按下 GO 按钮后，机械蜜蜂将会进行相同的移动。

若可以多次按下 GO 按钮，请问下列哪个选项中的序列无法让机械蜜蜂返回到其起始位置和起始方向？（　　）

> **解析**

确定序列能否使机械蜜蜂返回到初始状态的关键在于方向，而与移动的距离无关。

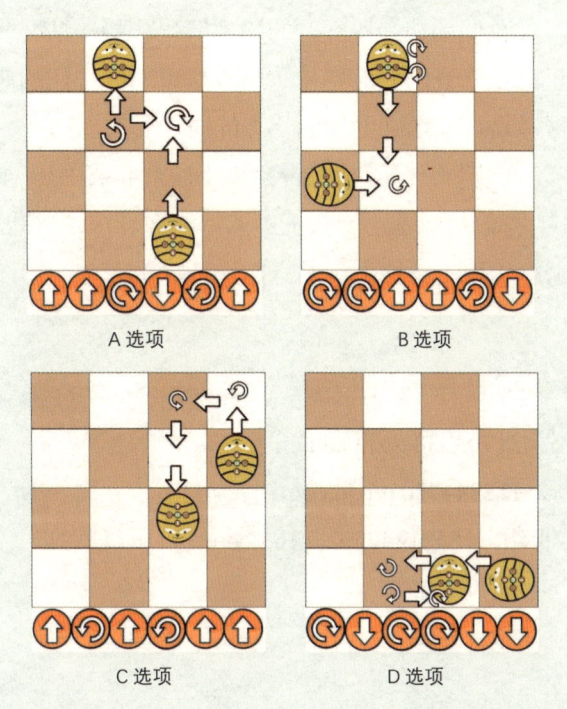

A 选项

B 选项

C 选项

D 选项

我们可以依次分析机械蜜蜂执行四个选项中的序列后的状态：

A 选项：该序列有一个左转指令和一个右转指令，因此当程序结束时，机械蜜蜂的方向是不变的。但是，机械蜜蜂与起始图块的距离非零，因此机械蜜蜂将永远不会返回到起始位置。

B 选项：该序列有两个右转指令和一个左转指令，执行一次序列后，机械蜜蜂将右转 90°。因此，在按下四次 GO 按钮后，机械蜜蜂将返回到起始位置，且保持初始方向。

C 选项：该序列有两个左转指令，执行一次序列后，机械蜜蜂将面向初始方向的反方向。因此，在按下两次 GO 按钮后，机械蜜蜂将返回到起始位置，且保持初始方向。

D 选项：该序列有三个右转指令，执行一次序列后，机械蜜蜂的状态为左转 90°。因此在按下四次 GO 按钮后，机械蜜蜂将返回到起始位置，且保持初始方向。

计算思维相关知识

本题中，机械蜜蜂可以代表一台计算机，序列代表计算机运行的程序。GO 按钮模拟了编程语言中的循环结构，执行次数就是我们希望优化的对象。在计算机科学中，很多时候我们都在寻找问题的最优情况和最差情况。在这个题目中，我们需要找到使机械蜜蜂返回到起始位置所需按下 GO 按钮的最小次数。这是一种用来确定机械蜜蜂是否能返回到初始状态的快速算法。

在计算机领域，要判断一个算法是否会终止通常非常困难，这类问题称为"停机问题"。本题中，我们可以基于一些基本的数学原理快速判断算法是否会终止，但在实际情况中很难（或不可能）做到。

贡献者

[英译中] 傅安娜，21703038@zju.edu.cn

[校　对] 林泽珊，1123447303@qq.com

[修改|完善] 吴倩意，15521442392@163.com

2016-HU-07 烹饪

I:—	II:—	III:—	IV:难	V:中	VI:易
分类	算法与编程					
关键词	序列，子程序，参数					

海狸波比买了一个电磁炉。烹饪时，他要先根据说明书对操作过程进行编码。说明书中的每个操作均以数字开头。如果需要配料，则必须在数字后的括号内给出配料对应的字母。

例如，"将面粉和葵花油混合""烹饪适当的时间"可以编码为：4(F,SO)2。

操作：
1. 添加
2. 烹饪适当的时间
3. 油炸
4. 混合
5. 关掉电磁炉

配料：	
O. 洋葱	SC. 奶油
P. 辣椒粉	F. 面粉
W. 水	SO. 葵花油
C. 鸡肉	S. 调味料

波比准备根据以下食谱做辣子鸡：
- 用葵花油油炸洋葱
- 添加辣椒粉、水和鸡肉
- 烹饪适当的时间
- 在一个碗里把奶油和面粉混合
- 把混合后的奶油和面粉放入煎锅中
- 添加调味料
- 烹饪适当的时间
- 关掉电磁炉

请问波比能通过以下哪组编码做出辣子鸡？（　　）

A. 2　3(SO,O)　2　4(SC,F)　2　5

B. 3(SO,O)　1(P,W,C)　2　4(SC,C)　1(SC,F)　2　5

C. 3(SO,O)　1(P,W,C)　2　4(SC,F)　1(SC,F)　1(S)　2　5

D. 3(SO,O)　1(P,W,C)　2　4(SC,C)　1　5　2　5

解析

A 选项是错误的，因为在没有添加任何配料的情况下就开始烹饪了。

B 选项也是错误的，该选项的第四步是 4(SC,C)，题中需要的是将奶油和面粉混合，而不是将奶油和鸡肉混合。

C 选项是正确的。

D 选项也是错误的，该选项在第六步关掉了电磁炉，接下来无法继续烹饪。

计算思维相关知识

结构化编程有三种算法结构：序列、选择和迭代。本题采用的算法结构是序列，即让每个指令或子程序按顺序执行一次。

在编程语言中，可以调用参数来传递数据并执行子程序。本题目中，可以将"添加""混合""油炸"等看作子程序，将不同的配料看作参数。

贡献者

[英译中] 傅安娜，21703038@zju.edu.cn

[校　对] 林泽珊，1123447303@qq.com；范洁，sunnymato@qq.com

[修改|完善] 吴倩意，15521442392@163.com

2015-NL-01 绘画机器人

I：一	II：一	III：一	IV：难	V：中	VI：中
分类	算法与编程					
关键词	机器人编程，循环					

一款电脑游戏中包含一台机器人及一个 6×8 的网格。网格中的每个格子都只能是白色或者彩色的。

可以利用下面的三种不同指令，控制机器人为这些格子上色：

上色	为当前所在的格子上色，如果当前的格子已经有颜色，则程序终止
向右	机器人向右移动一格，如果右边已经没有格子，则机器人将移动到本行中最左边的格子
向下	机器人向下移动一格，如果下边已经没有格子，则机器人将移动到本列中最上边的格子

机器人从左上角出发，此时网格中的每个格子都是白色的。机器人将重复执行所有指令，并尝试将网格中的每个格子都上色。

下图展示了一个示例程序，以及该程序对应的网格上色情况。

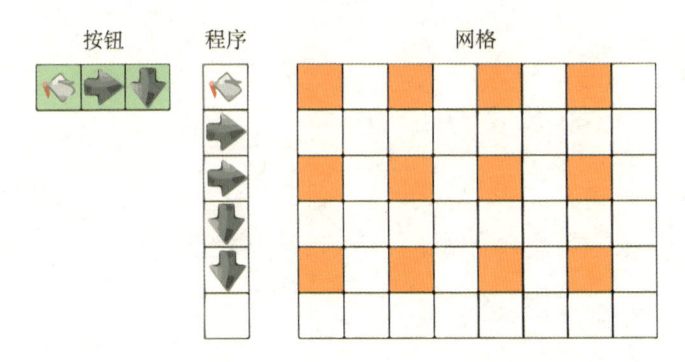

为了成功编写出能为网格中每个格子都上色的程序，最少需要几条指令？（   ）

A．2   B．3   C．4   D．5

解析

要为网格中每个格子都上色，程序中的指令不可能少于4条，即答案为 C 选项，为了证明指令不能少于4条，依次分析如下。

在有1条指令的情况下，由于上色指令是必要的，但机器人无法进行移动，最终机器人只能为开始位置的1个格子上色。

在有2条指令的情况下，由于上色指令是必要的，但机器人只能向某一个方向移动，最终机器人只能为第一行或者第一列格子上色。

在有3条指令的情况下，机器人可以完整地实现上色、横向移动、纵向移动，但是无论怎样组合，最终机器人最多只能为网格中一半的格子上色。

在有4条指令的情况下，我们就可以将指令组合成可用的程序。下图是其中一种可行的组合方案，格子中的数字表示上色的次序。

网格

1	36	37	24	25	12	13	48
2	3	38	39	26	27	14	15
17	4	5	40	41	28	29	16
18	19	6	7	42	43	30	31
33	20	21	8	9	44	45	32
34	35	22	23	10	11	46	47

计算思维相关知识

指令会重复执行，直到满足程序终止的条件时才会停止。由于机器人在网格中移动时，如果超过行或列的边缘，可以回到行或列的起始位置，因此可以将这个网格视为一个环状结构，来整体设计解决方案。

贡献者

[英译中] 尚凯，178004221@qq.com　　[修改|完善] 张桓玮，949956843@qq.com
[修改|审核] 张雅娟，490128905@qq.com
[审核意见] 王宇，12533540@qq.com

2012-AT-12 机器人能到达终点吗？

Ⅰ：一	Ⅱ：一	Ⅲ：一	Ⅳ：难	Ⅴ：难	Ⅵ：中
分类			算法与编程		
关键词			算法，测试		

机器人要到达图上的目标地点（绿色区域）。

它遵循的规则是：（1）机器人向前移动，如果遇到障碍物（黑色格子）或者到达图边缘，则右转90°。（2）机器人经过的格子会变成新的障碍物。

图中的箭头表示机器人的起始位置和朝向。下列哪张图中的机器人不能到达目标地点？（　　）

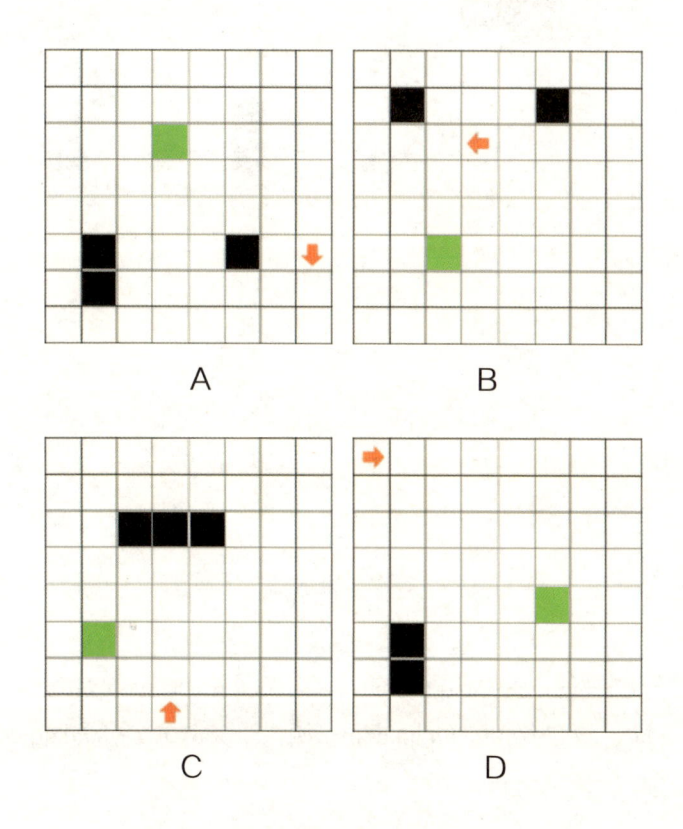

解析

答案为 C 选项。该选项中的机器人不能到达目标地点，因为机器人遇到障碍物就向右转，所以机器人走向图的边缘。而它所经过的格子都变成了障碍物。所以，机器人再也不能到达目标地点，可以从下面的机器人路线图中看出来。其他图中的机器人都能到达目标地点。

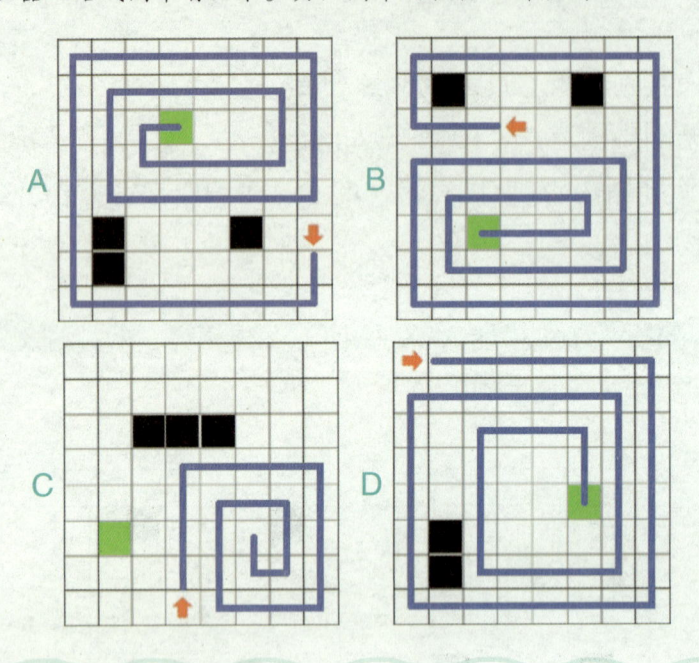

计算思维相关知识

算法是信息学的基础。使用算法可以提供解决问题的具体方案，如本题中让机器人到达目标地点的算法。非常重要的是，算法被设计为专注于解决某类问题，而不仅仅是一个特殊的案例。

贡献者

[英译中] 许会敏，huimin890@qq.com　　[审　核] 赵腾任，ZTR_2019@126.com
[校　对] 王梓璇，2479240985@qq.com；谢惜珍，670157989@qq.com；
　　　　 王戈，wgxp@sina.com

七、调度

2013-AT-04 传送行李

I：一	II：难	III：中	IV：易	V：易	VI：易
分类	算法与编程					
关键词	结构，调度					

小明在机场工作，他每天的工作是把旅客的行李放到传送带上。具体做法是：先放第一件行李，中间空两个位置，再放下一件行李。

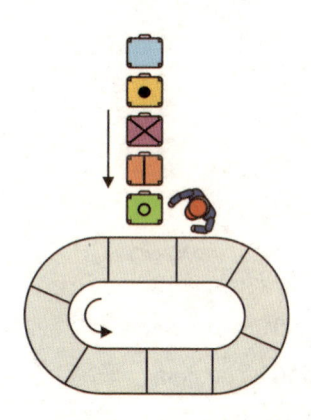

在这种工作方式下，行李传送带最后会变成以下哪种情况？（　　）

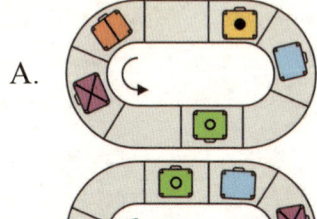

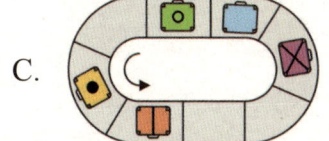

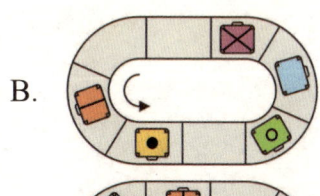

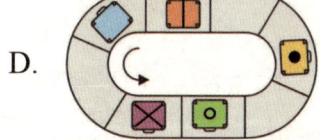

A.

B.

C.

D.

解析

选项 A 和 D 中的行李顺序不对。

在行李顺序不变的情况下，传送带旋转方向相反，则可能会出现选项 C 的情况。

计算思维相关知识

这是一个使用给定结构和规则进行调度的示例，这种情况经常发生，例如，如果要执行多个任务或程序，计算机的操作系统必须进行任务调度。调度机制将计算能力分配给每个执行的任务或程序，但是可以想象，这样的调度机制往往涉及很多的任务，这些任务通常是相互依赖的。相比题目中给定的任务，实际上计算机的调度机制要复杂得多。

贡献者

[英译中] 朱燕南，3116465579@qq.com
[审　核] 大熊，lovepooh1990@gmail.com
[校　对] 黄素云，1182994505@qq.com；李泓，hushilihong@163.com；
　　　　 张凯悦，2732382019@qq.com

2013-TW-08 美味的晚餐

Ⅰ：—	Ⅱ：—	Ⅲ：难	Ⅳ：中	Ⅴ：易	Ⅵ：—
分类	算法与编程					
关键词	作业调度					

海狸妈妈安妮正在为海狸宝宝准备晚餐。她想做两道菜，需要四种食材：西兰花、鱼、西红柿和牛肉，烹饪步骤如下图所示。通过步骤 1（S_1），完成中间菜（I_1），通过步骤 2（S_2），完成中间菜（I_2），I_1 通过 S_3 变为 I_3，I_1 和 I_2 通过 S_4 变为 I_4，以此类推。每个步骤的烹饪时间是 5 分钟。因此，如果只有一口锅，准备这两道菜需要 55 分钟（见表 1）。但如果有两口锅，则只需要 35 分钟（见表 2）。

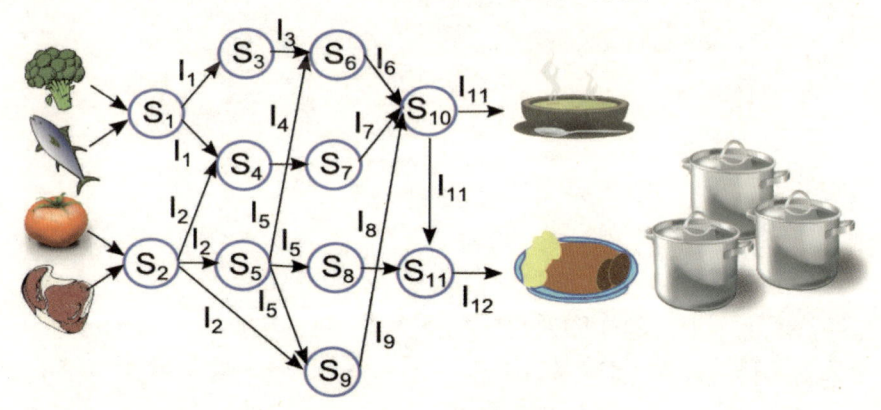

表1 只有一口锅时的烹饪步骤

累计完成时间（分钟）	5	10	15	20	25	30	35	40	45	50	55
烹饪步骤	S_1	S_2	S_3	S_4	S_5	S_6	S_7	S_8	S_9	S_{10}	S_{11}

表2 有两口锅时的烹饪步骤

累计完成时间（分钟）	5	10	15	20	25	30	35
在第一口锅中处理的烹饪步骤	S_1	S_3	S_5	S_6	S_8	S_{10}	S_{11}
在第二口锅中处理的烹饪步骤	S_2	S_4		S_7	S_9		

? 如果安妮的厨房里有三口锅，那么安妮至少要花费多长时间来烹饪这两道菜呢？（　　）

A. 20 分钟　　B. 25 分钟　　C. 30 分钟
D. 35 分钟　　E. 40 分钟

解析

有三口锅的情况下，烹饪步骤如表3所示：

表3　有三口锅时的烹饪步骤

累计完成时间（分钟）	5	10	15	20	25
在第一口锅中处理的烹饪步骤	S_1	S_3	S_6	S_8	S_{11}
在第二口锅中处理的烹饪步骤	S_2	S_4	S_7	S_{10}	
在第三口锅中处理的烹饪步骤		S_5	S_9		

计算思维相关知识

本题体现了作业调度的思想，其主要任务是按一定的原则从外存上处于后备状态的作业中挑选一个（或多个）作业，为其分配内存、输入/输出设备等必要的资源，并建立相应的进程，从而使它们获得竞争处理机。简言之，就是内存与辅存之间的调度，每个作业只需调入一次、调出一次。

在多道程序系统中，进程（烹饪步骤）的数量往往多于处理机（锅）的个数。这就要按照一定的算法，公平、高效地选择进程并将处理机分配给它，以实现进程的并发执行。

贡献者

[英译中] 李楠楠，linann47@qq.com
[审　核] 陈嘉薇，503881489@qq.com；王戈，wgxp@sina.com
[修改|完善] 高富，1252467595@qq.com

2015-RU-02 烹饪菜名

Ⅰ：—	Ⅱ：—	Ⅲ：难	Ⅳ：中	Ⅴ：中	Ⅵ：易
分类			算法与编程		
关键词			调度，并行处理		

海狸塞尔戈喜欢做饭，他最喜欢的菜是炖鸡。

他在花园里烹饪时只用一个炉子，依次执行以下操作：

1	烹饪洋葱	10分钟
2	烹饪甜椒	10分钟
3	把煮熟的洋葱和甜椒混合，加入西红柿一起烹饪	20分钟
4	烹饪鸡肉	30分钟
5	把第3步和第4步的所有食材混合起来，加入一些香料，然后将其全部煮熟	20分钟

在这种情况下，塞尔戈总共需要 90 分钟来完成这道菜。

假设他有许多可以用的炉子，这道菜就能很快完成。

下列哪项陈述不正确？（　　）

A. 使用 2 个炉子可减少 10 分钟的烹饪时间

B. 使用 2 个炉子可减少 30 分钟的烹饪时间

C. 使用 3 个炉子可减少 40 分钟的烹饪时间

D. 使用 4 个炉子可减少 50 分钟的烹饪时间

解析

下面图（1）呈现了如何将烹饪时间减少 40 分钟（对应选项 C），图（2）呈现了如何将烹饪时间减少 30 分钟（对应选项 A 和 B）。综上，答案为 D 选项。

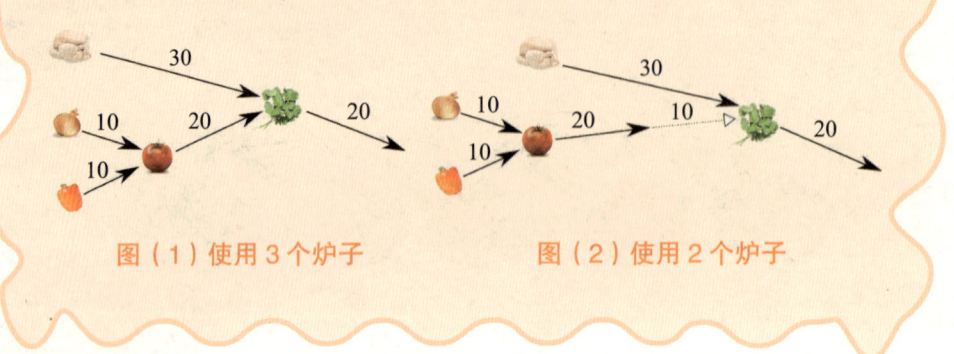

图（1）使用 3 个炉子　　　　　图（2）使用 2 个炉子

计算思维相关知识

在此题中，炉子相当于计算机资源，如处理器。如果只有一种资源，则应按顺序处理任务；如果资源较多，则可以并行处理任务。

缩短时间，即在给定可用处理器数量的情况下，构造程序代码，以使其尽可能快地运行。

贡献者

[英译中] 张雅娟，490128905@qq.com
[审　核] 王宇，12533540@qq.com；尚凯，178004221@qq.com；
　　　　 侯岸泽，1023911646@qq.com
[修改|完善] 张桓玮，949956843@qq.com
[审核意见] 张桓玮，949956843@qq.com

2017-CH-07 隧道问题

I：—	II：—	III：难	IV：中	V：中	VI：易
分类			算法与编程		
关键词			图表，调度		

海狸村庄的大坝有隧道连接四个房间（A、B、C、F）。前三个房间（A、B和C）是起居室，第四个房间（F）是食物仓库，如下图所示。

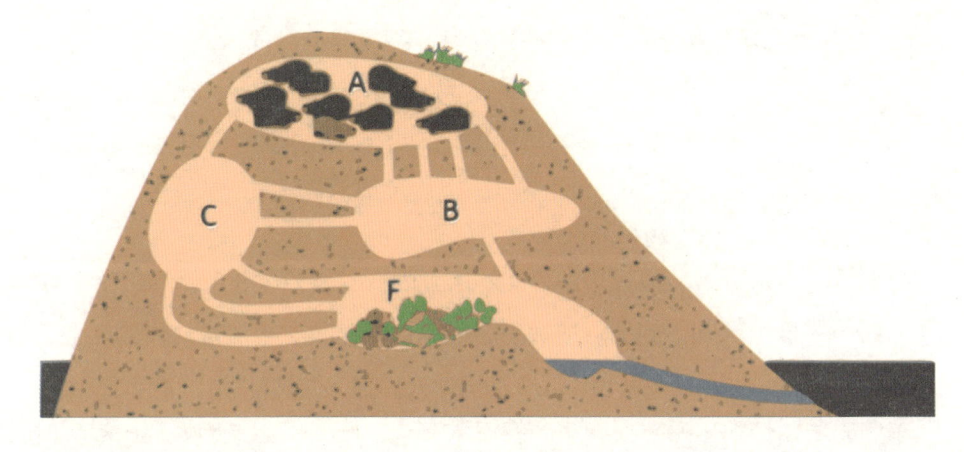

有10只海狸住在A房间，他们要尽快到达食物仓库F去吃饭。海狸穿越1条隧道需要1分钟，并且一条隧道中一次只能有一只海狸。房间之间由一定数量的隧道连接：

A 和 B 之间：4 条隧道。
A 和 C 之间：1 条隧道。
B 和 C 之间：2 条隧道。
B 和 F 之间：1 条隧道。
C 和 F 之间：3 条隧道。

房间没有容量限制，那么，2分钟后到达食物仓库的海狸数量最多是多少？

解析

最多有 2 只海狸在 2 分钟后到达食物仓库。

该图有两条最短路线，两条路线的容量均为 1 只海狸，且两条路线的总行程时间均为 2 分钟：

A → B → F；

A → C → F。

有一条容量更大的路线（2 只海狸），但它的总行程时间为 3 分钟：

A → B → C → F。

因此，最多有 2 只海狸能在 2 分钟后到达食物仓库。

计算思维相关知识

我们可以把题目中的隧道想象成一个流动网络。这是一个有向图，其中每条边都有一个容量（房间之间的隧道数），每条边都接收一个流量。边的流量不能超过其容量。

本题的目标是优化海狸在网络中的流动方式，使尽可能多的海狸用最短的时间到达食物仓库。这样的网络可用于道路系统中的交通建模。解决这类问题有几种算法，其中一种是 Ford-Fulkerson 算法，这是一种贪婪算法，用于计算流动网络中的最大流量。

贡献者

[英译中] 王戈，wgxp@sina.com

[审　核] 朱燕南，3116465579@qq.com

[校　对] 孔玲霞，895245816@qq.com

[修图|审核] 边琦，bianqi@imnu.edu.cn

2015-RU-05 采集橡果

I：—	II：—	III：难	IV：中	V：中	VI：中
分类			算法与编程		
关键词			并行计算，竞争条件		

松鼠们会把收集的橡果放在一个公共仓库里，他们想知道里面有多少颗橡果。

松鼠的计算速度很慢，所以他们在家里进行计算。当一只松鼠把一颗橡果带到仓库时，就会发生以下情况：

（1）把一颗橡果放进仓库；（2）读取仓库门旁的数字；（3）回到家，给该数字加1；（4）返回仓库，用新数字覆盖旧数字。

起初仓库是空的，仓库门旁的数字是0，然后10只松鼠按以下顺序各带来一颗橡果。

R1　R2　W1　R3　R4　W2　W3　R5　W4　R6　W5　R7　R8
R9　R10　W6　W7　W8　W9　W10

这里 R4 表示第 4 只松鼠读取了仓库门旁的数字，W4 表示第 4 只松鼠写下了新的数字。

? 最后一只松鼠会写下哪个数字？（　　）

A. 1　　　　B. 3　　　　C. 4　　　　D. 10

解析

想要得出答案，有一个比较快捷、简便的方法，具体如下。

从题干中的情况（2）（3）（4）可知，W10=R10+1，而 W10 不受 R10 至 W10 之间其他操作的影响。R10 等于此前最后一次写入的数字W5，即R10=W5，因此W10=R10+1=W5+1，以此类推，W5=R5+1=W3+1，W3=R3+1=W1+1，而W1=1，因此，W10=W5+1=（W3+1）+1=（（W1+1）+1）+1=4。

我们也可以使用枚举法，具体如下。

题中每个操作结束后仓库门旁相应的数字如下表所示。

操作	R1	R2	W1	R3	R4	W2	W3	R5	W4	R6
对应的数字	0	0	1	1	1	2	2	2	2	2
操作	W5	R7	R8	R9	R10	W6	W7	W8	W9	W10
对应的数字	3	3	3	3	3	4	4	4	4	4

所以本题的正确答案为C。

计算思维相关知识

本题所描述的情况，使用多个处理器（松鼠）处理同一数据（仓库门旁的数字），是典型的并行计算。

要理解的关键是读取数据、处理数据，并将结果呈现，可以分成不同的步骤，并且这些步骤的执行可以相互交织，那么最终的结果可能很难预测，而且实际上取决于步骤交织执行的顺序。

在计算机科学中，这种情况称为竞争条件。在实际生活中可以利用信号量或监视器来解决这类问题。

贡献者

[英译中] 张雅娟，490128905@qq.com

[审　核] 王宇，12533540@qq.com；尚凯，178004221@qq.com；
　　　　　侯岸泽，1023911646@qq.com

[修改|完善] 张桓玮，949956843@qq.com

2015-JP-01 木制品

I：—	II：—	III：难	IV：难	V：中	VI：易
分类	算法与编程					
关键词	死锁，排除控制，并发处理					

比塔罗和比巴科两只海狸坐在河边制作玩具。他们共用一把锤子、一把剪刀和一把锯子。当他们需要某种工具时，会从沙堤上取下这种工具，玩具制作完成后，把所有工具再放到沙堤上。如果他们需要的工具不在沙堤上，他们会等到该工具被归还后再使用。

有时候，两只海狸都需要另一只海狸手里正在使用的工具。当这种情况发生时，他们就停止制作玩具，先去游泳。

在下列哪种情况下海狸肯定会去游泳？（　　　）

A. 比塔罗正在使用🔨和需要用🪚，比巴科正在使用✂️和需要用🔨

B. 比塔罗正在使用🔨和需要用🪚，比巴科正在使用🪚和需要用🔨

C. 比塔罗正在使用🔨和需要用🪚，比巴科正在使用🪚和需要用✂️

D. 比塔罗正在使用🔨和需要用✂️，比巴科正在使用✂️和需要用🪚

解析

在选项 A、C 和 D 所描述的情况下，其中一只海狸可以获得需要的工具，制作他的玩具，然后归还两个工具。接着另一只海狸拿到需要的工具，制作他的玩具。虽然可能需要等待一段时间，但他们迟早会得到所需要的工具。

在选项 B 所描述的情况下，他们将不得不在各自携带着第一个工具的情况下，永远等待对方归还工具。因此，答案为 B 选项。

计算思维相关知识

此题中出现的两只海狸都需要对方手里的工具的情况称为"死锁"。

当多个程序在网络和计算机中同时运行时，共享资源和防止死锁都很重要。

贡献者

[英译中] 李泓，hushilihong@163.com

[审　核] 大熊，lovepooh1990@gmail.com

[校　对] 黄素云，1182994505@qq.com；朱燕南，3116465579@qq.com；
　　　　　王文华，ivanlawyer@126.com

[修改|完善] 李泓，hushilihong@163.com

2013-JP-12 仪器

I：—	II：—	III：—	IV：中	V：易	VI：—
分类	计算机处理与硬件					
关键词	调度算法，死锁					

两位医生共同在一家小诊所工作。他们共用一件白色长袍、一个听诊器和一个体温计。每个病人需要检查的内容可能有多项，视具体情况而定。医生拿到第一项检查需要的物品后，就可以开始为病人检查，但如果下一项检查需要的物品恰好在另一位医生手中，则需要等待。当每位医生为病人完成所有检查后，他们会根据需要交换物品。

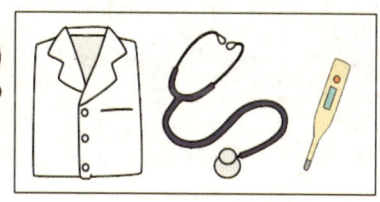

下列选项中是 X 医生和 Y 医生为病人检查时使用物品的顺序，哪一个选项中的检查是不可能完成的？（　　）

A. X：白色长袍→听诊器
   Y：白色长袍→体温计

B. X：听诊器→体温计
   Y：白色长袍→听诊器→体温计

C. X：体温计→听诊器
   Y：听诊器→白色长袍→体温计

D. X：体温计→白色长袍→听诊器
   Y：体温计→白色长袍→听诊器

解析

可以依次分析各选项。

A 选项中，X 医生先拿到白色长袍，然后拿到听诊器，完成检查；Y 医生则等待 X 医生完成所有检查后再进行检查。

B 选项中，X 医生先拿到听诊器，然后拿到体温计，完成检查；Y 医生先拿白色长袍，等 X 医生检查结束后，再拿听诊器和体温计，完成检查。

C 选项中，X 医生先拿到体温计，Y 医生先拿到听诊器，他们同时开始为病人检查；随后，X 医生需要听诊器，但 Y 医生已拿走，X 医生只能等待 Y 医生用完听诊器再开始，结束所有检查；Y 医生继续后续工作，拿到白色长袍后，需要体温计，但 X 医生已拿走，Y 医生只能等待 X 医生用完体温计后再继续，最后结束所有检查。由于两位医生都只能一直等待，都不能完成所有的检查。

D 选项中，两位医生使用的物品一致，可以等待某位医生结束所有检查后，另一位医生再开始检查。

所以答案是 C 选项。

计算思维相关知识

在并行计算和分布式系统中，系统的资源分配策略不当，容易造成死锁。常见的比如，程序员在编写程序时，时常可能导致进程因竞争资源不当而产生死锁现象。

处理死锁的方法是检测：通过系统所设置的检测机构，及时地检测出死锁的发生点，并精确地确定与死锁有关的进程和资源。检测方法包括定时检测、效率低时检测、进程等待时检测等。

贡献者

[英译中] 王宇，12533540@qq.com

[审　核] 尚凯，178004221@qq.com；张雅娟，490128905@qq.com

[校　对] 张桓玮，949956843@qq.com；王文华，ivanlawyer@126.com；
　　　　赵腾任，ZTR_2019@126.com

2014-AT-02 铁路系统

I：—	II：—	III：难	IV：难	V：—	VI：—
分类		计算机处理与硬件			
关键词		调度，信号量，多用户环境			

在铁路系统中，火车 A 和火车 B 必须与火车 C 和火车 D 交换位置（火车 A 与火车 C 互换位置，火车 B 与火车 D 互换位置）。所有列车都将按一个小时的时间间隔发车，两站之间的距离需要行驶一个小时。火车一旦开动，就无法停下来。如果两列火车同时使用同一条单行轨道，则会出现崩溃场景 1；如果两列火车同时进站，就会出现崩溃场景 2。调度程序必须防止所有崩溃情况。

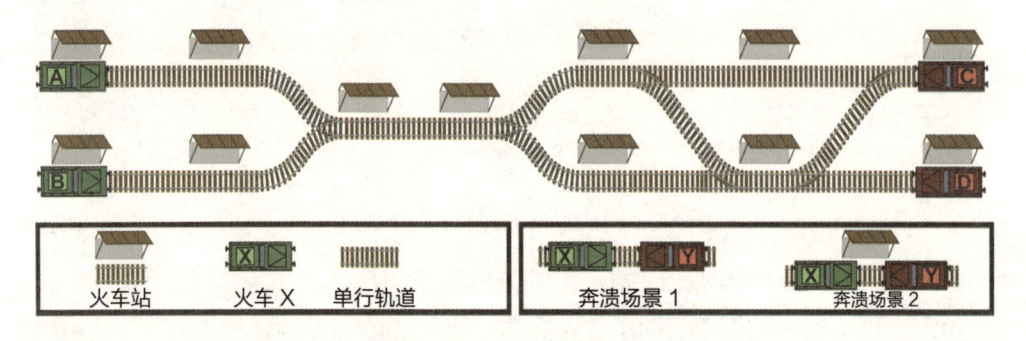

请按要求选择合适的火车开动顺序表（　　）。

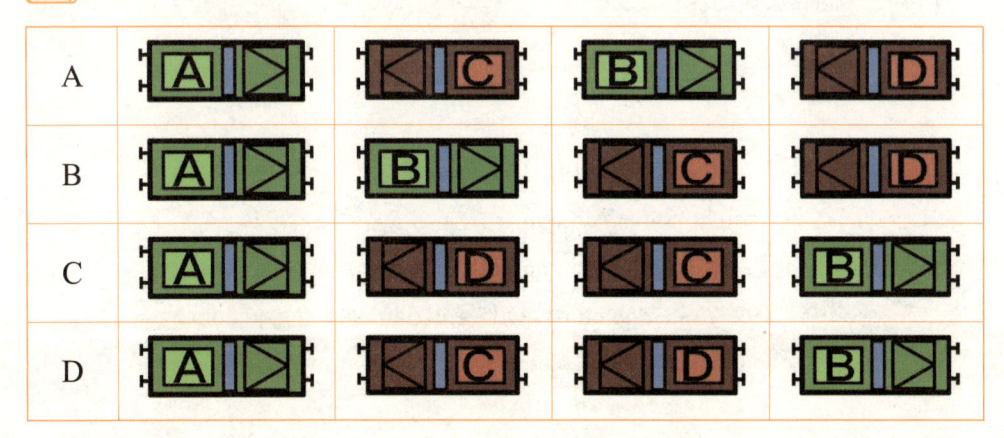

A	A	C	B	D
B	A	B	C	D
C	A	D	C	B
D	A	C	D	B

解析

其他选项中的发车顺序都会以崩溃告终。避免崩溃的方法是让短路径用户（火车A）先进入公共资源（单行轨道或站点），否则将遇上铁路系统的瓶颈。B选项的发车顺序是合理的，因为火车C和火车D需要行驶更长的距离才能到达瓶颈，参考路径如下图所示：

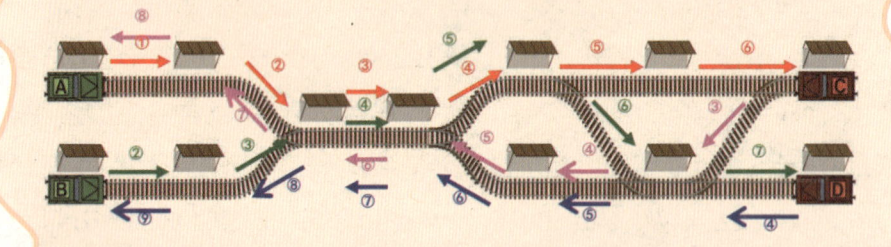

说明：（1）线路上的数代表开始后的第几个小时；（2）红色→代表火车A的行驶路线，绿色→代表火车B的行驶路线，粉色→代表火车C的行驶路线，蓝色→代表火车D的行驶路线。

计算思维相关知识

此题中调度程序的工作方式与操作系统中的信号量类似。信号量是由整数和访问操作组成的数据类型，比如系统中控制多用户访问公共资源。请求访问资源的每个进程（用户）都必须调用进入操作。信号量必须防止两个进程同时使用同一资源，就像这道题中，调度员必须正确地设计火车发车顺序表，以防止多列火车同时使用铁路系统的瓶颈部分。

贡献者

[英译中] 刘凤祥，fengxiangliumail@163.com
[审　核] 邓文华，407438506@qq.com
[修改/完善] 刘凤祥，fengxiangliumail@163.com
[校　对] 李娜，19247232@qq.com；杨科可，540794502@qq.com；
　　　　 王文华，ivanlawyer@126.com

2017-CA-04 超级英雄

Ⅰ：一	Ⅱ：一	Ⅲ：一	Ⅳ：难	Ⅴ：难	Ⅵ：中
分类	算法与编程					
关键词	调度问题，贪婪算法					

一位超级英雄在一条河对岸笔直的小路上看护着海狸城。从小路的每个点上，超级英雄都需要能够直接看到海狸城中的点。不幸的是，有 16 面不同长度的墙矗立在超级英雄和海狸城之间。幸运的是，这位超级英雄有 X 光视力，能看穿墙，但一次只能看穿一面墙。并且他的力量足以摧毁墙，但是摧毁一面墙会让超级英雄非常疲倦。

请问，超级英雄最少需要摧毁多少面墙才可以看到海狸城中的每个点？（　　）

A. 9　　　　B. 10　　　　C. 11　　　　D. 12

解析

我们可以先考虑超级英雄需要保留的（而不是摧毁）墙的最大数量。超级英雄能保留的墙的最大数量是 7。因为总共有 16 面墙，这意味着超级英雄需要摧毁 16-7=9 面墙。

观察右图中的7面灰色墙：

这7面墙中没有两面是"重叠"的。也就是说，从小路的每个点看，最多只有一面墙位于超级英雄和海狸城之间。所以我们知道超级英雄至少可以保留7面墙。我们还需要证明，超级英雄最多只能保留7面墙。

我们将所有墙按长度命名为1、2、3和4。

为了尽可能选择长度短的墙，超级英雄可以用墙B或C来替代解决方案中的墙A。所以新的7面墙长度分别为2、1、2、1、1、2和1，超级英雄也可以保留这些墙。

为什么我们在最初的解决方案中选择保留长度为3的墙？之所以这样做，是因为它来自于一种可以解决任何设置和放置墙的问题的方法，而不仅仅是这些特定任务中的墙。更简单地说，我们可以从左边开始，总是选择下一个（不重叠的）最近的墙来作为要保留的墙。

综上，答案为A选项。

📚 计算思维相关知识

解决这个问题使用的是贪婪算法。总是在每一步构建一个看起来最好的"局部"或做出"当下最好"的选择，没有考虑"大局"或全部信息。

该问题是一个调度问题模型。

👥 贡献者

[英译中] 孔玲霞，895245816@qq.com

[审　核] 边琦，bianqi@imnu.edu.cn

[校　对] 崔东伟，77107530@qq.com

2016-LT-03 四个地点四件事

Ⅰ：—	Ⅱ：—	Ⅲ：难	Ⅳ：中	Ⅴ：易	Ⅵ：—
分类	计算机处理与硬件					
关键词	调度					

海狸亚历山德拉计划在午休时间（12:00–13:00）完成以下四件事情：（1）去书店买书；（2）去杂货店买一瓶牛奶；（3）到邮局邮寄新书；（4）在自助餐厅喝一杯咖啡。

地点	用时	高峰时段
书店	15分钟	12:40—13:00
杂货店	10分钟	12:00—12:40
邮局	15分钟	12:00—12:30
自助餐厅	20分钟	12:30—12:50

上面的表格中列出了亚历山德拉完成每件事所需的时间。但是，当某个地点处于"高峰时段"时，她可能要花费更多的时间。因此，亚历山德拉希望能够避开各地点的高峰时段，以便高效地完成所有的事情。

请帮助亚历山德拉安排这些事情的先后顺序，避开所有地点的高峰时段。

以下选项中，哪个是亚历山德拉去各地办事的正确顺序？（　　）

A. 书店，自助餐厅，邮局，杂货店
B. 自助餐厅，书店，邮局，杂货店
C. 自助餐厅，杂货店，书店，邮局
D. 自助餐厅，邮局，书店，杂货店

解析

这一问题可以使用下方表格进行可视化描述，其中"x"表示该时间段亚历山德拉前往的地点，黄色部分表示各地点的"高峰时段"。

可以发现，12:30之后自助餐厅进入高峰时段，所以亚历山德拉可以先去自助餐厅；12:40之后书店进入高峰时段，12:30后邮局的高峰期才会过去。所以她需要先去书店，再去邮局；最后，12:50去杂货店。

地点	完成用时	12:00-12:05	12:05-12:10	12:10-12:15	12:15-12:20	12:20-12:25	12:25-12:30	12:30-12:35	12:35-12:40	12:40-12:45	12:45-12:50	12:50-12:55	12:55-13:00
书店	15分钟					x	x	x					
杂货店	10分钟											x	x
邮局	15分钟								x	x	x		
自助餐厅	20分钟	x	x	x	x								

综上所述，为了圆满完成这四件事，可以做出如下安排：

自助餐厅（12:00—12:20），书店（12:20—12:35），邮局（12:35—12:50），杂货店（12:50—13:00），即答案为B选项。

计算思维相关知识

计算机科学的主要任务之一是寻找可行的解决方案。也就是说，要在满足某些限制条件的前提下找到问题的解决方案。在本题中，限制条件是"避开每个地点的高峰时段"，比较具体，容易思考。而在其他的案例中，提出的问题可能更普遍。

同时，这一题也属于调度问题。调度问题需要确定一系列动作执行时的正确（或最佳）顺序。调度问题常见于工业应用中，比如，以特定方式将零件组装为汽车，或者在计算机中的 CPU 上按某种顺序执行多条指令等。

贡献者

[英译中] 孟繁舒，673800843@qq.com

[审核/校对] 石沙，shisha1974@163.com；何建春，45568307@qq.com；
孟爱玮，meng_aiwei@163.com；沈福杰，1034451217@qq.com

2018-IR-05 银行排队

Ⅰ：—	Ⅱ：—	Ⅲ：难	Ⅳ：中	Ⅴ：—	Ⅵ：—
分类	通信与网络					
关键词	队列，任务，银行柜台					

海狸银行有三位收银员：爱丽丝、特丽斯和克莱尔。爱丽丝的收银速度是特丽斯的 2 倍，爱丽丝的收银速度是克莱尔的 3 倍。

现在排队的有：5 只快海狸、2 只正常海狸、6 只慢海狸。

下表列出了不同收银员为不同海狸执行任务的时间。

分钟		1	2	3	4	5	6	7	8	9	10	11	12
所需时间/分钟	爱丽丝	快	正常		慢								
	特丽斯	快		正常				慢					
	克莱尔	快			正常								

3 位收银员一起完成队列中所有海狸的任务所需的最短时间是多少？（　　）

A. 15 分钟　　B. 16 分钟　　C. 17 分钟　　D. 18 分钟

解析

收银员	服务对象	所需时间/分钟
爱丽丝	5 只慢海狸	5×3=15
特丽斯	2 只快海狸，1 只正常海狸，1 只慢海狸	2×2+1×4+1×6=14
克莱尔	3 只快海狸，1 只正常海狸	3×3+1×6=15

从上表中可以看出，最短时间为 15 分钟，即答案为 A 选项。

现在证明他们不能用更少的时间完成所有的工作。

将每只正常海狸想象为两只快海狸，将每只慢海狸想象为 3 只快海狸。所以现在我们有 5+4+18=27 只快海狸，需要为他们解决收银任务。当然，新任务并不等同于初始任务，但初始任务不能有比新任务更好的解决方案。

熟悉分数的读者可以这样思考：爱丽丝每分钟服务 1 只快海狸，特丽斯每分钟服务 1/2 只快海狸，克莱尔每分钟服务 1/3 只快海狸，所以三位收银员每分钟服务 1+1/2+1/3=11/6 只快海狸。那么我们至少需要 27÷(11/6)=162/11>14 分钟。显然，答案应该是一个整数，因为每只海狸都是在整数分钟内服务完，所以最短时间不能少于 15 分钟。

不熟悉分数的读者可以这样思考：我们能否在 14 分钟或更短的时间内服务所有的海狸呢？14 分钟爱丽丝最多可以为 14 只快海狸服务，特丽斯最多可以为 14÷2=7 只快海狸服务，克莱尔最多可以服务的快海狸数为 14/3，即最多 4 只快海狸，一共 25 只快海狸。所以当我们需要为 27 只快海狸服务的时候，14 分钟是不够的。

计算思维相关知识

作业车间调度是计算机科学和运筹学中的一个优化问题，在这个问题中，任务被分配到资源（如处理器）的特定时间来处理。这题是 3 个速度不同的并行机器问题的简单版本。

一般情况下没有这样的任务，因为机器的速度通常是恒定的。

贡献者

[英译中] 张桓玮，949956843@qq.com
[修　改] 张雅娟，490128905@qq.com；王宇，12533540@qq.com；
　　　　 尚凯，178004221@qq.com
[校　对] 曹悦，caoyue@2dai.com；沈福杰，1034451217@qq.com
[审　核] 张雅娟，490128905@qq.com；沈福杰，1034451217@qq.com

2017-MK-02 足球比赛

Ⅰ:—	Ⅱ:—	Ⅲ:难	Ⅳ:中	Ⅴ:中	Ⅵ:易
分类	通信与网络					
关键词	图，图形着色					

信天翁球队、海狸球队、猫球队、狗球队和鹰球队，这五支足球队参加比赛。为了使比赛尽可能公平，组织者决定以这样一种方式组织比赛，即每支球队将在不同的城市进行一场比赛，每场比赛将在不同的时间段进行，并且不会与其他比赛时间重叠。然而，组织者资金不足，所以他需要在尽可能少的城市组织比赛。右表是对战赛列表。

信天翁	VS	海狸
信天翁	VS	鹰
海狸	VS	猫
海狸	VS	狗
猫	VS	狗
猫	VS	鹰
狗	VS	鹰

❓ 为了节约资金，需要使用组织比赛的城市数量最少是多少个？

A. 2 B. 3 C. 4 D. 5

🎓 解析

对战情况如右图所示。连接海狸队的三条线表示有三个队与海狸队对战。我们可以通过为每条线着色来解决这个问题，这样来自同一个海狸队的三条线就不会有相同的颜色。上色完成后，相同颜色的线表示可以在同一城市比赛。我们必须在着色过程中使用尽可能少的颜色，这样才能保证城市的数量最少。

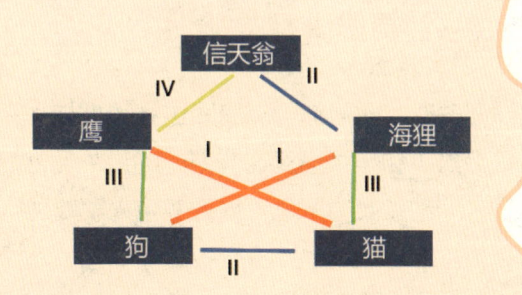

我们可以为连接海狸和狗的线指定第 1 种颜色，如红色，由于海狸还与信天翁和猫相连，因此需要给这两条线着其他颜色（红色除外）。我们给海狸和信天翁的连接线着第 2 种颜色，如蓝色，给海狸和猫的连接线着第 3 种颜色，如绿色。现在可以看到，猫与海狸之间用一条绿色的线连接，但猫与狗、鹰之间也有线连接，因此需要将这两条线指定为其他颜色（绿色除外）。我们将连接猫和鹰的线着红色，将连接猫和狗的线着蓝色（必须将猫和狗的线着蓝色，因为如果将这条线着红色，狗最终会得到两条红色的线）。

现在，狗已经用一条线（红色）连接到海狸，用另一条线（蓝色）连接到猫。然而，狗和鹰也有一条线相连，所以需要把这条线着绿色。此时唯一没有颜色的线是连接信天翁和鹰的线。鹰已经有了红色和绿色的线，而信天翁已经有了蓝色的线，所以必须用第 4 种颜色来着色，如黄色。

由于我们设法用 4 种颜色给所有的线着色，可以得出结论，4 个城市将足以组织比赛：第 1 个城市可用于海狸对狗、猫对鹰的比赛（红色连接线），第 2 个城市可用于可用于猫对狗、信天翁对海狸的比赛（蓝色连接线），第 3 个城市可用于海狸对猫、狗对鹰的比赛（绿色连接线），第 4 个城市可用于信天翁对鹰的比赛（黄色连接线）。

综上，答案为 C 选项。

计算思维相关知识

许多现实问题都可以用图这种数据结构来建模。图由一组结点或顶点（通常描绘为点）和一组连接这些结点的边（通常描绘为线段，可能是曲线）组成。可以通过为结点或边分配不同的颜色来解决现实问题。

贡献者

[英译中] 荆丽娟，1766527044@qq.com
[审　核] 张妮，627711474@qq.com
[校　对] 秦小娜，qinxiaona2009@yeah.net

八、算法

2018-CH-11 海狸挑战赛

Ⅰ：—	Ⅱ：难	Ⅲ：中	Ⅳ：中	Ⅴ：易	Ⅵ：—
分类	算法与编程				
关键词	取模运算				

海狸家族举办了一年一度的海狸挑战赛。他们的任务是从 0 号岩石开始，按箭头所示的顺时针方向从一块岩石跳到另一块岩石。如果一只海狸跳了 8 次，他就会跳到 3 号岩石上：

0 → 1 → 2 → 3 → 4 → 0 → 1 → 2 → 3

? 其中一只海狸跳了 129 次，那么他最后在哪块岩石上？（　　）

A. 1　　　　　　B. 2　　　　　　C. 3
D. 4　　　　　　E. 0

解析

如果一只海狸跳了 5 次，他就回到了原地。我们称之为"圈"（就像数学中的周期）。为了找出他跳 129 次后在哪块岩石上，我们必须找出他跳了多少圈，之后还要跳多少次。在这个例子中，129=25×5+4。所以，跳 129 次与跳 4 次的结果一样，停在同一块岩石上。因此他最终停在了 4 号岩石上。

计算思维相关知识

本题涉及计算整数商和余数的长除法或欧几里德除法。我们需要计算 129÷5 的余数。这个运算在计算机中经常使用，它有一个名字：模运算。通常用"%"或"mod"表示运算符。所以本题中的等式可以略写成：129%5=4。

贡献者

[英译中] 崔东伟，77107530@qq.com
[校　对] 孔玲霞，895245816@qq.com；曹悦，caoyue@2dai.com
[审核意见] 沈福杰，1034451217@qq.com

2017-UK-05 水坝建设基地

Ⅰ:难	Ⅱ:难	Ⅲ:难	Ⅳ:中	Ⅴ:易	Ⅵ:易
分类			算法与编程		
关键词			枚举，优化		

在海狸社区，聪明的水坝建设顾问会去帮助社区居民解决水坝的问题。下图是社区地图，线路上的数字表示在两个小屋之间游泳所需的时间，以分钟为单位。

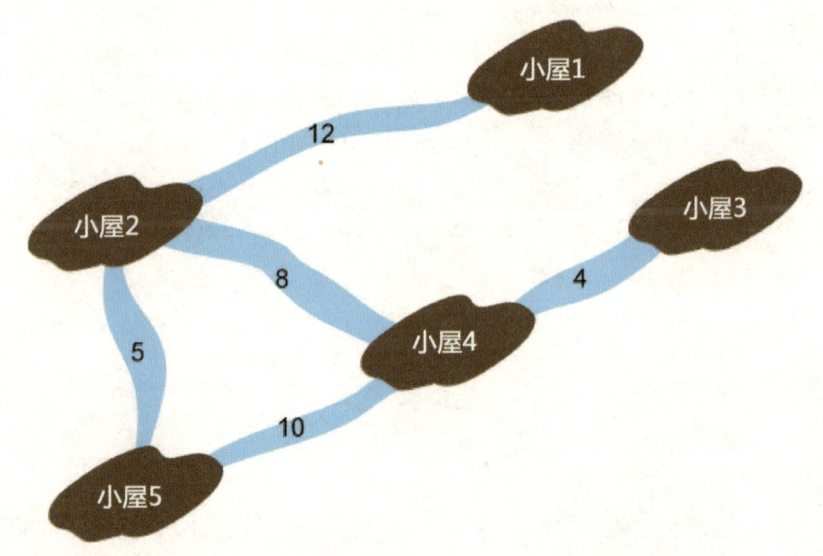

海狸社区雇用了两个水坝建设顾问：史密斯和帕特尔，水坝建设顾问每天都会联系一次所有的居民，但是每天只能联系一次。在完成每次访问后，水坝建设顾问必须立即返回到他们的基地。他们分别在哪里建设基地才能为社区居民提供最好的服务呢？

> 史密斯和帕特尔分别在哪里建设基地，可以使访问所有居民的总用时最少？（　　）
>
> A. 小屋2和4或小屋1和2 B. 小屋2和4或小屋2和3
> C. 小屋2和4或小屋3和4 D. 小屋2和4或小屋1和5

解析

史密斯和帕特尔需要以 2 号和 4 号，或者 2 号和 3 号小屋为基地，这样访问的总用时为 42 分钟。以下是所有组合的所需时间。

建设基地的小屋	访问所有居民用时最少的路线	所需时间（分钟）
1、2	2—5、2—4、2—4—3	5×2+8×2+(8+4)×2=50
1、3	1—2、3—4、3—4—5	12×2+4×2+(4+10)×2=60
1、4	4—2、4—3、4—5	8×2+4×2+10×2=44
1、5	5—2、5—4、5—4—3	5×2+10×2+(10+4)×2=58
2、3	2—1、2—5、3—4	12×2+5×2+4×2=42
2、4	2—1、2—5、4—3	12×2+5×2+4×2=42
2、5	2—1、2—4、2—4—3	12×2+8×2+(8+4)×2=64
3、4	4—2、4—5、4—2—1	8×2+10×2+(8+12)×2=76
3、5	3—4、5—2、5—2—1	4×2+5×2+(5+12)×2=52
4、5	4—3、5—2、5—2—1	4×2+5×2+(5+12)×2=52

计算思维相关知识

在没有更好的解决方案的前提下，只能以蛮力的方式尝试所有可能的路径（枚举法）。但如果数量太多，就需要设计更巧妙的算法。

贡献者

[英译中] 张妮，627711474@qq.com

[审　核] 荆丽娟，1766527044@qq.com

[审核意见] 边琦，bianqi@imnu.edu.cn；朱燕南，3116465579@qq.com

2016-UA-04c 棋类游戏

Ⅰ：—	Ⅱ：难	Ⅲ：中	Ⅳ：中	Ⅴ：中	Ⅵ：—
分类	算法与编程					
关键词	算法，策略游戏					

　　首领和小兵在玩一种棋类游戏。游戏的规则是：下图中白色区域为棋盘，可放置 11 格砖块，首领有黄色砖块，小兵有红色砖块，两人有 3 种砖块各 1 个，分别是三格砖块、两格砖块、一格砖块。

　　首领先放置砖块，从最左侧开始往中间依次放置；小兵从最右侧开始往中间依次放置，两人轮流放置任意一个砖块，直到棋盘放满为止。放最后一个砖块的人获得胜利。

? 下面四种放置方法中，哪一种能让首领获得胜利呢？（　　　）

A. 首领：3 格→2 格→1 格；小兵：2 格→1 格→3 格

B. 首领：1 格→2 格→3 格；小兵：2 格→3 格→1 格

C. 首领：1 格→3 格→2 格；小兵：2 格→1 格→3 格

D. 首领：2 格→3 格→1 格；小兵：3 格→1 格→2 格

解析

这是一个交互式策略问题，从首领开始放置砖块，首领的目标是在放置第三个砖块时胜利，此时，首领和小兵都已完成了前两步的放置。可以先确定小兵和首领的前两步放置，再检验首领在第三步能否放满整个棋盘。答案为 B 选项。

计算思维相关知识

这是一个对抗性博弈的实例，解题策略是算法理论和程序设计的重要组成部分。

为此类游戏开发高效的算法也是人工智能的一部分，人工智能是计算机科学的一个重要领域。自从人工智能出现以来，人类专家与计算机的抗衡一直存在着一种巨大的魅力。例如，IBM 开发的深蓝在 1997 年击败了象棋世界冠军，谷歌开发的 AlphaGo 在 2016 年击败了围棋世界冠军。

贡献者

[英译中] 陈嘉薇，503881489@qq.com
[审　核] 李楠楠，linann47@qq.com；高富，1252467595@qq.com；
　　　　　朱燕南，3116465579@qq.com
[修改|完善] 王戈，wgxp@sina.com

2018-TR-08 建造水坝

Ⅰ：—	Ⅱ：难	Ⅲ：难	Ⅳ：中	Ⅴ：易	Ⅵ：—
分类	算法与编程					
关键词	最优值数据分析，优化					

海狸工程师想要建一座水坝来保护房子，使其不受洪水的侵袭。如图 1 所示的木桩可供使用，需要移动这些木桩来建造出如图 2 所示的水坝。海狸工程师将一堆木桩在垂直方向移动一格需要 1 个小时，在水平方向移动一格需要 2 个小时。

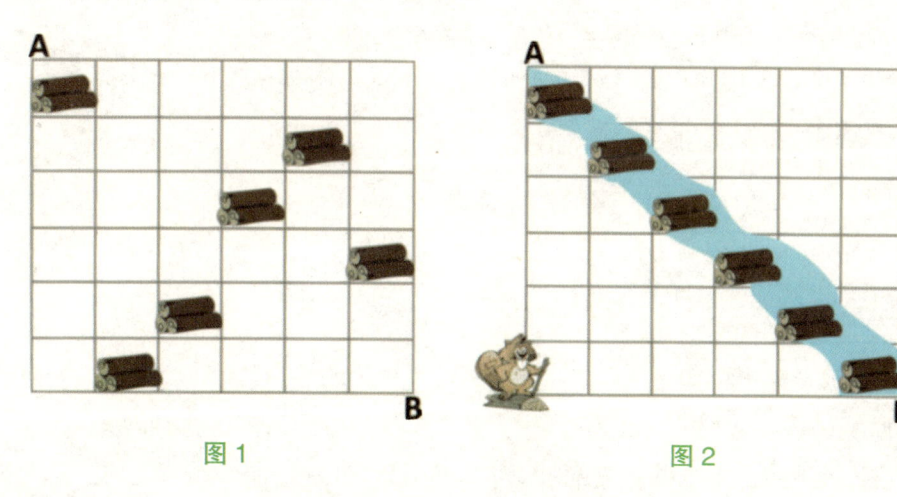

图 1

图 2

请问海狸工程师建造水坝最少需要几个小时？（　　）

A. 16　　　　B. 11　　　　C. 14　　　　D. 12

解析

右图呈现了用12个小时完成水坝建造的解决方案，即只在垂直方向上移动全部木桩是最优的解决方案。

需要注意的是，初始状态下每一列只有一堆木桩，最终的水坝也是每一列只有一堆木桩。假设我们把第五列的木桩水平移动到第二列的水坝位置，为了保证每一列仍然只有一堆木桩以及达到水坝最终的建造效果，我们还需把原来在第二列的木桩移动到其他列，并不断调配其他未在水坝位置的木桩，在水平方向将木桩移动一格需要2个小时，一旦进行了水平移动，便不会出现比只垂直移动更快的方案。相反，木桩垂直移动一格只需要1个小时，把所有木桩垂直移动到水坝位置便是最优方案。

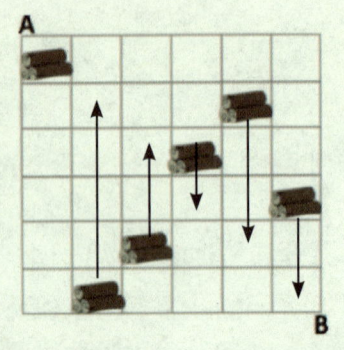

计算思维相关知识

该题涉及最优化问题，是指在满足一系列相关的限制条件（约束）下，使设计目标达到最优值，这是计算机科学以及现实生活中经常要解决的问题。幸运的是，在该问题中由于木桩的位置和移动木桩所需的时间不同，很容易找到最优解决方案。但是，如果一列有两堆木桩，那么肯定要水平移动木桩，找到最优解就会变得困难得多。通常，寻找最优解决方案都需要相当长的时间，并且需要使用动态规划等高级算法来解决。

贡献者

[英译中] 张书剑，btzsj_ss@163.com
[审　核] 张凯悦，2732382019@qq.com
[校　对] 边琦，bianqi@imnu.edu.cn；朱燕南，3116465579@qq.com

2016-AT-02 九宫格字谜

I：一	II：难	III：难	IV：中	V：易	VI：易
分类	算法与编程					
关键词	问题描述，字典，规则方法				

梅梅喜欢创建字谜游戏。她在一份报纸上发现了一个用 3×3 的字母网格拼成英语单词的字谜题。要完成这样一个字谜题，必须从网格的 9 个字母中拼出尽可能多的英语单词，同时拼出的每个单词要满足以下两个要求：

（1）包含所有突出显示（下图高亮显示）的字母。

（2）至少包含 4 个字母且字母不可重复使用。

她创建了几个字谜题，并完成了其中一个。以下是她拼出的单词：

angel，challenge，clan，clean，eagle，glance，hall，heal，lane，lean

梅梅完成的是下列哪一个字谜题？（　　　）

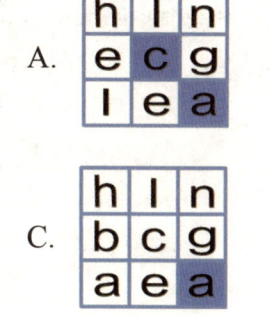

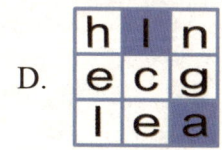

A.
h	l	n
e	c	g
l	e	a

B.
h	l	e
n	c	g
l	e	a

C.
h	l	n
b	c	g
a	e	a

D.
h	l	n
e	c	g
l	e	a

解析

A 选项不正确，因为单词 angel、eagle、hall 等不包含字母 c。

B 选项不正确，因为 eagle、hall 等不包含字母 n。

C 选项不正确，因为网格中不包含 challenge 中所有必需的字母（缺少一个 e 和一个 l）。

D 选项正确，因为所有的单词都可以由给定的字母拼成，并且所有的单词都包含字母 a 和 l。

也可以使用排除法快速找到答案，我们可以发现，所有拼出的单词都有 l，可以排除 A 选项和 C 选项；发现有单词（如 eagle）不包含字母 n，可以排除 B 选项，即正确答案为剩下的 D 选项。

计算思维相关知识

所有拼出的单词都必须满足给定的 3×3 网格中所给出的字母属性。精确的问题描述是计算机自动化的关键起点。每个网格描述一组规则，这些规则可用于确定某些单词，它们是解决方案的一部分。

计算机程序通常不仅能解决一个特定的问题，而且能解决一类特定类型的问题。可以在电子词典的帮助下创建一个计算机程序，找到满足给定网格字母属性的所有单词。而特定网格的作用是规范求解程序的输入数据。尽管计算机可以更快、更准确地解决这类难题，但对人们来说，字谜题仍然是非常有趣和有挑战性的任务。

贡献者

[英译中] 范洁，sunnymato@qq.com
[校　对] 向阳，15210848280@163.com；赵腾任，ZTR_2019@126.com
[修改|完善] 任嘉莉，845489971@qq.com

2015-BG-01 十六个 LED

Ⅰ：—	Ⅱ：—	Ⅲ:难	Ⅳ:中	Ⅴ:中	Ⅵ:易
分类	算法与编程					
关键词	算法，过程建模					

小明有一个控制器，它能向 16 个 LED（发光二极管）发送控制信号。当 LED 接收到控制器发来的信号时，状态将由原来的熄灭变为点亮，或由原来的点亮变为熄灭。16 个 LED 依次编号为 1 到 16，如下图所示。

小明编写了一个程序，控制器每秒都会向 16 个 LED 中的部分 LED 发送信号，规律如下：

第一秒向所有的 LED 发送信号，第二秒向编号为 2 的倍数的 LED 发送信号，第三秒向编号为 3 的倍数的 LED 发送信号，以此类推。

假设所有 LED 的初始状态都是熄灭，程序运行几分钟后，请问下面选项中哪些 LED 是点亮的？（　　）

A. 1，3，5，7
B. 1，4，8，16
C. 1，4，9，16
D. 1，4，7，10

解析

控制器每次只向编号为秒数倍数的 LED 发送信号，因为只有 16 个 LED，所以 16 秒以后 LED 的状态将不再发生变化（因为没有大于 16 的倍数的编号），1～16 号中 LED 的编号有几个因数，状态就会改变几次。如 6 有 1、2、3、6 这四个因数，6 号 LED 的状态就会改变四次。

由于最初所有 LED 都是熄灭的，所以在 1～16 号 LED 中，只有编号有奇数个因数的 LED 最终才会是点亮的。

1 有 1 个因数（1）：奇数个，所以 1 号 LED 最后是点亮的

2 有 2 个因数（1,2）

3 有 2 个因数（1,3）

4 有 3 个因数（1,2,4）：奇数个，所以 4 号 LED 最后是点亮的

5 有 2 个因数（1,5）

6 有 4 个因数（1,2,3,6）

7 有 2 个因数（1,7）

8 有 4 个因数（1,2,4,8）

9 有 3 个因数（1,3,9）：奇数个，所以 9 号 LED 最后是点亮的

10 有 4 个因数（1,2,5,10）

11 有 2 个因数（1,11）

12 有 6 个因数（1,2,3,4,6,12）

13 有 2 个因数（1,13）

14 有 4 个因数（1,2,7,14）

15 有 4 个因数（1,3,5,15）

16 有 5 个因数（1,2,4,8,16）：奇数个，所以 16 号 LED 最后是点亮的

所以，当程序运行一段时间后，只有 1 号、4 号、9 号、16 号 LED 是点亮的。

通过计算还可以得出，假如有无限个 LED，只有编号是完全平方数（1，4，9，16，25，…）的 LED 最终是点亮的。

计算思维相关知识

这是一道算法题,可以通过编程对这个周期性的过程进行建模。它使我们看到用有限过程替代无限过程的可能,这是因为即便程序永远不停止,它的某些特性最终也会变得稳定起来,呈现出规律性。

贡献者

[英译中] 大熊,lovepooh1990@gmail.com
[审 核] 朱燕南,3116465579@qq.com;边琦,bianqi@imnu.edu.cn
[校 对] 黄素云,1182994505@qq.com;李泓,hushilihong@163.com;
        侯岸泽,1023911646@qq.com;赵腾任,ZTR_2019@126.com
[修 改] 蹇晓焱,1285243664@qq.com

2017-CZ-06 洗衣机

Ⅰ：—	Ⅱ：—	Ⅲ：难	Ⅳ：中	Ⅴ：—	Ⅵ：—
分类			算法与编程		
关键词			循环，命令序列		

洗衣机有五种不同的指令：洗涤、漂洗、甩干、注水和排水。为了使洗衣机正常工作，洗衣机指令必须符合以下规则：

（1）每次漂洗后必须立即排水。

（2）每次排水后必须立即甩干。

（3）每次注水后必须立即漂洗一次。

表达式"3（…）"表示括号中的指令重复3次。

下面哪组指令能使洗衣机在清水中洗涤一次，再漂洗三次？
（　　）

A. 洗涤、排水、3（甩干、注水、漂洗）、排水、甩干

B. 洗涤、排水、3（注水、漂洗、排水、甩干）

C. 洗涤、3（排水、甩干、注水、漂洗）、排水、甩干

D. 洗涤、漂洗、排水、3（甩干、注水、漂洗、排水）、甩干

解析

如果我们将选项中的括号转化为文字指令，写出所有将要被执行的指令，可以看到：

选项A中的指令是：洗涤、排水、甩干、注水、漂洗、甩干、注水、漂洗、甩干、注水、漂洗、排水、甩干。这不符合"每次漂洗后必须立即排水"的规则，因为有两次漂洗之后没有排水。

选项 B 中的指令是：洗涤、排水、注水、漂洗、排水、甩干、注水、漂洗、排水、甩干、注水、漂洗、排水、甩干。这不符合"每次排水后必须立即甩干"的规则。

选项 C 正确。

选项 C 中的指令是：洗涤、排水、甩干、注水、漂洗、排水、甩干、注水、漂洗、排水、甩干、注水、漂洗、排水、甩干。符合所有的规则。所以选项 C 正确。

选项 D 中的指令是：洗涤、漂洗、排水、甩干、注水、排水、甩干、注水、排水、甩干、注水、排水、甩干。这不符合"每次注水后必须立即漂洗一次"的规则。

计算思维相关知识

在此题中，需要掌握阅读程序的技巧。必须了解程序在循环之前执行了哪些指令，在循环之后执行了哪些指令，以及将以什么顺序重复执行哪些指令。在给定的程序中使用逐步执行指令的方法进行推理，这是计算思维的重要组成部分。值得注意的是，并非所有的有效指令序列都可以产生有效程序，无效的程序可能会导致设备故障。

贡献者

[英译中] 王梓璇，2479240985@qq.com
[审　核] 边琦，bianqi@imnu.edu.cn
[校　对] 秦小娜，qinxiaona2009@yeah.net
[修改|完善] 沈福杰，1034451217@qq.com

2014-PL-07 奇怪的单词

Ⅰ：一	Ⅱ：一	Ⅲ：难	Ⅳ：中	Ⅴ：易	Ⅵ：一
分类			算法与编程		
关键词			程序，语法		

小海狸设计的单词只包含三个字母：a、b、c。可以通过以下三种指令对这些单词进行操作。

指令 1：用序列 aa 替换每个 a。

指令 2：把一些 b 换成 c。

指令 3：在单词的任意位置插入字母 c。

例如，如果我们有单词 abbbcaab，那么执行指令 1 之后，我们会得到 aabbbcaaaab；接着执行指令 2，我们会得到 aabcbcaaaab；最后执行指令 3，我们会得到 aabcbcaacaab。

如果我们对单词 aabbbbaabbccbbabbc 执行以上三种指令，那么下面哪个选项中的单词是不可能得到的？（　　）

A. abbbaabbccbaaaabbc

B. aaaaccbbaacaaccccbbaabbc

C. caaccccaacccccacccc

D. acacbcbcbcacacbcbccccbcbcacbcbcc

解析

选项 B 中的单词可通过重复执行指令 1、2、3 得到，选项 C 和 D 中的单词可通过执行指令 2、3 得到。选项 A 中的单词无法得到。

计算思维相关知识

程序通常由某种编程指令组成。编程指令必须简洁明了，指令一般由具有严格规则集的语言来描述。当使用计算机翻译一些外语文本时，计算机需要进行综合分析并执行程序，从而得到最佳结果。

贡献者

[英译中] 崔东伟，77107530@qq.com
[审　核] 赵腾任，ZTR_2019@126.com
[校　对] 孔玲霞，895245816@qq.com；向阳，15210848280@163.com

2013-IT-03 海狸园丁

Ⅰ：—	Ⅱ：—	Ⅲ：难	Ⅳ：中	Ⅴ：中	Ⅵ：易
分类	算法与编程					
关键词	编程，数据范围，算法					

海狸园丁建造了一个可控温室。在那里，计算机通过使用以下语言符号在热设备上调控温度："+"表示在单位时间（20秒）内将温度升高1℃，"w"表示在单位时间（20秒）内将温度升高5℃，"="表示在单位时间（20秒）内让温度保持不变，"−"表示在单位时间（20秒）内将温度降低1℃，"d"表示在单位时间（20秒）内将温度降低5℃。

当温室内的温度超过26℃或低于16℃时，热设备停止加热或冷却。请问，园丁在温室控制器上编写的下列程序中，哪一个程序不会导致最终温度达到20℃？（　　　）

A. ［++w+=++=d−−］ B. ［d−d+=++=+==］
C. ［=+w+=++=+d−］ D. ［d+==+d==w==］

解析

无论温室内的初始温度是多少，通过选项 A、B 和 C 的程序都能导致最终温度为 20℃，因为它们会将温度升到最高或降到最低，然后达到最终温度 20℃。而选项 D 的程序由于温度降低（10℃）与温度升高（5℃）之间存在间隙，不能导致最终温度为 20℃。下表为应用 D 选项的程序研究温室温度的变化情况。

温度变化情况（℃）	起始温度（℃）	16	17	18	19	20	21	22	23	24	25	26
温度控制步骤	1	16	16	16	16	16	16	17	18	19	20	21
	2	17	17	17	17	17	17	18	19	20	21	22
	3	17	17	17	17	17	17	18	19	20	21	22
	4	17	17	17	17	17	17	18	19	20	21	22
	5	18	18	18	18	18	18	19	20	21	22	23
	6	16	16	16	16	16	16	16	16	17	18	
	7	16	16	16	16	16	16	16	16	17	18	
	8	16	16	16	16	16	16	16	16	17	18	
	9	21	21	21	21	21	21	21	21	21	22	23
	10	21	21	21	21	21	21	21	21	21	22	23
	11	21	21	21	21	21	21	21	21	21	22	23

计算思维相关知识

这个问题涉及用给定的语言进行编程。为了解决这个问题，语言中变量的范围控制是很重要的。

贡献者

[英译中] 沈映珊，esandq@qq.com   [审 核] 朱燕南，3116465579@qq.com
[修改|完善] 王文华，ivanlawyer@126.com

2014-RU-05 新森林时报

I：一	II：难	III：难	IV：难	V：中	VI：中
分类	算法与编程				
关键词	Markov算法				

海狸在《新森林时报》报刊担任主编，他想修改文章使森林中的动物更容易理解文章内容。

（1）新手校正员从左到右阅读文章，搜索 ABC 序列，并将其替换为 BC。如果他找到并替换了序列，则必须重新从头开始阅读。如果他找不到序列，则将文章交给专业校正员。

（2）专业校正员从左到右阅读文章，搜索 BC 序列，并将其替换为 B。如果他找到并替换了序列，则将文章退还给新手校正员。如果他找不到序列，则将文章交给首席校正员。

（3）首席校正员从左到右阅读文章，搜索 BB 序列，并将其替换为 B。如果他找到并替换了序列，则将文章退还给新手校正员。如果他找不到序列，则校正过程完成。

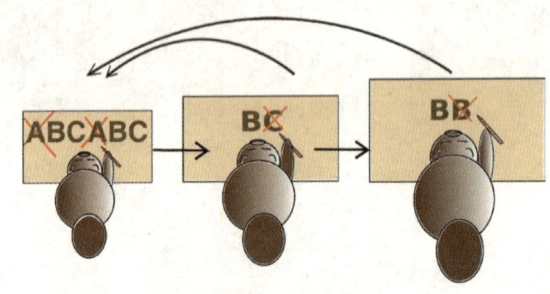

请问以下哪一篇文章不会被校正为只含有一个字母 B 的文章？
（　　）

A. AAABCB　　　　　　　　B. ABCABC
C. ABABCB　　　　　　　　D. ABCCCC

解析

A 选项：AAABCB → AABCB → ABCB → BCB → BB → B
B 选项：ABCABC → BCABC → BCBC → BBC → BB → B
C 选项：ABABCB → ABBCB → ABBB → ABB → AB
D 选项：ABCCCC → BCCCC → BCCC → BCC → BC → B

计算思维相关知识

校正过程是对 Markov 算法（马尔可夫算法）的一种描述。图灵机中，通过 Markov 算法将算法的概念形式化，用机器计算的所有内容可以由某种 Markov 算法计算，反之亦然。

贡献者

[英译中] 吴倩意，15521442392@163.com
[校　对] 秦小娜，qinxiaona2009@yeah.net
[审核|修改] 傅安娜，21703038@zju.edu.cn

2017-KR-05 穿越脚踏石

Ⅰ：—	Ⅱ：—	Ⅲ：难	Ⅳ：中	Ⅴ：易	Ⅵ：—
分类	算法与编程					
关键词	动态规划					

小海狸们在一起玩游戏。他们在地上画了一个 5×6 的网格（见下图），网格中的每个单元格内都有一个数字，数字为 0～9 中的一个。

4	1	2	0	4	2
5	3	5	1	8	7
1	2	7	1	1	9
2	8	1	2	0	0
3	2	4	9	1	3

游戏规则如下：

以网格最左侧一列的任意一个单元格作为起点，遵照如右图所示的规则移动——从当前单元格出发，只能向右上方、右下方或水平向右三个方向移动，到达最底部或最顶部时，不能移出网格。当小海狸到达最右侧一列的任意一个单元格时，则无法再移动。此时，游戏结束。

按此规则移动，小海狸走过的单元格中的数字总和将是其最终得分。得分最高的小海狸获得胜利。

❓ 在这个游戏中，小海狸可能得到的最高分数是多少？（　　　）

A．28　　　　B．33　　　　C．36　　　　D．40

解析

方法一

记当前所在单元格的位置为(r,c),其中,行序号为r($1 \leq r \leq 5$),列序号为c($1 \leq c \leq 6$)。

按照游戏规则,能够移动到(r,c)单元格的上一级单元格有三个。这三个单元格的行序号分别是$r-1$、r、$r+1$,而列序号均为$c-1$。当这三个单元格中最大的一个数值与(r,c)单元格中的数值相加,就能得到和的最大值。再向前依次递推,就可以找到最合适的路径,使得单元格中数值的累加和最大。

以第5行第6列(最右下方)的单元格中的数值3为例,推导的过程为:第1步,在此单元格的前面一列,也就是第5列的第4行、第5行的两个数值中进行选择,选择较大的数1,则此时和为4,单元格位置为(5,5);第2步,以单元格(5,5)再向前找数,则只能在第4列的第4行、第5行的两个数中进行选择,选择较大的数9,此时和为9+4=13,单元格位置为(5,4)……以此类推,继续向前选择较大的数进行相加,分别找到单元格(5,3),和为4+13=17;找到单元格(4,2),和为8+17=25;最后找到单元格(5,1),此时和为3+25=28。所以,对于单元格(5,6),可以累加到的最大值是28。

对于网格中的任意一个单元格,都能够以此方式向前递推,从而求得到达此单元格时可以得到的最大累加值。

方法二

下表中,符号"/"左侧的数值是单元格中原来的数值,"/"右侧的数值是当小海狸到达此单元格时,可以累加到的最大值。

4/4	1/6	2/10	0/13	4/23	2/29
5/5	3/8	5/13	1/19	8/27	7/34
1/1	2/7	7/18	1/19	1/21	9/36
2/2	8/11	1/12	2/20	0/24	0/25
3/3	2/5	4/15	9/24	1/25	3/28

可知小海狸可能得到的最高分数是36。

计算思维相关知识

这个问题可以通过建立递推关系来解决——用部分问题的解递推出原问题的答案。这种方法称为动态规划。使用动态规划可以很容易地解决某些问题。

对于规模较小的网格，也可以使用回溯算法来检查从左侧到右侧的所有可能路径。但对于规模较大的网格，回溯算法要比动态规划算法慢很多。

贡献者

[英译中] 白子颀，987088174@qq.com
[审　核] 张鹏飞，hs2zzpf@163.com
[校　对] 范洁，sunnymato@qq.com；任嘉莉，845489971@qq.com；
　　　　 沈福杰，1034451217@qq.com；石沙，shisha1974@163.com

2015-CA-03 "伐木"的速度

Ⅰ：一	Ⅱ：一	Ⅲ：一	Ⅳ：中	Ⅴ：易	Ⅵ：一
分类	算法与编程					
关键词	渐近分析，增长率					

海狸具有一项特殊的本领，他们能用牙齿来"伐树"——将树啃倒。

如下图所示，开始时海狸 A 已经伐了 10 棵树，而海狸 B 只伐了 1 棵树。

海狸 A 一小时能啃倒一棵树，并一直保持同样的速度。

海狸 B 则越啃越快：第一个小时，啃倒 1 棵；第二个小时，啃倒 2 棵；第三个小时，啃倒 3 棵，以此类推。

那么海狸 B 要想比海狸 A 伐的树多，最少需要几个小时？（　　）

A. 4　　　　B. 5　　　　C. 6　　　　D. 7

解析

下表可以清晰地表示海狸A和海狸B的伐树时间与数量的关系。

时间	海狸A伐的树（棵）	海狸B伐的树（棵）
开始	10	1
1小时后	11	2
2小时后	12	4
3小时后	13	7
4小时后	14	11
5小时后	15	16

5小时后，海狸B将伐16棵树，海狸A将伐15棵树，所以选项B正确。

以此类推，第n个小时，海狸A伐的树的数量为：$10+n$；海狸B伐的树的数量为：$1+n(n+1)/2$。

计算思维相关知识

在计算机科学中，"渐近分析"可用来分析算法和考量算法的性能。

本题中，海狸A伐树的速度是线性的，可表示为$O(n)$，n小时后，他伐树的总数与n成正比；海狸B的伐树速度与时间呈二次方增长，可表示为$O(n^2)$，意味着，n小时后，海狸B的伐树总数与n^2成正比。

贡献者

[英译中] 邓文华，407438506@qq.com

[审　核] 李娜，19247232@qq.com；边琦，bianqi@imnu.edu.cn

[校　对] 杨科可，540794502@qq.com；赵腾任，ZTR_2019@126.com

[修改|完善] 刘凤祥，fengxiangliumail@163.com

2013-IL-05 多米诺棋盘

Ⅰ:—	Ⅱ:—	Ⅲ:—	Ⅳ:中	Ⅴ:易	Ⅵ:易
分类	算法与编程					
关键词	覆盖算法					

一个 8×8 的棋盘，去掉两个斜对角，留下 62 个正方形。

有没有可能用 31 个 2×1 大小的多米诺骨牌盖住这个棋盘？
（　　）

A. 没有可能

B. 有可能

C. 如果去掉的是两个白色的角就可以，但如果是黑色的就不行了

D. 如果去掉的是两个黑色的角就可以，但如果是白色的就不行了

解析

只要在棋盘上放一个 2×1 大小的多米诺骨牌，它就会覆盖一个白色正方形和一个黑色正方形。因此，放置在棋盘上的多米诺骨牌将覆盖两种颜色数量相等的正方形。如果从棋盘上去掉两个白色的角，那么还有 30 个白色正方形和 32 个黑色正方形，用 31 个 2×1 大小的多米诺骨牌覆盖，所以这是不可能实现的（去掉两个黑色的角也是如此）。所以答案为 A 选项。

计算思维相关知识

解决这个问题需要找到一个覆盖不存在的证明。即需要证明用多米诺骨牌覆盖棋盘的算法是不存在的。

贡献者

[英译中] 任嘉莉，845489971@qq.com
[审 核] 范洁，sunnymato@qq.com；白子颀，987088174@qq.com
[校 对] 张鹏飞，hs2zzpf@163.com；王文华，ivanlawyer@126.com；
赵腾任，ZTR_2019@126.com

2016-CZ-06 二轮驱动车

Ⅰ：—	Ⅱ：—	Ⅲ：—	Ⅳ：难	Ⅴ：易	Ⅵ：易
分类	算法与编程					
关键词	算法描述，有限状态机					

小明有一辆二轮车，他可以通过按下右侧的蓝色按钮和左侧的红色按钮来移动此车。当他按下某一侧的按钮时，车轮将会转向该侧。比如，按下蓝色按钮，车轮会向右转；按下红色按钮，车轮会向左转。如果同时按下两个按钮，车会向前行驶。

下图记录了按下红、蓝按钮时，二轮车从位置 1 移动到位置 2 的轨迹。首先按下蓝色按钮，车向右转；然后同时按下两个按钮，车向前行驶；接着按下红色按钮，车向左转；最后二轮车的方向与开始时相同：面向前方。请结合时刻图和二轮车行动轨迹了解二者之间的关系。

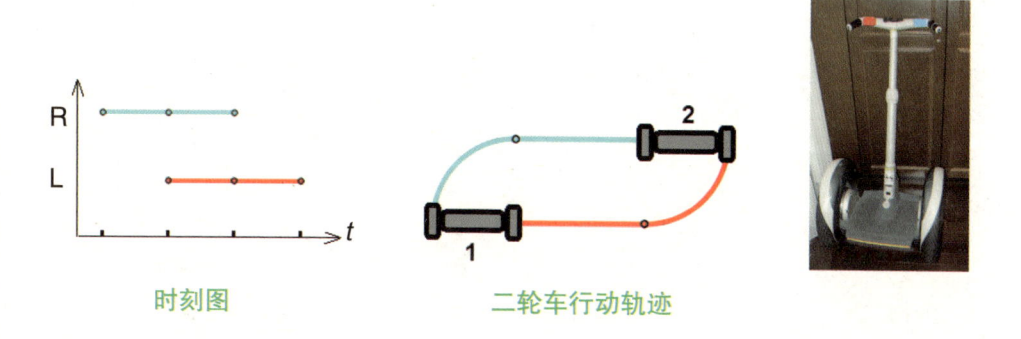

时刻图　　　　　二轮车行动轨迹

下面是此二轮车在另一个时间段内的按钮操作时刻图。开始时二轮车面向正前方，请问，最后二轮车会面朝哪个方向？（　　）

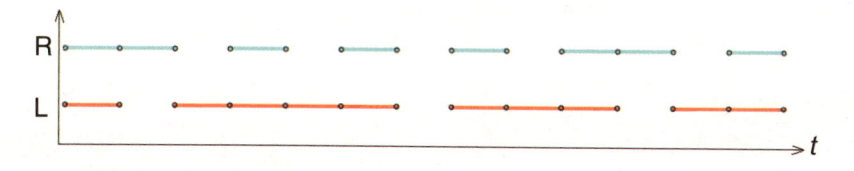

A. 前方　　　B. 后方　　　C. 左边　　　D. 右边

解析

在二轮车行驶过程中，蓝色按钮被按了 8 次，红色按钮被按了 10 次。红色按钮比蓝色按钮多被按了 2 次，也就是说，二轮车多向左转了 2 次。所以在二轮车行驶结束时，它面向的方向与开始时相反，即面朝后方，因此答案为 B 选项。

计算思维相关知识

本题中，此二轮车可视为处于有限状态机的一种状态，并且二轮车每一时刻只能处于一种状态。当要描述对象的状态随着时间而变化时，图示比文字呈现更加清晰，就像题中的时刻图和行动轨迹图一样。

贡献者

[英译中] 傅安娜，21703038@zju.edu.cn
[审　核] 林泽珊，1123447303@qq.com
[修改|完善] 吴倩意，15521442392@163.com

2016-RU-07 三连胜

Ⅰ：—	Ⅱ：—	Ⅲ：—	Ⅳ：难	Ⅴ：易	Ⅵ：易
分类			算法与编程		
关键词			拼图，推测		

三连胜是一种流行的电脑游戏。玩家可以交换相邻位置的石头，如果有三个或更多相同形状的石头在一排或一列，它们就会消失，位于它们上方所有的石头也会随之掉下来。在这个过程中，如果又出现三个或更多相同形状的石头在一排或一列，它们也会消失，如下图所示。游戏的目的是让所有的石头消失。

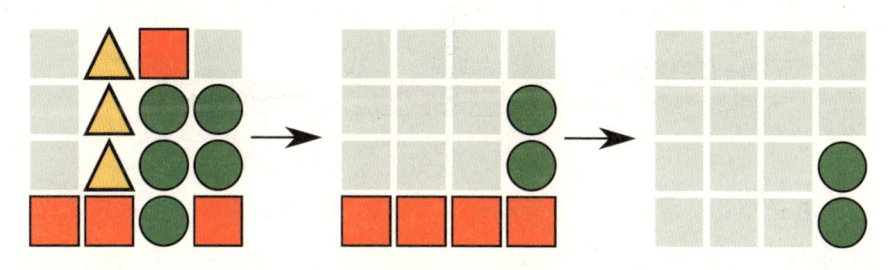

按照这样的规则，在下面的游戏中，玩家应该交换哪些石头，才能使所有的石头消失？（　　）

A. 标记为 1 的石头
B. 标记为 2 的石头
C. 标记为 3 的石头
D. 标记为 4 的石头

解析

A 选项：交换标记为 1 的石头，游戏过程分为 6 个步骤。

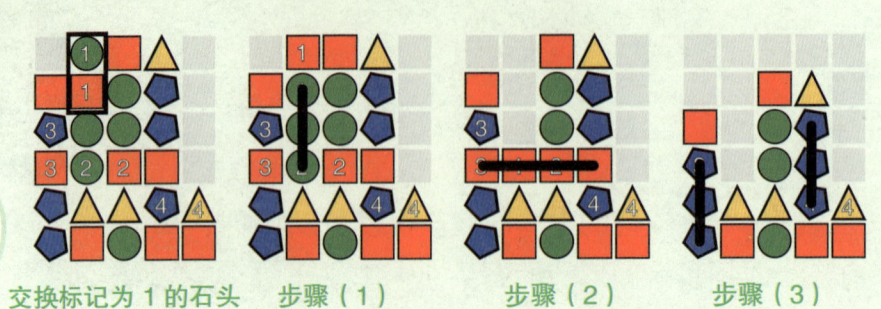

交换标记为 1 的石头　　步骤（1）　　步骤（2）　　步骤（3）

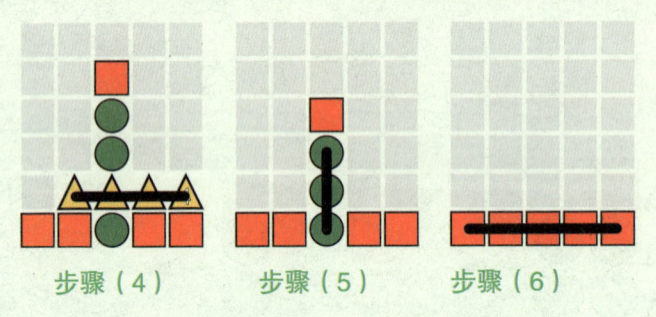

步骤（4）　　步骤（5）　　步骤（6）

B 选项：交换标记为 2 的石头，无法让所有的石头消失，游戏过程如下所示。

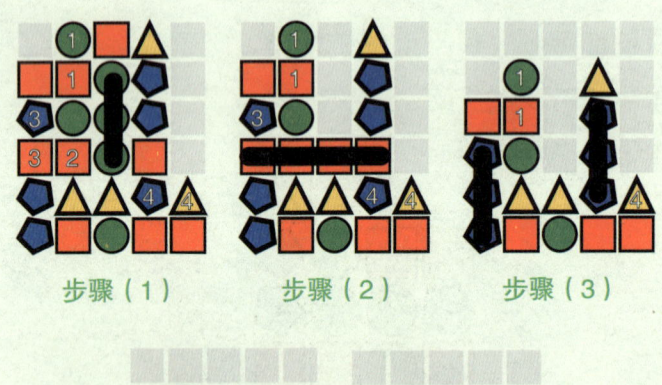

步骤（1）　　步骤（2）　　步骤（3）

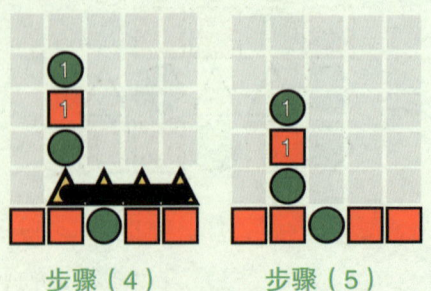

步骤（4）　　步骤（5）

对于选项 C 和 D 来说，在交换石头后，在第一步蓝色五角星或黄色三角形消失后，不会再出现三块相同形状的石头同排、同列的情况。

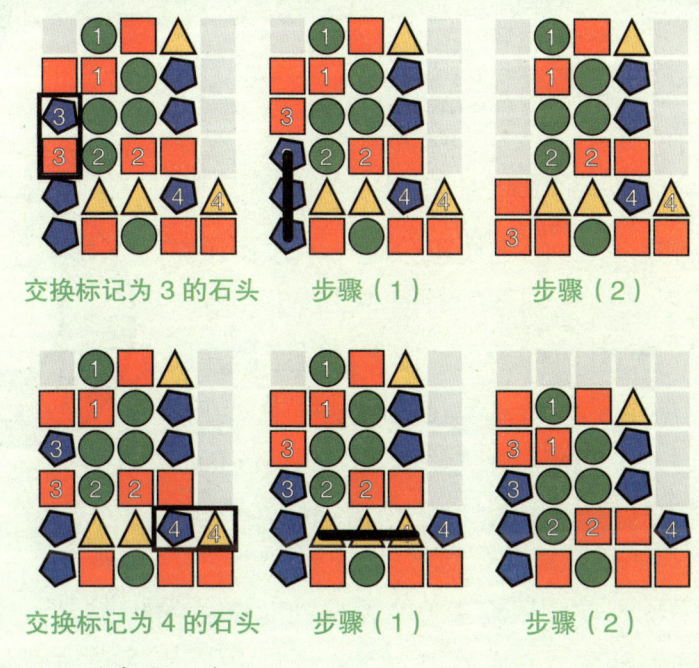

交换标记为 3 的石头　　步骤（1）　　步骤（2）

交换标记为 4 的石头　　步骤（1）　　步骤（2）

综上，答案为 A 选项。

📚 计算思维相关知识

　　程序员通常需要在程序没有实际运行的情况下推测该程序的运行结果。此题同样需要我们在没有实际运行游戏的情况下，尝试推算出游戏结果。

👥 贡献者

[英译中] 刘凤祥，fengxiangliumail@163.com

[审　核] 邓文华，407438506@qq.com；李娜，19247232@qq.com

[校　对] 杨科可，540794502@qq.com；林泽珊，1123447303@qq.com

[修改|完善] 刘凤祥，fengxiangliumail@163.com

2013-NL-03 圆环游戏

Ⅰ：—	Ⅱ：—	Ⅲ：难	Ⅳ：难	Ⅴ：中	Ⅵ：易
分类	算法与编程					
关键词	分支结构，决策树					

圆环游戏是一种需要在右图所示的环形棋盘上移动棋子的游戏，两名玩家分别持两枚棋子并轮流移动棋子。当轮到你的时候，你需要将其中一枚棋子移动到空白格子上。你可以随意向左侧或右侧的空白格子移动，但在移动过程中，你不能跨越其他棋子（包括自己的棋子）。当任何一名玩家无法移动自己的棋子时，他就输掉了游戏。

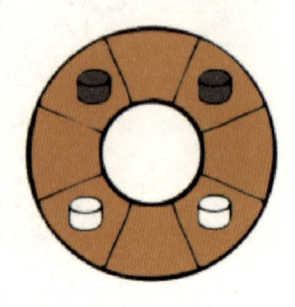

在两名玩家都具有丰富游戏经验且水平相当的情况下，如果按上图的状态开局，会发生下列哪种情况？（　　）

A. 先手的玩家必胜
B. 后手的玩家必胜
C. 执白色棋子的玩家必胜，与先手或后手无关
D. 执黑色棋子的玩家必胜，与先手或后手无关

解析

先手的玩家将输掉游戏。

在游戏进行的过程中，将出现两种不同的发展情况。我们称先手玩家为A，后手玩家为B，玩家A执白子，玩家B执黑子，基于以上设定来复盘游戏过程：

（1）若玩家A操作4号格（或6号格）的白子，向黑子方向移动1格；玩家B将操作8号格（或2号格）的黑子，向白子方向移动。此时玩家A的两枚棋子都已经被黑色棋子堵截，只能向反方向后退。每当玩家A后退时，玩家B就会向前紧逼，直至玩家A无路可退，输掉游戏为止；

（2）若玩家A操作4号格（或6号格）的方向的白子，向另一枚白子方向移动1格；玩家B将操作与之相邻的黑子，向相同方向移动，如将2号格（8号格）的黑子向白子方向移动。之后两枚白子相邻，玩家A将不得不操作白子向黑子方向移动。此时，游戏的局面将变为情况（1），最终玩家A将无路可走，而输掉游戏。

综上，答案为B选项。

计算思维相关知识

在这类策略游戏中，需要进行大量"如果→那么→否则"的推理。计算机程序员通常会根据游戏中各种不同的情况，分析所有的可能性并编写对应的程序，有些程序在国际象棋或跳棋这样的游戏中拥有非常好的表现，例如，2016年著名的人机大战——谷歌"AlphaGo"以4∶1的总比分战胜了围棋世界冠军李世石。这方面的探索属于人工智能领域。

贡献者

[英译中] 尚凯，178004221@qq.com

[校　对] 王宇，12533540@qq.com；赵腾任，ZTR_2019@126.com；
　　　　王戈，wgxp@sina.com

[修改|完善] 张桓玮，949956843@qq.com

[修改|审核] 张雅娟，490128905@qq.com

2016-PL-03 拉丁方阵

I：—	II：—	III：—	IV：难	V：中	VI：易
分类		算法与编程			
关键词		拉丁方阵，匹配，穷举法			

海狸杰西卡请朋友汤姆一起来挑战数字拉丁方阵。杰西卡在一个 5×5 的方阵的前两行填了一些数字，汤姆则必须按照规则完成拉丁方阵的填写，在方阵的每一行和每一列中，数字 1、2、3、4、5 都必须被使用且只能使用一次。

1	3	5	2	4
2	1	3	4	5

以下哪个是汤姆填写正确的拉丁方阵？（   ）

A.
1	3	5	2	4
2	1	3	4	5
3	5	4	1	2
4	2	1	5	3
5	4	2	3	1

B.
1	3	5	2	4
2	1	3	4	5
3	5	2	1	4
4	3	1	5	2
5	4	2	3	1

C.
1	3	5	2	4
2	1	3	4	5
3	5	4	1	2
4	1	2	5	3
5	2	4	3	1

D.
1	3	5	2	4
2	1	3	4	5
3	5	4	5	2
4	2	5	1	3
1	4	2	3	1

解析

通常情况下，完整填写一个拉丁方阵可能有多种解决方案。

本题中，已填写的单元格已经构成了整行，我们可以继续逐行完成拉丁方阵的填写。按照规则，解决方案之一如右表所示，即答案为 A 选项。

1	3	5	2	4
2	1	3	4	5
3	5	4	1	2
4	2	1	5	3
5	4	2	3	1

计算思维相关知识

拉丁方阵是一个 $n \times n$ 的方阵。在这种方阵里，恰有 n 种不同的元素，每种不同的元素在同一行或同一列里只出现一次。

通常情况下，将一个局部的拉丁方阵填写成一个完整的拉丁方阵有很多方法可以实现。例如，本题给出的拉丁方阵中，已填充的单元格已经构成了整行，可以继续逐行填写拉丁方阵。我们依次为每个单元格选择一个有效的数字，每次都会生成一个新的局部拉丁方阵。有时，我们可能会得到一个不合理的拉丁方阵，此时，就要返回并更改前一个单元格中的数字，直到找到有效的解决方案。请注意，有时可能需要后退不止一步。我们要探索所有可能的方案，直到找到一个有效的解决办法，这种方法称为穷举法。

贡献者

[英译中] 何建春，45568307@qq.com
[审　核] 孟爱玮，meng_aiwei@163.com；石沙，shisha1974@163.com；
　　　　孟繁舒，673800843@qq.com
[校　对] 林泽珊，1123447303@qq.com

2017-PL-05 计算机组合

Ⅰ:—	Ⅱ:—	Ⅲ:—	Ⅳ:难	Ⅴ:中	Ⅵ:易
分类			算法与编程		
关键词			斐波那契数列，递归		

在校园的网络机房中，有5台可用的计算机堆叠在一起，如图所示。学校信息部门想选择一些正在运行的计算机，但不能选择相邻的两台，否则它们将因为过热而崩溃。例如，他们可以选择计算机1和3，但不能选择计算机1和2。学校想知道有多少种不同的方法可以选择任何一组计算机（包括空的一组），且这些组中不能有两台相邻的计算机。

如果只有2台计算机，那么只有3个可能的集合：（1，__）、（__，2）、（__，__）。

如果只有3台计算机，那么就有5个可能的集合：（1，__，__）、（__，2，__）、（__，__，3）、（1，__，3）、（__，__，__）。

❓ 这5台计算机能组成多少个不同的集合？（　　）

A. 11　　　　B. 13　　　　C. 15　　　　D. 18

解析

5台计算机，满足要求的集合方式有以下四种情况。

集合中没有计算机的情况：(__, __, __, __, __)；

集合中只有1台计算机的情况：(1, __, __, __, __)、(__, 2, __, __, __)、(__, __, 3, __, __)、(__, __, __, 4, __)、(__, __, __, __, 5)；

集合中有2台计算机的情况：(1, __, 3, __, __)、(1, __, __, 4, __)、(1, __, __, __, 5)、(__, 2, __, 4__)、(__, 2, __, __, 5)、(__, __, 3, __, 5)；

集合中有3台计算机的情况：(1, __, 3, __, 5)。

所以总共有1+5+6+1=13个可能的集合，答案为B选项。

计算思维相关知识

在只有5台计算机的情况下，我们可以写出所有的集合，但是如果有20台计算机呢？有100台计算机呢？实际上，这里用到了斐波那契数列相关知识。斐波那契数列又称黄金分割数列，因数学家莱昂纳多·斐波那契（Leonardoda Fibonacci）以兔子繁殖为例而引入，故又称为"兔子数列"，指的是这样一个数列：0、1、1、2、3、5、8、13、21、34、…，它具有以下性质：在斐波那契数列中，第n（$n \geqslant 3$）个数等于第$n-1$个数加上第$n-2$个数。

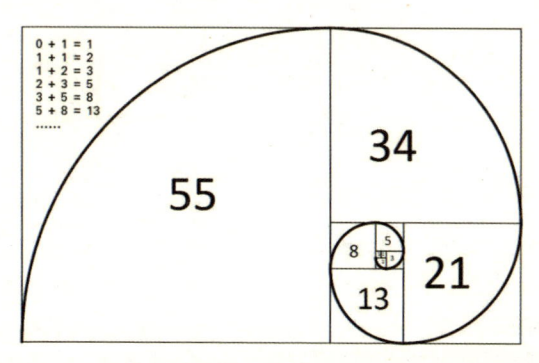

在计算机科学中，以最好的方式高效地达成我们的目标是很重要的。在斐波那契数列中，为了计算第n个斐波那契数，我们只需要计算前两个斐波那契数，

并求和即可。除了在数学领域，斐波那契数列在计算机科学领域中也得到了广泛应用。许多算法和数据结构中都使用了斐波那契数列的数学性质来提高效率。

贡献者

[英译中] 王文华，ivanlawyer@126.com
[审　核] 沈映珊，esandq@qq.com；沈福杰，1034451217@qq.com
[修改|完善] 崔东伟，77107530@qq.com

2017-RU-01 下载列表

I：—	II：—	III：—	IV：难	V：中	VI：易
分类	算法与编程				
关键词	服务器，下载速度				

从服务器下载文件时，下载速度会受到限制。例如，当同时下载 10 个文件时，每个文件的下载速度将为下载一个文件时速度的十分之一。

用户同时从服务器下载 3 个文件。右边的图片显示了当前的下载状态。剩余时间仅根据当前速度计算，不依赖于任何历史记录。

Time remaining　1 min
Time remaining　10 min
Time remaining　4 min

同时下载完 3 个文件需要多长时间？（　　）

A. 1min　　　　B. 3min　　　　C. 5min　　　　D. 7min

解析

方法一：

题中同时下载 3 个文件，1 分钟后下载完第一个文件，3 个下载文件变成 2 个下载文件，速度将提高至原来的 3/2 倍，此时 3 个文件的进度状态如下：

Time remaining　6 min
Time remaining　2 min

图 1　1 分钟后

第一个进度条剩余 1-1，即已完成；

第二个进度条剩余 10-1，即还需要 9×2/3=6min；

第三个进度条剩余 4-1，即还需要 3×2/3=2min。

又过两分钟后，第三个文件下载完成，速度将提高至2倍（即2个下载文件变成1个下载文件），此时，剩余的两个文件进度状态如下：

图2 再过2分钟

第二个进度条剩余6-2，即还需要4/2=2min；

第三个进度条剩余2-2，即已完成。

下载最后一个文件还需要两分钟。

因此，所有文件都下载完成，一共需要1+2+2=5分钟。

方法二：

可以对问题进行简化，使计算部分变得非常简单：同时下载3个文件，共同的剩余时间为1+10+4min，则下载完成3个文件共需15/3=5min。

计算思维相关知识

用户界面的许多方面都需要计算：例如，当调整窗口大小时，可能需要调整窗口中包含的内容以及屏幕上的其他元素，这些调整可能涉及详细的计算。这些问题是人机交互或用户界面领域的一部分。

贡献者

[英译中] 王文华，ivanlawyer@126.com

[审　核] 沈映珊，esandq@qq.com；沈福杰，1034451217@qq.com

[修改|完善] 崔东伟，77107530@qq.com

2012-CA-02 无效的字符序列

Ⅰ: —	Ⅱ: —	Ⅲ: 难	Ⅳ: 难	Ⅴ: 难	Ⅵ: —
分类	算法与编程					
关键词	递归					

小明在开发代码的过程中，对无效的字符序列做出了相应的规定：某字符序列，只要符合以下三条规则中的任意一条，则被认为是无效的字符序列。

（1）@；

（2）字符序列 $$$X，其中 X 代表无效的字符序列，如 $$$@；

（3）字符序列 %Y**，其中 Y 代表无效的字符序列，如 %@**。

如 @、$$$$$$@ 和 %$$$@**，这三个字符序列都是无效的；而 @@、$$$# 和 %@**$$$，则都不是无效的。

以下三个字符序列中，有几个是无效的？（　　）

%$$$$$$@**　　　　$$$$$$%**@　　　　%$$$%@****

A. 0　　　　　B. 1　　　　　C. 2　　　　　D. 3

解析

从示例中可以知道，$$$$$@ 是无效的字符序列，而第一个字符序列 %$$$$$$@** 正好包含了 $$$$$$@ 这一无效字符序列，且符合无效字符序列规则中第（3）条 %Y** 的序列要求。显然，此序列是无效的。

第二个字符序列 \$\$\$\$\$\$%**@ 不是无效的字符序列。可以用反证法来证明：如果这个字符序列是无效的，那么字符序列 \$\$\$%**@ 和 %**@ 都应该是无效序列。但根据三条规则，都无法将字符序列 %**@ 定义为无效序列。

第三个字符序列 %\$\$\$%@**** 是无效的，因为字符序列 @ 是无效的，根据第（3）条规则，可以推算出字符序列 %@** 无效；然后结合第（2）条规则，得到字符序列 \$\$\$%@** 无效；最终根据第（3）条规则，得出该字符序列是无效的。

因此，共有 2 个字符序列是无效的，即答案为 C 选项。

计算思维相关知识

递归是计算机科学中的一种基本算法。程序调用自身的编程技巧称为递归，使用递归通常能把一个大型复杂的问题层层转化为与原问题相似但规模较小的问题来求解，递归策略只需少量的程序就可描述出解题过程中所需要的多次重复计算，大大地减少了程序的代码量。著名的斐波那契数列（Fibonacci sequence）就是很好的递归算法的例子。

贡献者

[英译中] 石沙，shisha1974@163.com
[审核 | 校对] 何建春，45568307@qq.com；孟爱玮，meng_aiwei@163.com
[校　对] 赵腾任，ZTR_2019@126.com；王戈，wgxp@sina.com
[修改 | 完善 | 审核] 孟繁舒，673800843@qq.com

2013-PL-08 解锁

Ⅰ：—	Ⅱ：—	Ⅲ：—	Ⅳ：难	Ⅴ：难	Ⅵ：中
分类	算法与编程					
关键词	矩阵链相乘					

两面墙之间挂着一条链子，在这条链子上有一些挂锁，我们需要把所有的挂锁都取下来。每面墙和挂锁上都有一个数字，这个数字表示取下挂锁所消耗的能量。要计算取下某个挂锁所消耗的能量，需要将这个挂锁上的数字与其左边的挂锁（或墙）及其右边的挂锁（或墙）上的数字相乘。

我们要解决的问题是，按什么样的顺序取下挂锁，消耗的总能量最少。例如，右图中的两个挂锁，可以采用两种不同的方法取下。

方法1. 先取下左边的挂锁，所消耗的能量：$2 \times 20 \times 1 = 40$；然后取下第二个挂锁，所消耗的能量：$2 \times 1 \times 10 = 20$；所消耗的总能量为：$40 + 20 = 60$。

方法2. 先取下右边的挂锁，所消耗的能量：$20 \times 1 \times 10 = 200$；然后取下第二个挂锁，所消耗的能量：$2 \times 20 \times 10 = 400$；所消耗的总能量为：$200 + 400 = 600$。

显然，第一种方法所消耗的总能量更少。

右图中有3个挂锁，要将它们都取下来，消耗能量最少的取锁顺序是？（　　）

A. 100，5，50
B. 5，100，50
C. 5，50，100
D. 50，5，100

解析

4 种不同的取锁顺序，所消耗的能量分别为：

A 选项：$10 \times 100 \times 5 + 10 \times 5 \times 50 + 10 \times 50 \times 1 = 8000$。

B 选项：$100 \times 5 \times 50 + 10 \times 100 \times 50 + 10 \times 50 \times 1 = 75500$。

C 选项：$100 \times 5 \times 50 + 100 \times 50 \times 1 + 10 \times 100 \times 1 = 31000$。

D 选项：$5 \times 50 \times 1 + 100 \times 5 \times 1 + 10 \times 100 \times 1 = 1750$。

综上，答案为 D 选项。

计算思维相关知识

本题涉及矩阵链乘法问题。挂锁（或墙）及其之间的链子构成矩阵，每个挂锁（或墙）表示矩阵的行或列，挂锁（或墙）上的数字可以表示矩阵对应行列的元素。

贡献者

[英译中] 赵腾任，ZTR_2019@126.com

[审　核] 高路祎，601306788@qq.com

[校　对] 侯岸泽，1023911646@qq.com；秦小娜，qinxiaona2009@yeah.net；
　　　　 郝思晨，904087600@qq.com；王戈，wgxp@sina.com

2015-CZ-08 提问与解答

I：—	II：难	III：中	IV：易	V：易	VI：—
分类	数据、数据结构与表征					
关键词	信息表征，数据分析					

海狸机器人可以接收很多问题，并会无序地回答问题，但是每个问题只会给出一个答案。机器人收到问题后会在显示屏上显示出一个问号（？），在给出问题的答案后会在显示屏上显示出一个感叹号（！）。例如，如果海狸机器人的屏幕上显示"？？？？！！"，则表示已收到了 4 个问题，然后回答了其中 2 个问题。如果海狸机器人坏了，则会出现没有收到问题但却给出答案的情况。

请问，以下四个海狸机器人中哪一个没坏？（　　）

A．！？？？！？！！？！　　B．？？！？！！？！！
C．？？？？？？？？　　　　D．？！？！！？？！？？

解析

如果机器人没有坏，那么在任何时间，其显示屏上出现的"！"的数量都不会大于"？"的数量。

A 选项：！？？？！？！！？！ 第一个符号是"！"，这表明机器人在未收到问题的情况下先给出了一个答案，说明这个机器人坏了。

B 选项：？？！？！！？！！ 感叹号的数量大于问号的数量，这说明机器人给出的答案多于它收到的问题，因此它也坏了。

C 选项：？？？？？？？？ 这个机器人没有给出任何答案，但这并不意味着它坏了，因为判断机器人坏了的唯一标准是：没有收到问题但却给出了答案。因此，C 选项是正确的。

D 选项：？！？！！|？？！？？ 在到达由 | 标记的时刻时，机器人给出了 3 个答案，但仅收到了 2 个问题。答案的个数多于收到问题的个数，说明这个机器人也是坏的。

计算思维相关知识

对计算机的错误进行分析是信息学中非常重要的部分。如果计算机在计算过程中丢掉了一个"零"，将可能导致你的银行账户上资产的损失。在数据传输的过程中，某些数据丢失或被破译，会导致巨大损失。可以使用距离方法对此进行分析，但是分析人员需要能够访问某些数据，并知道哪些数据很重要，以及如何对数据进行分析。

在此题中，我们必须知道如何分辨计算机的"错误行为"，因此必须了解这些符号序列的真正含义。如果你是一名程序员，那么你可以编写一个程序来进行自动测试，并对计算机运行的错误给出警告。

贡献者

[英译中] 大熊，lovepooh1990@gmail.com
[审　核] 朱燕南，3116465579@qq.com；黄素云，1182994505@qq.com；
　　　　　李泓，hushilihong@163.com
[修　改] 方海玉，2952370026@qq.com
[审核意见] 边琦，bianqi@imnu.edu.cn

2018-TR-04 共进晚餐

Ⅰ：—	Ⅱ：—	Ⅲ：难	Ⅳ：中	Ⅴ：—	Ⅵ：—
分类	数据、数据结构与表征					
关键词	逻辑推论					

辛迪、丹尼斯、埃里克、弗兰克和格洛里亚在一家餐厅里聚会。我们知道他们点餐的一些信息：

（1）菜单中的每一类至少被选择一次；

（2）每个人都点了汤、主菜和饮品；

（3）埃里克点了与弗兰克相同的汤，他还选择了意大利面作为主菜；

（4）点了蔬菜汤的两个人分别选择了鸡肉和牛肉作为主菜；

（5）格洛里亚点了橙汁和沙拉；

（6）可乐仅被辛迪和丹尼斯选择；

（7）点了番茄汤的人，还点了比萨和橙汁；

（8）辛迪点了鸡肉作为主菜。

根据上述信息，丹尼斯点了什么餐品？（　　）

A. 蔬菜汤、鸡肉、可乐

B. 蔬菜汤、牛肉、可乐

C. 番茄汤、意大利面、水

D. 番茄汤、比萨、可乐

解析

我们可以创建表格，并根据提供的信息填写表格，最终找到正确答案。

步骤1：参考信息（3）、（5）、（6）和（8）可填写表格如下所示。

姓名	汤	主菜	饮品
辛迪		鸡肉	可乐
丹尼斯			可乐
埃里克	某种汤	意大利面	
弗兰克	某种汤		
格洛里亚		沙拉	橙汁

步骤2：参考信息（4）和（1）可填写表格如下所示。

姓名	汤	主菜	饮品
辛迪	蔬菜汤	鸡肉	可乐
丹尼斯	蔬菜汤	牛肉	可乐
埃里克	某种汤	意大利面	
弗兰克	某种汤	比萨	
格洛里亚		沙拉	橙汁

现在问题已经解决了，我们知道丹尼斯点了什么餐品了。

步骤3：参考信息（7）和（1）可完成表格如下所示。

姓名	汤	主菜	饮品
辛迪	蔬菜汤	鸡肉	可乐
丹尼斯	蔬菜汤	牛肉	可乐
埃里克	番茄汤	意大利面	水
弗兰克	番茄汤	比萨	橙汁
格洛里亚	蘑菇汤	沙拉	橙汁

综上，答案为B选项。

计算思维相关知识

在此题中，我们从一些点餐的初始信息开始，一步一步地推导出更多的信息。要应用给定的规则和信息获得其他结论，必须进行正确的逻辑推论。这种逻辑推论可以由计算机程序自动完成。如果程序正常运行，则计算机看起来很智能。所谓的人工智能，有一部分功能就是使用这些方法完成的。

贡献者

[英译中] 侯岸泽，1023911646@qq.com
[审　核] 秦小娜，qinxiaona2009@yeah.net；赵腾任，ZTR_2019@126.com
[校　对] 赵腾任，ZTR_2019@126.com；秦小娜，qinxiaona2009@yeah.net；
　　　　 郝思晨，904087600@qq.com；高路祎，601306788@qq.com；
　　　　 朱燕南，3116465579@qq.com

2017-US-02-EN 绘画墙纸

Ⅰ:—	Ⅱ:难	Ⅲ:难	Ⅳ:中	Ⅴ:易	Ⅵ:—
分类	数据、数据结构与表征				
关键词	序列，层				

海狸正在用不同尺寸的长方形墙纸装饰 5×5 的墙面，这些长方形墙纸有不同颜色和不同图案，装饰时，墙纸之间可以覆盖，但是不可以超出墙的边界。

上图中的墙纸样式是按照什么顺序贴的呢？（   ）

A.
B.
C.
D.

解析

从图中可以发现，只有💼图案的墙纸没有被其他墙纸覆盖，所以💼图案的墙纸应该是最后一张，可以排除 A 选项和 B 选项。💼图案的墙纸覆盖在🏀图案的墙纸上，所以上一张是🏀图案的墙纸，以此类推，🏀图案的墙纸覆盖在🍃图案的墙纸上，🍃图案的墙纸覆盖在❁图案的墙纸上，❁图案的墙纸覆盖在🎈图案的墙纸上，🎈图案的墙纸覆盖在💗图案的墙纸上，所以答案为 D 选项。

计算思维相关知识

用不同的顺序粘贴这些长方形墙纸，会得到完全不同的图像，这涉及序列的相关知识，序列在信息学中非常重要。我们可以根据想要的结果，调整做事的顺序，调整计算机处理程序的顺序。

这也涉及数字图像处理中"层"的相关知识：编辑数字图像时，在不同的层处理不同的对象，使各层互不影响。

贡献者

[英译中] 陈嘉薇，503881489@qq.com
[审　核] 李楠楠，linann47@qq.com；高富，1252467595@qq.com
[校　对] 曹悦，caoyue@2dai.com
[修改|完善] 王戈，wgxp@sina.com
[审核意见] 沈福杰，1034451217@qq.com

2013-FR-01 彩色的窗户

Ⅰ：—	Ⅱ：—	Ⅲ：难	Ⅳ：中	Ⅴ：易	Ⅵ：易
分类	数据、数据结构与表征					
关键词	图形着色					

海狸想以一种艺术的方式为他的窗户涂色，但要遵循一定的规则，即彼此接触的两个区域应使用不同的颜色。

当他单击某个区域时，将会显示一个包含4种颜色的框（见右图），可以选择框里的颜色进行填涂。

请问，下面给出的解决方案是否正确？（　　）

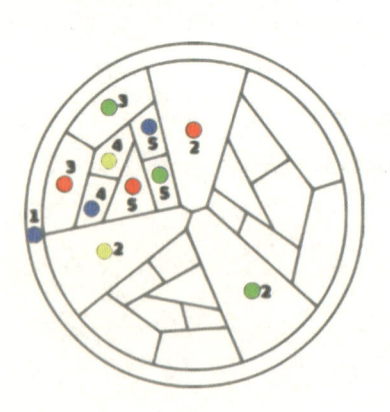

A. 正确　　　　　B. 不正确

解析

题中给出的解决方案是正确的。

一个好的策略是先选择任意一种颜色填涂外围圆环区域，然后将剩余的三种颜色用于与外围邻接的三个大区域，接着填涂剩余的三大块区域之一，其他两个大区域可以使用对称的方式填充。

计算思维相关知识

此题是平面图的 4 种着色问题的一个简单实例。

四色定理指出，任何用线条分隔区域的图形都只需用 4 种不同的颜色来着色，彼此接触的两个区域不会具有相同的颜色。

数学家肯尼斯·阿佩尔（Kenneth Appel）和沃尔夫冈·哈肯（Wolfgang Haken）于 1976 年第一次给出了该定理的证明，需要分两步进行：首先根据某些标准对某些类型的数字进行分组，这就大大减少了需要检查的数字数量，但这些数据若通过人类手工检查，仍然是巨大的挑战，因此他们使用计算机检查所有情况，最后得出结论：四色定理是正确的。

贡献者

[英译中] 黄素云，1182994505@qq.com
[审　核] 朱燕南，3116465579@qq.com
[校　对] 大熊，lovepooh1990@gmail.com；李泓，hushilihong@163.com；
　　　　　王文华，ivanlawyer@126.com；赵腾任，ZTR_2019@126.com

2018-DE-03 丢失的汽车

Ⅰ：—	Ⅱ：—	Ⅲ：—	Ⅳ：中	Ⅴ：易	Ⅵ：—
分类	数据、数据结构与表征					
关键词	数据抽象，模型					

一辆自动驾驶汽车迷路了，在电池耗尽之前，它找到了一个停车场并停靠在此。车载传感器识别到了周围的物体，生成了物理环境信息并将这些信息发送回家。汽车周围的每个物体的信息都由"角度"和"距离"两个值表示。其中，角度的数值与轿厢顶部的360°传感器相关，0°表示此物体在轿厢正前方（见右图）；距离的数值表示此物体与汽车传感器之间的距离。

例如，右图中所示汽车的物理环境信息为：

〔(0,10)，(90,5)，(180,4)〕

某迷路的汽车发回了物理环境信息，具体如下：

〔(0,5)，(90,4)，(180,5)，(270,12)〕

请问，下图中的哪辆车迷路了？（　　）

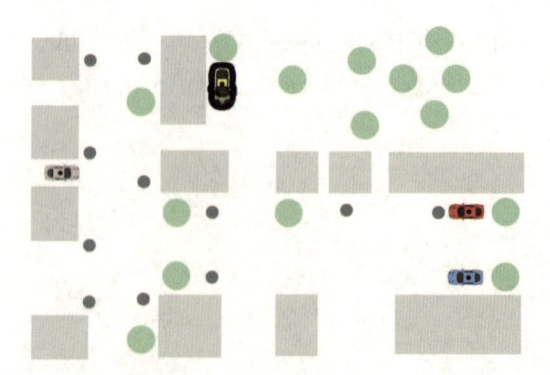

A. 蓝色汽车　　B. 灰色汽车　　C. 红色汽车　　D. 黑色汽车

解析

根据传回的物理环境信息可知，迷路的汽车前面5米远处有一个物体，右边4米远、后面5米远、左边12米远处各有一个物体。

灰色汽车的左右两边的物体距离一致，与（270,12）和（90,4）不符。

黑色汽车后面的物体（绿色圆圈）比前面的物体（灰色方块）要近得多，与（180,5）和（0,5）不符。

蓝色汽车后面的物体（绿色圆圈）比前面的物体（黑色小圆圈）要近得多，与（180,5）和（0,5）不符。

最后，判定红色汽车就是迷路的汽车：前面的物体和后面的物体与汽车的距离比较接近；右边的物体（灰色块）比左边的物体（蓝色汽车）要近得多，即答案为C选项。

计算思维相关知识

自动驾驶汽车使用光探测和测距方法扫描其环境，涉及激光技术。使用导航软件可以创建一个几百米距离内的所有物体的复杂三维模型。

相比之下，此题中的模型非常简单，只记录了距离最近的对象。通常，模型是对现实的抽象，并且仅包括一些特定的信息值，提取这些信息的目的就是解决现实问题。针对自动驾驶的情况，这些模型可用于预防汽车与其他物体（包括人）发生碰撞。因此，提取的信息值就是周围对象的相对位置，至于其他信息（如颜色）并不重要，可以忽略。

贡献者

[英译中] 何建春，45568307@qq.com
[审　核] 孟爱玮，meng_aiwei@163.com；石沙，shisha1974@163.com；
　　　　 孟繁舒，673800843@qq.com
[校　对] 曹悦，caoyue@2dai.com
[审核意见] 沈福杰，1034451217@qq.com

2013-UA-07 丁字路口

Ⅰ：—	Ⅱ：—	Ⅲ：难	Ⅳ：难	Ⅴ：—	Ⅵ：—
分类	数据、数据结构与表征					
关键词	动态规划，算法方法					

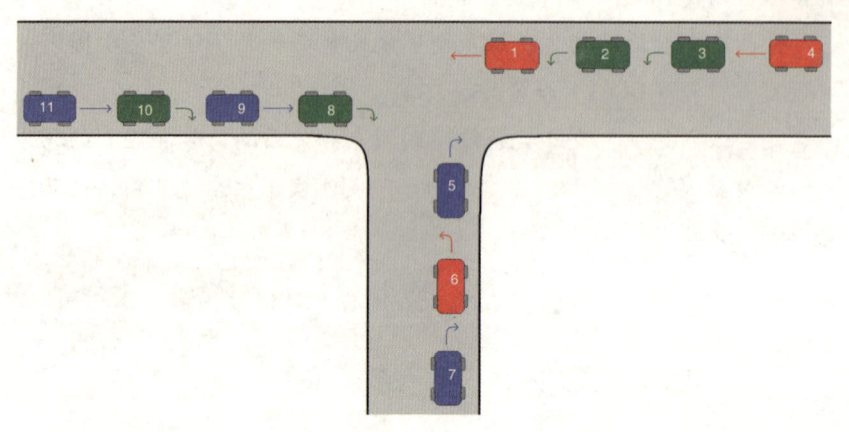

如上图所示，在一个丁字路口（在同一水平线上，并且没有任何隧道或桥梁）。

现在有11辆车需要行驶通过这个丁字路口，每辆车通过路口需要一分钟。为避免交通事故，如果两辆车行车的路径发生交叉，那么这两辆车将无法同时通过路口，下一辆车只能在前一辆车行驶一分钟后启动。除此之外没有其他限制。

请问，所有车最少几分钟可以通过该路口？（　　）

A. 5分钟　　　B. 6分钟　　　C. 7分钟　　　D. 8分钟

解析

该丁字路口共有11辆车，其中有5辆车需要选择向道路左边行驶或者左转，分别是1、2、3、4、6号车；选择右拐的车辆有5、7、

8、10号这4辆车；选择向道路右边行驶的车辆是9、11号两辆车，但是只有左拐或者向道路左边行驶的车辆会影响到其他车辆的前进，所以需要确保左拐或者向道路左边行驶的每一辆车都必须在没有冲突的时间内行驶。

下面是各车辆行驶顺序的一种方案。

第1分钟：1号车直行，8号车右转，5号车右转；

第2分钟：2号车左转；

第3分钟：9号车直行；

第4分钟：6号车左转，10号车右转；

第5分钟：3号车左转，7号车右转；

第6分钟：4号车直行，11号车直行。

综上所述，答案为B选项。

计算思维相关知识

动态规划的思想是将一个问题分解为若干个子问题，对每个子问题求最优解，前一个子问题的最优解为下面的子问题提供有效信息，依次解决子问题，最后一个子问题的最优解就是初始问题的最优解。动态规划可以应用于子问题重叠的情况，子问题的划分是通过递归实现的。

动态规划的基本步骤如下。

（1）刻画一个最优解的结构特征；

（2）递归定义最优解的值；

（3）计算最优解的值，通常采用自下向上的方法。

贡献者

[英译中] 高富，1252467595@qq.com

[校　对] 陈嘉薇，503881489@qq.com；王戈，wgxp@sina.com；
　　　　　王文华，ivanlawyer@126.com

[修改|完善] 李楠楠，linann47@qq.com

2015-CH-01 后缀计算机

Ⅰ：—	Ⅱ：—	Ⅲ：—	Ⅳ：难	Ⅴ：中	Ⅵ：易
分类	数据、数据结构与表征					
关键词	堆栈、后缀表达式					

右下图是一台简单的计算机。它把从右边来的方框堆叠起来（进行堆栈），直到出现一个带有操作符号（+、–、* 或 /）的方框。然后对最上面的三个方框进行计算，并用一个包含计算结果的方框替换它们。使用这台计算机，表达式的输入形式与一般的输入形式不同。例如：

2+3 输入为 23+

10–2 输入为 102–

5*2+3 输入为 52*3+

5+2*3 输入为 523*+

（8–2）*（3+4）输入为 82–34+*

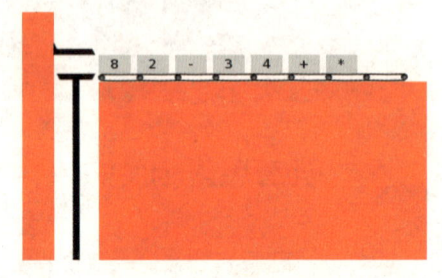

请问，使用上述计算机，应如何输入表达式 4*（8+3）–2？
（　　）

A. 4832*+–
B. 483*+2–
C. 4*83+2–
D. 483+*2–

解析

从左到右，首先计算 4*（8+3），所以在堆栈上需要 4 和"8+3 的结果"，写作：483+；然后，堆栈上就有了 4 和 11，再加上一个 *，即将两个数字相乘；现在，堆栈上有数字 44，再加上 2 和 – 作为最后的减法，就完成了该表达式，即答案为 D 选项。

计算思维相关知识

现实中常用的算术表达式符号，对计算机来说是不容易理解的，或者说处理这样的表达式需要更复杂的程序。然而编写一个程序来分析后缀表达式（就像这台计算机所做的那样）要容易得多。这是在一些早期的手持计算器上必须使用后缀表达式的原因之一。另一个原因是，不管表达式有多复杂，使用后缀表示法都不需要任何括号。

贡献者

［英译中］谢惜珍，670157989@qq.com
［审　核］王梓璇，2479240985@qq.com；边琦，bianqi@imnu.edu.cn
［校　对］许会敏，huimin890@qq.com；侯岸泽，1023911646@qq.com

2013-PL-06b 购物

Ⅰ：—	Ⅱ：—	Ⅲ：—	Ⅳ：难	Ⅴ：难	Ⅵ：中
分类	数据、数据结构与表征					
关键词	分解，动态规划					

小海狸在商店工作，他想用最少的硬币数来给顾客找零钱。假设每种硬币都有很多。

他可用的硬币面值（元）有：1，2，20，50，200，500，1000。

如果要用最少的硬币数找给顾客 662 元钱，有多少种找钱方式？
（　　）

A. 1　　　　B. 2　　　　C. 3　　　　D. 4

解析

可以使用下面的方法解决这个问题。

第一步，确定大面值（600元）的硬币。

方法1：662-500=162，162-50-50=62，共需 3 枚硬币（500，50，50）。

方法2：662-200-200-200=62，共需 3 枚硬币（200，200，200）。

第二步，将 62 分解：62=20+20+20+2，共需 4 枚硬币（20，20，20，2）。

这两种方法都可以用最少的硬币数，即 3+4=7 枚硬币，凑成 662 元钱。

如果将 62 分解为 50 和 12，12 元需要 6 枚面值为 2 的硬币。

综上，答案为 B 选项。

计算思维相关知识

动态规划是一种可以把原始问题分解为若干相关联的子问题，并通过求取和保存子问题的解，获得原问题的解的算法。按顺序求解各个子问题时，先列出在每一种情况下各种可能的局部解，然后根据问题的约束条件，从局部解中挑选出那些有可能产生最优结果的解。

贡献者

[英译中] 赵腾任，ZTR_2019@126.com
[审　核] 秦小娜，qinxiaona2009@yeah.net
[校　对] 侯岸泽，1023911646@qq.com；郝思晨，904087600@qq.com；
　　　　　高路祎，601306788@qq.com；王戈，wgxp@sina.com

2017-KR-02 迷路的小海狸

Ⅰ：—	Ⅱ：—	Ⅲ：难	Ⅳ：中	Ⅴ：易	Ⅵ：—
分类	计算机处理与硬件					
关键词	曼哈顿距离					

小海狸在树林里和妈妈走失了。

这片树林由 6×6 的网格组成，其中有两个网格有一棵树，有一个网格有一块石头。

海狸不能斜着穿过网格。两个网格之间的距离定义为：由一个网格走向另一个网格所需经过的最小网格数，即两个网格间的最短路径。

例如，石头和距离它最近的一棵树的距离是 4。

小海狸可以看见以他当前位置为起点，距离 5 以内的所有物体。

海狸妈妈问："你能看见几棵树和几块石头？"

小海狸回答："我只能看见两棵树，看不见石头。"

海狸妈妈问："你距离每棵树有多远呢？"

小海狸回答："我与其中一棵树的距离是 2，与另一棵树的距离是 4。"

❓ 请问，小海狸所在位置可能有几个？（　　）

A. 3　　　　B. 4　　　　C. 5　　　　D. 6

🎓 **解析**

可以先给网格标注相应的坐标，以便与描述的内容相对应。第一

棵树的坐标为 (1,2)，称其为树 (1,2)，表示其位置为第 1 排、第 2 列；另一棵树的位置为第 5 排、第 4 列，可以称其为树 (5,4)。

（1）小海狸告诉妈妈，他看不见石头，因此，小海狸与石头的最小距离是 5。因此，小海狸不可能在如图（1）所示的灰色网格中。

（2）小海狸还告诉妈妈，他与两棵树的距离分别是 2 和 4。因此，可以先找出与树 (1,2) 的距离为 2，与树 (5,4) 的距离为 4，且与石头距离为 5 以上的网格。符合此条件的网格如图（2）黄色网格所示。

（3）也可以找到与树 (1,2) 的距离为 4，与树 (5,4) 的距离为 2，且与石头距离为 5 以上的网格。符合此条件的网格如图（3）黄色网格所示。

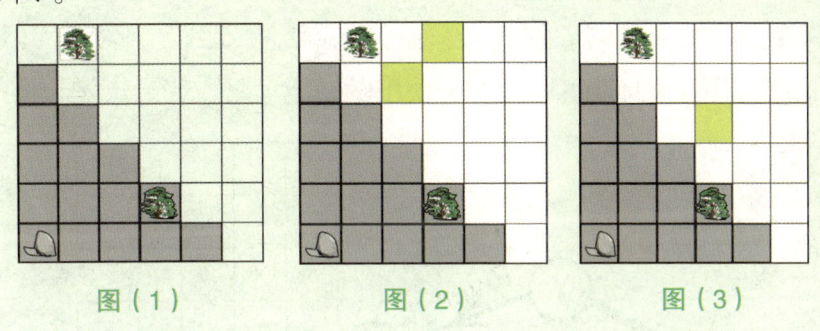

图（1） 图（2） 图（3）

综上，小海狸可能所在的位置有 3 个，即答案为 A 选项。

计算思维相关知识

在信息科学中，数据的位置通常用网格表示。本题中定义的距离称为曼哈顿距离，它是以每个间隔网格点为中心的两点之间的最短路径。

为了找出小海狸可能的所在位置，必须找到每一个满足给定条件的位置。根据小海狸的回答，可以先排除他能看到石头的位置，再根据小海狸与树的距离，确定他所在的位置。

贡献者

[英译中] 白子颀，987088174@qq.com　[审　核] 张鹏飞，hs2zzpf@163.com
[校　对] 范洁，sunnymato@qq.com；任嘉莉，845489971@qq.com；
　　　　 沈福杰，1034451217@qq.com

2014-SP-02-EN 城市交通

Ⅰ:难	Ⅱ:难	Ⅲ:中	Ⅳ:易	Ⅴ:—	Ⅵ:—
分类	交互系统与社会					
关键词	交互，模型					

比弗维尔市新建了一些道路，如图 1 所示。为了帮助出租车司机熟悉路线，将路线输入到一个表格中，记录车辆是否可以从一个十字路口直接行驶到另一个十字路口。有三个画√的单元格表明车辆可以直接从 X 到 Y，Y 到 X，Y 到 Z。车辆不能直接从 Z 到 Y 或从 Z 到 X。比弗敦市的规模比比弗维尔市大，但使用表格记录路线的方式是一样的。

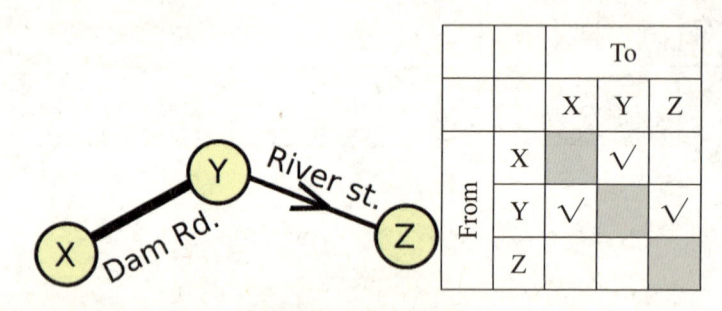

图 1　比弗维尔市

比弗敦市的交通网络图如图 2 所示。

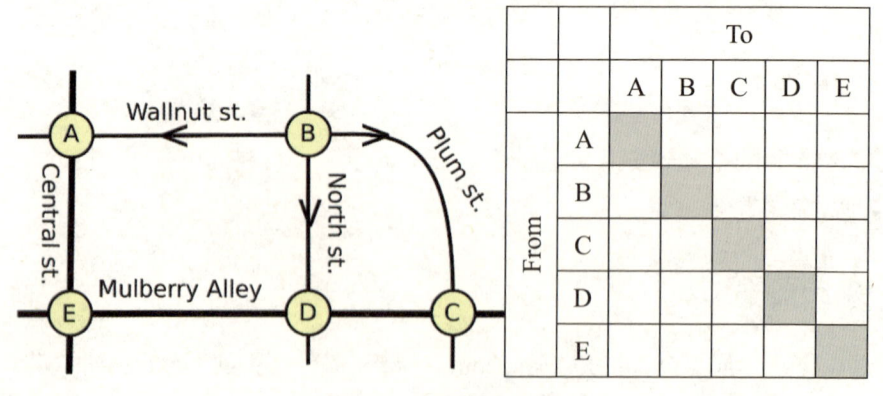

图 2　比弗敦市

? 如果按照图1的规则把图2补充完整，下面哪个选项是正确的？

	To				
From	A	B	C	D	E
A		✓			✓
B	✓		✓	✓	
C		✓		✓	
D	✓		✓		✓
E	✓			✓	

A.

	To				
From	A	B	C	D	E
A		✓			✓
B	✓		✓		
C				✓	
D			✓		✓
E	✓				

B.

	To				
From	A	B	C	D	E
A		✓			✓
B	✓			✓	
C		✓		✓	
D			✓		✓
E	✓			✓	

C.

	To				
From	A	B	C	D	E
A					✓
B	✓		✓	✓	
C				✓	
D			✓		✓
E	✓			✓	

D.

解析

选项A是不正确的，因为它未按单行道建模，全部都按双向的；选项B漏掉了"边"B→D和E→D；选项C没有正确记录B→C的方向，且A→B是不通的。因此正确答案为D选项。

计算思维相关知识

该表格忽略了所有道路的长度和形状，只关注是否有一种方式可以在两个给定的十字路口之间直接通行。因此，这个表格是一个抽象的模型，忽略了对我们来说不重要的信息。

贡献者

[英　译] 郝思晨，904087600@qq.com

[修　改] 方海玉，2952370026@qq.com

[审　核] 赵腾任，ZTR_2019@126.com；边琦，bianqi@imnu.edu.cn

[校　对] 秦小娜，qinxiaona2009@yeah.net；侯岸泽，1023911646@qq.com；
　　　　　高路祎，601306788@qq.com；赵腾任，ZTR_2019@126.com

九、算法优化

2014-DE-08 货船问题

I：—	II：—	III：中	IV：易	V：—	VI：—
分类			算法与编程		
关键词			问题优化，贪婪算法		

渔民福康和福泰拥有两艘船，分别叫"Lisa 1"和"Lisa 2"，每艘船最多可以装载300千克的货物。福康和福泰想让每艘船装载尽可能多的货物。

220 130 120 100 90 90 60

Lisa 1   Lisa 2

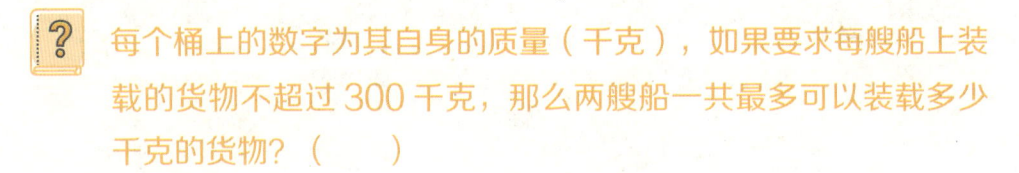

每个桶上的数字为其自身的质量（千克），如果要求每艘船上装载的货物不超过300千克，那么两艘船一共最多可以装载多少千克的货物？（　　）

A. 570　　　B. 580　　　C. 590　　　D. 600

解析

首先看这些桶中哪些组合能够达到300千克，只有一种组合办法：120+90+90=300千克，接下来看剩下的桶能不能凑成290千克，方案是130+100+60=290千克。因此两艘船最多可以装载590千克的货物。

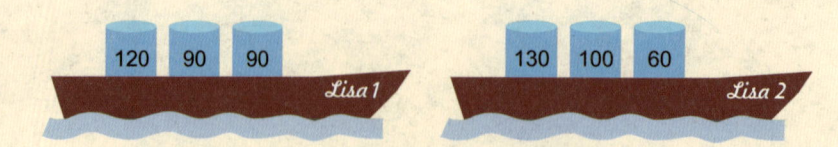

提示：不要太贪心呦！如果你想先装载质量大的货物，例如，220+60=280 千克，130+120=250 千克，总共只有 530 千克，这并不是最佳方案。

计算思维相关知识

在许多领域，人们喜欢优化事物，通常是为了实现利润最大化。计算机可以采用寻找最短路线或最短往返路线的方法来确定最佳方案。在一些优化任务中，使用贪婪算法就可以满足需求，但有时候使用贪婪算法并不能提供最佳的解决方案，因此就必须使用更加复杂的算法。

贡献者

[英译中] 崔东伟，77107530@qq.com
[审　核] 赵腾任，ZTR_2019@126.com
[校　对] 徐继红，115202177@qq.com；张凯悦，2732382019@qq.com

2016-TW-07a L 游戏

Ⅰ:—	Ⅱ:难	Ⅲ:中	Ⅳ:易	Ⅴ:易	Ⅵ:易
分类	算法与编程				
关键词	博弈树，广度优先搜索（BFS），深度优先搜索（DFS）				

　　Kiki 和 Wiwi 在 4×4 的网格地板上玩 L 游戏。他们轮流放置 L 形的模块。要求模块不能超出 4×4 的网格地板的外边框，且模块之间不能重叠。Kiki 和 Wiwi 的模块方向分别如下图所示：

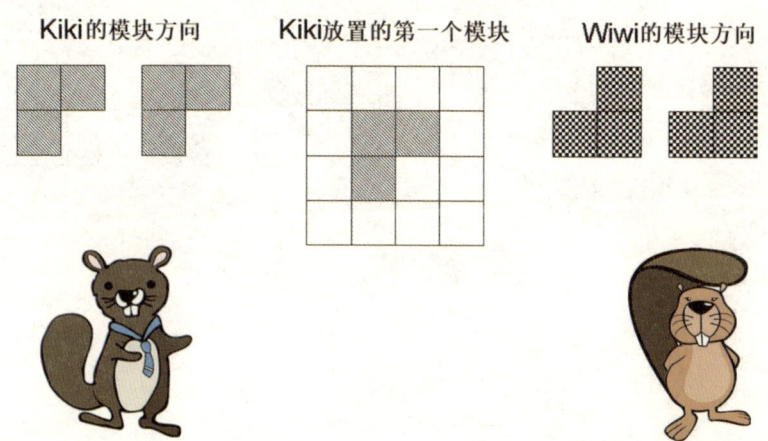

　　模块放置后不能再移动。Kiki 已经放置了第一个模块（如上图所示），Wiwi 将放置第二个模块，按照规则，无法再放置模块的海狸便是输家。请问下面哪个选项是正确的？（　　）

A. Kiki 一定会赢的

B. Wiwi 一定会赢的

C. Kiki 可能会赢得比赛，但 Wiwi 也可能会赢得比赛

D. Wiwi 可能会赢得比赛，但 Kiki 也可能会赢得比赛

解析

Wiwi 放置第二个模块的方式有 3 种，无论 Wiwi 如何放置，Kiki 都只能将第三个模块放置在左上角，而 Wiwi 已经没有地方放置第四个模块了，所以最终 Kiki 一定会赢。右图详细列出了模块放置的所有可能情况。

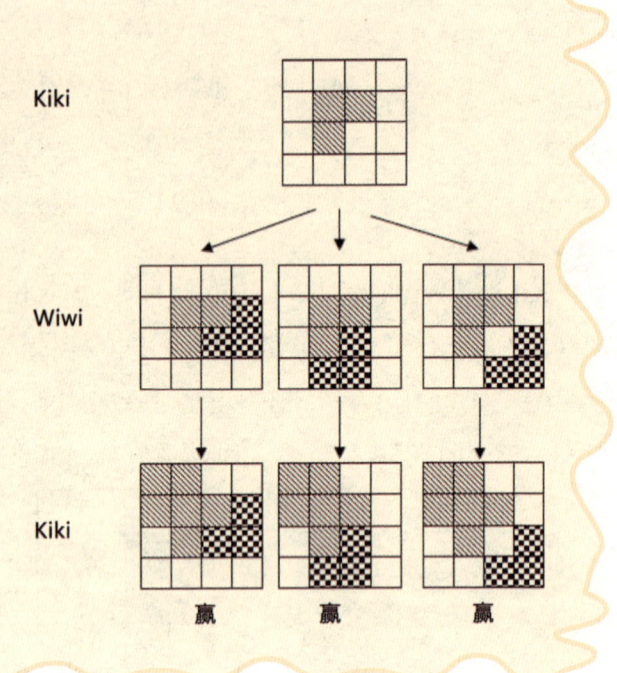

计算思维相关知识

游戏中所有的可能性都可以用博弈树来表示。在这棵博弈树中，根结点对应于网格地板的初始状态；然后，对于每个可能的放置情况，箭头指向网格地板的新状态，整棵树都通过这种方式建造。博弈树是一种特殊的有向图。

为了研究游戏，可以建立和搜索博弈树。根据问题的类型，有时在移动到下一个级别的邻居（广度优先搜索，简称 BFS）之前先搜索邻居结点更有用；而有时在回溯（深度优先搜索，简称 DFS）之前，尽可能沿着每个分支搜索结点更有用。这两种搜索策略具有不同的属性和内存需求。

贡献者

[英译中] 邓文华，407438506@qq.com

[审核|校对] 刘凤祥，fengxiangliumail@163.com；李娜，19247232@qq.com；杨科可，540794502@qq.com；边琦，bianqi@imnu.edu.cn

[修改|完善] 邓文华，407438506@qq.com；蹇晓焱，1285243664@qq.com

2014-LT-03 灌溉田地

Ⅰ：—	Ⅱ：—	Ⅲ：难	Ⅳ：中	Ⅴ：易	Ⅵ：—
分类			算法与编程		
关键词			波前算法，广度优先算法		

海狸种的田地旁边有一条水渠，可以对田地进行灌溉。

图中 ![grass] 代表没被水灌溉的田地，![water] 代表已经被水灌溉的田地，![rock] 代表有山石的田地，表示无法被水灌溉。当水向田地进行灌溉时，每隔一小时，水就会从已经灌溉的田地流向其相邻的未被灌溉的田地。

如下图所示，请问经过多少小时水会灌溉到所有田地？（　　）

A. 8
B. 9
C. 10
D. 11

🎓 解析

如右图所示，可以用数字来表示相应田地被灌溉的时间。具体算法如下：先把已被水灌溉的田地标记为 0，然后依次标记田地被灌溉的时间，相邻田地的时间增加 1。重复此步骤，直到最后所有田地都被标记上相应的数字，最后可以得知，经过 11 个小时水会灌溉到所有田地。

0	0	0	0	0	0	0	0
	1	1			1		
	2	2	3	3	2	3	
	3					4	
	4		10	11		5	
	5		9	10		6	
	6	7	8	9	8	7	

📚 计算思维相关知识

在信息学中，我们学习了不同类型的算法。该题目涉及了波前算法和广度优先算法。

波前算法可用于区域导航，用来查找从 A 地到 B 地的路径。在算法的每个阶段，为每个单元分配一个值，该值对应于从起点 A 到终点 B 的最短路径所需的移动次数。

广度优先算法可用于区域内的移动，通过图的广度优先搜索可以系统地访问图中的每个结点。

👥 贡献者

［英译中］崔东伟，77107530@qq.com
［审　核］赵腾任，ZTR_2019@126.com
［校　对］徐继红，115202177@qq.com；向阳，15210848280@163.com

2016-RU-08 松鼠换树洞

I：—	II：—	III：难	IV：中	V：易	VI：—
分类	算法与编程					
关键词	群体智能，蚂蚁算法					

下图这棵树共有 5 个从上到下依次排列的树洞，现有 16 只松鼠需要住在树洞里，由于树洞少松鼠多，所以必须有几只松鼠住在同一个树洞里。每天，每只松鼠都会比较当前所住树洞与相邻上下两个树洞中的松鼠数量，这 3 个树洞中，哪个树洞中的松鼠数量最少，第二天晚上，它们就会偷偷地移动到那个树洞。如果树洞中的松鼠数量相同，则它们更喜欢到上面的树洞中休息。

例如，如果某天从上到下的树洞中的松鼠数量为 5、0、0、4、7，那么第二天各树洞中的松鼠数量如图 2 所示。

图 1　某天　　　图 2　第二天

? 某天树洞里的情况如图 3 所示，多少天后所有的松鼠会在同一个树洞里？（　　）

A. 2　　　　　B. 3
C. 4　　　　　D. 永远不可能

图 3

解析

松鼠移动的过程是 (6, 3, 3, 0, 4) → (0, 9, 0, 7, 0) → (9, 0, 7, 0, 0) → (0, 16, 0, 0, 0)，如上图所示。即答案为 B 选项。

计算思维相关知识

这个问题与群体智能算法有关。这种算法的思想是，如果群体数量巨大，就可以用非常简单的规则来解决问题。例如，蚂蚁的行为基于简单的规则，且彼此独立。但是如果有很多蚂蚁，它们就能够做一些复杂的事情，比如，寻找最优路径，合作建造蚁丘。还有一些群体，比如松鼠，它们的行为也基于简单的规则，但事实证明，它们的集体行为并非明智之举。它们想要尽可能住得宽敞，但是，无论如何移动，它们最终都会聚集到同一个树洞中。因此，我们应该学习蚂蚁，通过合作调整行动。

贡献者

[英译中] 刘凤祥，fengxiangliumail@163.com

[审 核] 邓文华，407438506@qq.com；李娜，19247232@qq.com

[校 对] 杨科可，540794502@qq.com

[修改|完善] 刘凤祥，fengxiangliumail@163.com

[修改|校对|审核] 边琦，bianqi@imnu.edu.cn；秦小娜，qinxiaona2009@yeah.net

2018-SK-03 塔台

Ⅰ：—	Ⅱ：—	Ⅲ：难	Ⅳ：中	Ⅴ：易	Ⅵ：易
分类	算法与编程					
关键词	约束路径					

某城市中共有六个塔台，每个塔台上都有一面带有特殊标记的旗帜。根据特殊标记，在城市的街道（绿色通道）上可以找到每个塔台的警卫，其中"G"代表大门。

当大量垃圾邮件向某一塔台传送时，该塔台的警卫将拦截这些邮件的发件人，并不允许他们从此条街道到达塔台。

以带有蓝色正方形标记的塔台为例，通往该塔台的两条街道上均有一个带有蓝色正方形标记的警卫守护着，如右图所示。

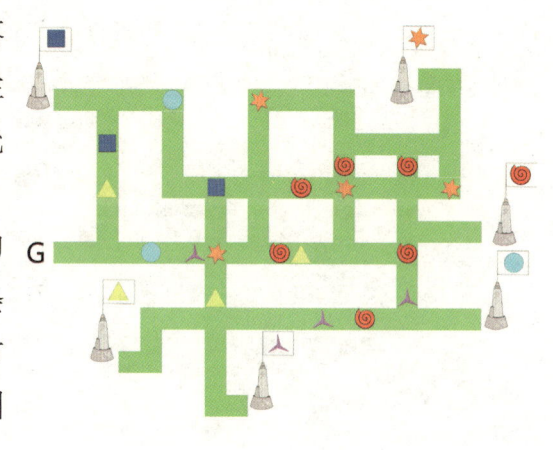

发件人从大门进入城市，想要绕过每个塔台的警卫，他能到达哪些塔台？（　　）

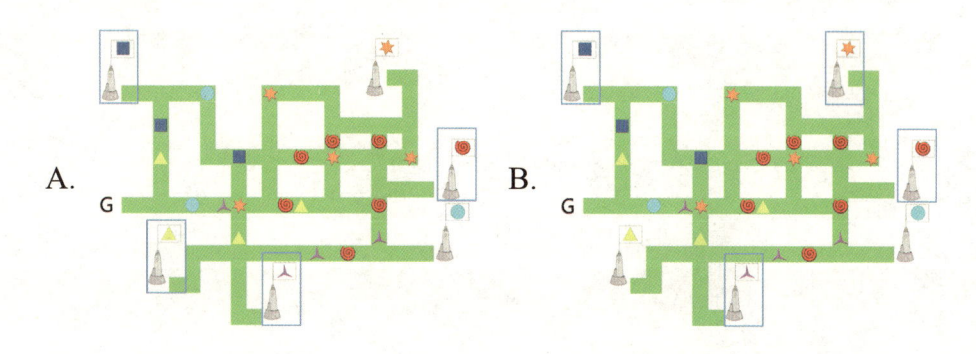

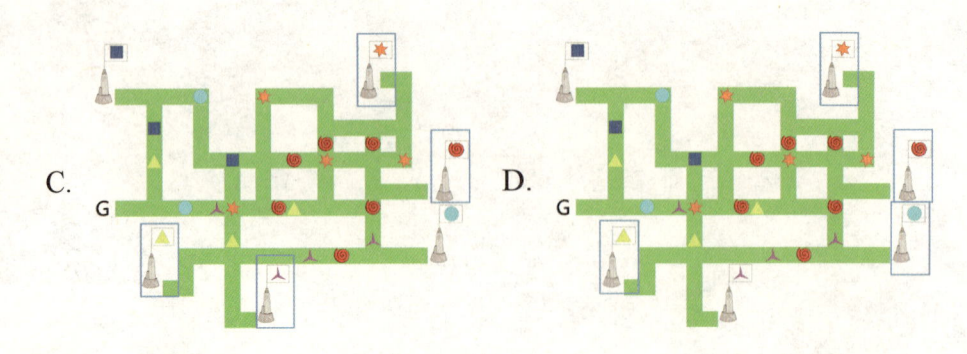

C. D.

解析

下图显示，从大门进入，如果发件人在某条街道上遇到带有某种标记的警卫，则无法到达相应的塔台，可在遇到警卫后尝试转到其他街道到达塔台。

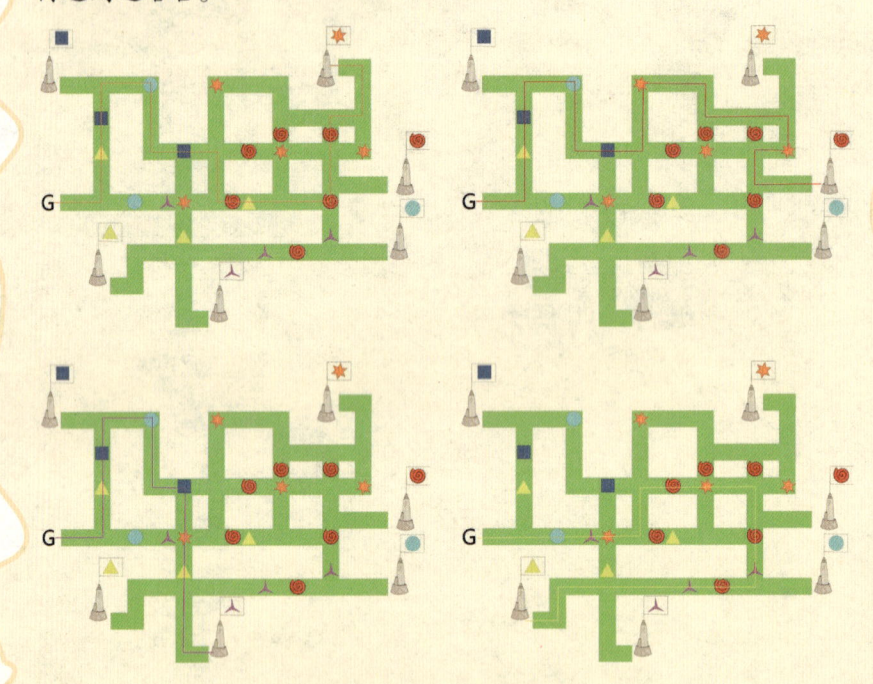

下图为发件人最终无法到达的塔台的路线：

所以答案为 C 选项。

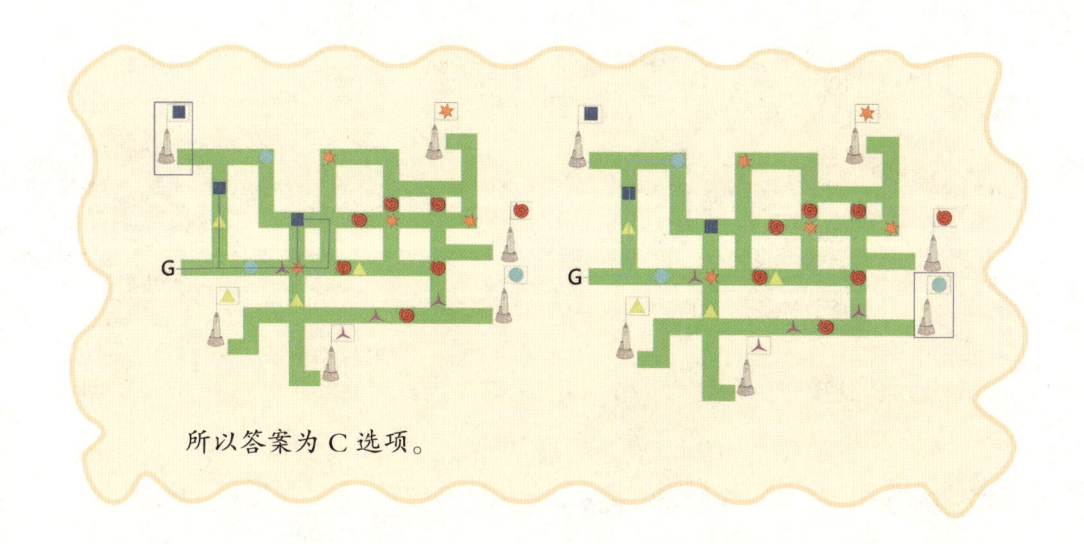

计算思维相关知识

在特定条件下，借助计算机程序找到从一个地点到另一个地点的路线，是一项重要技能。例如，我们借助汽车导航舍弃堵塞的路线，选择到达终点的最优路线。

贡献者

[英译中] 侯岸泽，1023911646@qq.com
[审 核] 秦小娜，qinxiaona2009@yeah.net；赵腾任，ZTR_2019@126.com
[校 对] 赵腾任，ZTR_2019@126.com；秦小娜，qinxiaona2009@yeah.net；
         郝思晨，904087600@qq.com；高路祎，601306788@qq.com；
         曹悦，caoyue@2dai.com
[审核意见] 崔东伟，77107530@qq.com

2015-MY-03 采集花粉

I：—	II：—	III：难	IV：中	V：中	VI：易
分类			算法与编程		
关键词			贪心算法		

蜜蜂飞到花丛中采集花粉，在每次飞行中，它只会采集一朵花的花粉，每次最多采集 10mg 花粉。它可能会多次飞到同一朵花上采集花粉。每朵花最初的花粉量（mg）如下图所示。

6　　52　　35　　82　　23　　11

请问，蜜蜂飞行 20 次最多能采集到多少花粉？（　　）

A. 194mg　　　B. 196mg　　　C. 198mg　　　D. 200mg

解析

蜜蜂采集花粉可以采用这样的策略：每次飞行都尽可能多地采集花粉，即确保在初始的几次飞行中每次都采集 10mg 花粉。我们来计算一下在每朵花上分别需要多少次才能采集完全部的花粉。

6mg=0×10mg+6mg　　　52mg=5×10mg+2mg

35mg=3×10mg+5mg　　　82mg=8×10mg+2mg

23mg=2×10mg+3mg　　　11mg=1×10mg+1mg

经过 0+5+3+8+2+1=19 次飞行后，它采集了 19×10mg=190mg 花粉。在它的第 20 次（最后一次飞行）中，它可以飞往剩余花粉最多的那朵花，即还剩 6mg 花粉的那朵花，则总共采集花粉 190mg+6mg=196mg，即答案为 B 选项。

我们注意到，一旦确定了每次飞行要采集多少花粉，飞行的顺序就无关紧要了。这就是为什么每次飞行要最大化地采集花粉，使得蜜蜂获得最多的总花粉量。

计算思维相关知识

为解决这个问题，我们可以使用贪心算法。贪心算法是在一系列的步骤中，每一步都选择局部情况下最优的。只有当通过贪心算法给出的答案对整个问题来说是最优的，这个答案才是正确的。

贡献者

[英译中] 任嘉莉，845489971@qq.com
[审　核] 白子颀，987088174@qq.com；张鹏飞，hs2zzpf@163.com
[校　对] 向阳，15210848280@163.com；赵腾任，ZTR_2019@126.com
[修改|完善] 范洁，sunnymato@qq.com

2018-RO-03 关键点

Ⅰ：—	Ⅱ：—	Ⅲ：难	Ⅳ：难	Ⅴ：中	Ⅵ：—
分类	算法与编程					
关键词	网络，关键点，深度优先搜索					

下图是一个包含 14 个无线接入点的 WiFi 网络。在这个网络中，一些接入点被称为"关键点"。这些关键点一旦出现问题，将影响其他接入点访问网络。例如，无线接入点 XX-009 是一个关键点。如果接入点 XX-009 被破坏，接入点 XX-011 将不能再访问网络。

那么图中共有几个关键点？（　　）

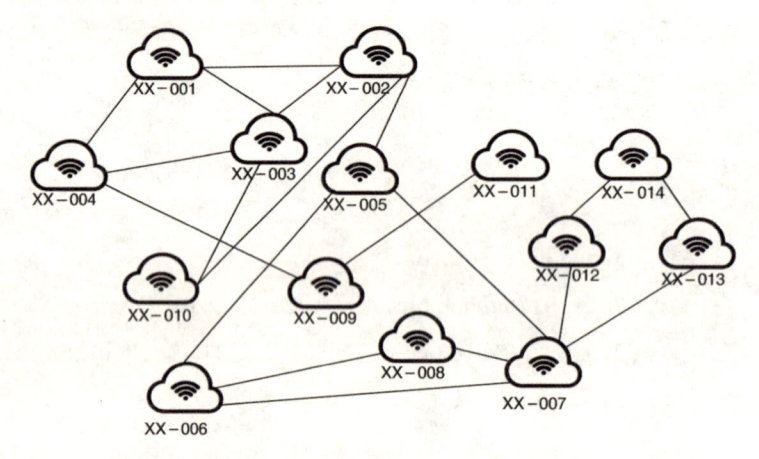

A. 3　　　　B. 4　　　　C. 5　　　　D. 6

解析

图中的关键点有：XX-002，XX-004，XX-005，XX-007，XX-009，即答案为 C 选项。分析图中的关键点，我们可以从另外一个角度看，若去掉某关键点，则有其他接入点变成孤岛。下面，访问每一个可能的分支路径，并且深入到不能再深入为止，而且每个结点只访问一次。

假设以 011 为起点，第一条路径：011 → 009 → 004 → 001 → 002 → 003 → 010，遇到所有邻接点都被访问过的结点，即 XX—010，则返回到已访问过的最后一个还存在未被访问邻接点的结点，即 XX—002，从该结点开始继续访问。如果 XX—009 出现问题，则 XX—011 无法接入网络，因此 XX—009 为关键点；若 XX—004 出现问题，XX—009 就无法接入网络，因此 XX—004 也为关键点。第二条路径：002 → 005 → 006 → 007 → 008，同理得出 XX—002 和 XX—005 是关键点；第三条路径：007 → 012 → 014 → 013，同理得出 XX—007 是关键点。

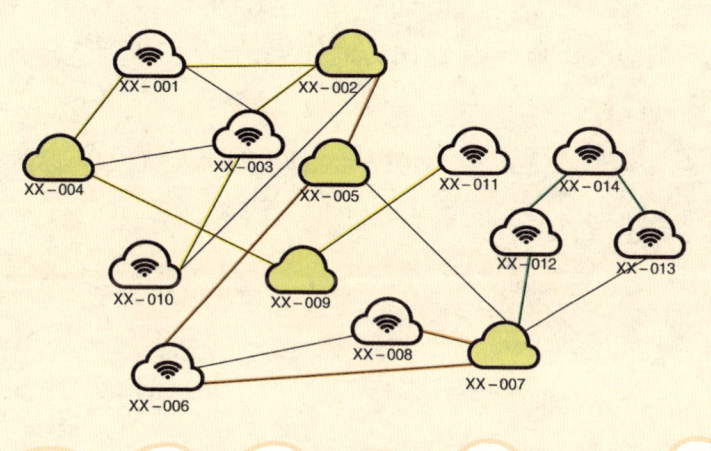

计算思维相关知识

在计算机科学中，通常使用图作为数据结构来表示网络。本题为了确定无向图中的连接点，使用了改进的深度优先搜索算法。深度优先搜索属于图算法的一种，其原理为：对每一个可能的分支路径深入到不能再深入为止，而且每个结点只访问一次。

贡献者

[英译中] 郝思晨，904087600@qq.com
[审　核] 秦小娜，qinxiaona2009@yeah.net；侯岸泽，1023911646@qq.com；
　　　　 高路祎，601306788@qq.com；赵腾任，ZTR_2019@126.com
[校　对] 赵腾任，ZTR_2019@126.com
[审核意见] 沈福杰，1034451217@qq.com

2018-IR-03 超睡眠成本

I：—	II：—	III：—	IV：难	V：中	VI：易
分类			算法与编程		
关键词			优化		

鲍勃在市中心火车站工作。工作开始时间是早上 8:00，每迟到超过 15 分钟，他就得交 10 元的罚款。例如，如果他在 8:15（如 8:11）之前到达工作地点，则没有处罚；但如果他在 8:20 到达，则会对延迟的前 15 分钟进行处罚。

鲍勃今天早上睡过头了，他在早上 8:08 到达了火车站。

下表为不同列车线的时刻表。

列车线	时刻表	到市中心火车站的时间	票价
常规列车	从早上6:00开始每5分钟一趟	40分钟	5元
区间列车	从早上6:00开始每10分钟一趟	30分钟	10元
轻轨列车	从早上7:00开始每15分钟一趟	20分钟	15元
特快列车	从早上7:00开始每20分钟一趟	12分钟	20元

鲍勃今天乘坐哪条列车线去上班最划算？（　　）

A. 常规列车　　B. 区间列车　　C. 轻轨列车　　D. 特快列车

解析

鲍勃选择各列车线的花费情况如下表所示。

选择的列车线	上车时间	到达单位时间	花费车费/元	迟到罚款（商取整数）/元	总花费/元
常规列车	8:10	8:50	5	(50÷15)×10=30	35
区间列车	8:10	8:40	10	(40÷15)×10=20	30
轻轨列车	8:15	8:35	15	(35÷15)×10=20	35
特快列车	8:20	8:32	20	(32÷15)×10=20	40

综上，鲍勃乘坐区间列车去上班最划算，答案为 B 选项。

计算思维相关知识

本题介绍了优化的概念。最简单的优化方法是从一些可用的备选方案（各种列车线）中，就某些标准（时间和成本）选择最佳方案（最佳效益）。

贡献者

[英译中] 张雅娟，490128905@qq.com
[审　核] 王宇，12533540@qq.com；尚凯，178004221@qq.com
[修改|完善] 张桓玮，949956843@qq.com
[审核意见] 张桓玮，949956843@qq.com

2015-SI-04-EN 鲍勃海狸

I：一	II：一	III：难	IV：难	V：中	VI：中
分类			算法与编程		
关键词			排序，编程		

海狸鲍勃是一位年轻的水坝建造者，他经常去商店购买材料，并保留购买小票和使用材料的详细记录清单。如果鲍勃临时缺某些材料，他便从邻居那里借。

已购入		已使用	
2015年10月15日周一	20米绳子	2015年10月17日周三	30米绳子
2015年10月15日周一	12根木头	2015年10月17日周三	10根木头
2015年10月16日周二	20米绳子	2015年10月18日周四	20米绳子
2015年10月18日周四	100个钉子	2015年10月19日周五	50个钉子
2015年10月19日周五	50米绳子	2015年10月20日周六	30根木头
2015年10月19日周五	5根木头	2015年10月21日周日	30米绳子
2015年10月20日周六	20米绳子	2015年10月21日周日	3根木头

根据上表的记录，鲍勃10月15日去商店购买过材料，因为当时他家里什么材料都没有剩下。那么，下列哪个句子是正确的？（　　）

A. 周三鲍勃借了邻居的绳子　　B. 周四鲍勃借了邻居的绳子

C. 周日鲍勃借了邻居的绳子　　D. 鲍勃没有借邻居的绳子

解析

如果我们对照检查两份清单，忽略日期，就会得到 A 选项的结论，但考虑日期因素，会发现 A 选项结论不正确。

B 选项是正确答案：

10 月 15 日，鲍勃有 20 米绳子。

10 月 16 日，鲍勃又买了 20 米绳子，所以他有 40 米绳子。

10 月 17 日，鲍勃用了 30 米绳子，所以他还剩 10 米绳子。

10 月 18 日，鲍勃只剩下 10 米绳子，但他用了 20 米绳子，可以推测，鲍勃从邻居那里借过 10 米绳子。

C 选项未提供有效信息。

D 选项是错误的。事实上，如果我们只把数字简单相加，忽略日期，就能得到 D 选项的结论。

计算思维相关知识

要解决这个问题，需要构建一个简单的算法，在这个算法中，我们要实时对比两个表中的数据，但也要注意时间顺序、日期顺序。程序员经常要解决类似的问题。

贡献者

[英译中] 付康华，874081355@qq.com

[审核 | 校对] 边琦，bianqi@imnu.edu.cn；侯岸泽，1023911646@qq.com

2015-TW-04 捡石头

I：—	II：—	III：—	IV：难	V：难	VI：中
分类	算法与编程					
关键词	博弈论，决策，致胜策略					

你在和海狸玩游戏。地上有若干块石头，你和海狸轮流捡起石头。每个回合中，玩家可以捡起 1、2 或 3 块石头，捡到最后一块石头的玩家获胜。

这个游戏最初是用 9 块石头玩的，经验证明：无论对手接下来怎么做，第一个玩家总是可以从捡起 1 块石头开始，最终赢得游戏。现在，共使用 15 块石头玩这个游戏。

若由你开始游戏，第一回合捡起多少块石头能够确保赢得游戏？
（　　）

A. 1　　　　B. 2　　　　C. 3　　　　D. 不存在必胜策略

解析

如果游戏中只使用 1（2 或 3）块石头，你可以捡起所有的石头并轻松获胜。然而，如果游戏中使用 4 块石头，而你最多只能捡起 3 块，显然海狸会获胜。因为不管你捡起 1（2 或 3）块石头，海狸都可以捡起剩下的所有石头。用同样的方法，当游戏中使用 5（6 或 7）块石头时，你可以最后留给海狸 4 块石头，赢得游戏。

使用石头数量	第一回合捡起的石头数量		第二回合捡起的石头数量	
	你	海狸	你	海狸
1	1[赢]			
2	2[赢]			
3	3[赢]			
4	1（2或3）	3（2或1）[赢]		
5	1	1（2或3）	3（2或1）[赢]	
6	2	1（2或3）	3（2或1）[赢]	
7	3	1（2或3）	3（2或1）[赢]	

根据这个规律，只要满足你第一回合捡起石头后，留给海狸的石头数是4的倍数，就可以确保在最后一个回合时，留给海狸4块石头，并最终获胜。（12是15以内最大的4的倍数。所以，第一回合之后必须留给海狸12块石头，所以你应该捡起3块石头，即答案为C选项。）

计算思维相关知识

这是一个关于博弈论的问题。在我们的日常生活中，也可以找到关于博弈论的案例，如公司竞争市场份额及政治家竞选等。博弈论在经济学、生物学、社会科学和计算机科学等领域都得到了广泛应用。

贡献者

[英译中] 刘宇隆，2461143833@qq.com
[审　核] 付康华，874081355@qq.com
[校对|审核] 边琦，bianqi@imnu.edu.cn

2012-CA-04 海狸金字塔

I：—	II：难	III：中	IV：易	V：易	VI：—
分类	数据、数据结构与表征					
关键词	二叉树，2的幂次方					

海狸们按照一定的规则排队：第一行有一只海狸；之后，每一行的海狸数量都是前面一行海狸数量的两倍。排在奇数行的海狸，都是侧脸朝前；而排在偶数行的海狸，则都是正脸朝前。

如果队伍中一共有 511 只海狸。请问，有多少只海狸是侧脸朝前的呢？（   ）

A. 161　　　　　B. 255　　　　　C. 256　　　　　D. 341

解析

首先，1+2+4+8+16+32+64+128+256=511。通过计算可以得出，511 只海狸正好可以排成九行。

第一种解题思路：直接将奇数行的数值相加，即 1+4+16+64+256=341 只。

第二种解题思路：从第二行开始，如果将每两行的海狸看成一个集合（例如，第二、三行是一个集合；第四、五行是一个集合……），可以发现，每一个集合中，侧脸朝前的海狸数量都是正脸朝前的海狸数量的两倍。这也意味着，在第二至第九行的 510 只海狸中，侧脸朝前的海狸数量是海狸总数的三分之二，即 340 只，再加上第一行的海狸，则共有 340+1=341 只侧脸朝前的海狸，即答案为 D 选项。

另外，还有第三种解题思路。可以发现，最后一行（也就是第九行）有 256 只海狸是侧脸朝前的（$256=2^8$，由此也知每一行的海狸数量都是一个 2 的幂次方数。且侧脸朝前的海狸出现的那一行的幂次数是偶数）。由此可以得出：侧脸朝前的海狸数量必须是一个大于 256 的数字。四个选项中只有 D 选项是满足此条件的，所以用排除法，不用计算就可以知道答案是哪一个了。这种解法有些侥幸，如果还有其他选项也大于 256，就不好确定正确选项了。

计算思维相关知识

可以将海狸的排列看成一个二叉树。二叉树是一种基本的数据结构，是计算机中存储数据、管理数据的方式之一。

此外，在计算机学科中会经常用到 2 的幂次方数。

贡献者

[英译中] 石沙，shisha1974@163.com
[审　核] 孟繁舒，673800843@qq.com
[校　对] 何建春，45568307@qq.com；孟爱玮，meng_aiwei@163.com；
　　　　 张凯悦，2732382019@qq.com

2011-AT-05 算术表达式

I：—	II：难	III：难	IV：中	V：易	VI：易
分类	数据、数据结构与表征					
关键词	二叉树					

算术表达式（a*b）对应的二叉树表示形式如图 1 所示。

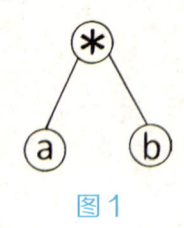

图 1

请问，下面的算术表达式对应以下哪个二叉树？　　　（　　）

(h+a)*(((b+f)*(c−g))+w+d)

A.

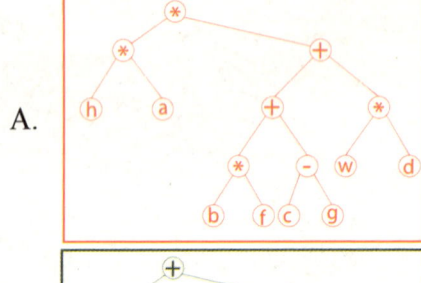

B.

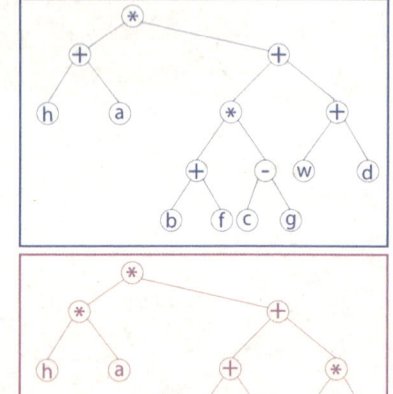

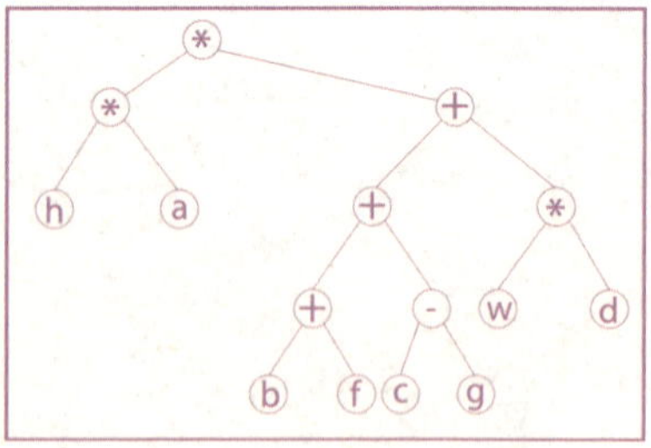

C.

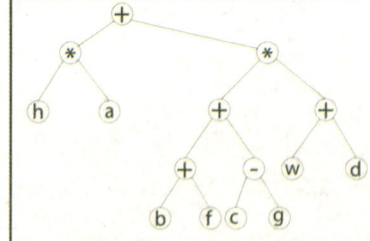

D.

解析

下面分别写出每个选项中二叉树对应的算术表达式。

首先将二叉树从中间结点分成左右两部分,然后将每一部分从下往上逐步列出算术表达式,最后用中间的符号连接在一起,即可写出相应的算术表达式。

A 选项为:(h*a)*(((b*f)+(c−g))+(w*d))

B 选项为:(h+a)*(((b+f)*(c−g))+(w+d))

C 选项为:(h*a)+(((b+f)+(c−g))*(w+d))

D 选项为:(h*a)*(((b+f)+(c−g))+(w*d))

综上,答案为 B 选项。

计算思维相关知识

二叉树是 $n(n \geq 0)$ 个结点的有限集合,该集合或者为空集(称为空二叉树),或者由一个根结点和根结点的两棵互不相交的左子树和右子树组成。我们可以根据二叉树的定义以及图示分析得出二叉树的特点:

(1)每个结点最多有两棵子树。

(2)左子树和右子树是有顺序的,次序不能任意颠倒。

(3)即使二叉树中某结点只有一棵子树,也要区分它是左子树还是右子树。

贡献者

[英译中] 吴倩意,15521442392@163.com

[审　核] 傅安娜,21703038@zju.edu.cn

[校　对] 翟学坦,zhaixuetan@163.com;王文华,ivanlawyer@126.com;
　　　　赵腾任,ZTR_2019@126.com

2012-DE-04 洞穴探险者

Ⅰ：—	Ⅱ：—	Ⅲ：难	Ⅳ：中	Ⅴ：—	Ⅵ：—
分类	数据、数据结构与表征					
关键词	二叉树，深度优先，广度优先					

迪恩和布鲁诺是洞穴探索者。他们当前探索的项目是洞穴迷宫。他们有七天的时间来探索七个洞穴并在其中工作。

迪恩是深度优先探索者。他的策略是进入一个洞穴，首先检查西边是否有未探索的更深的洞穴。如果有，他会进入更深的洞穴并继续检查西边；如果没有，他会去检查东边。最后，如果两边都没有更深的洞穴，他将探索上一级别的洞穴。因此，他星期一从金洞穴开始探索，星期二探索红宝石洞穴，星期三探索绿宝石洞穴。

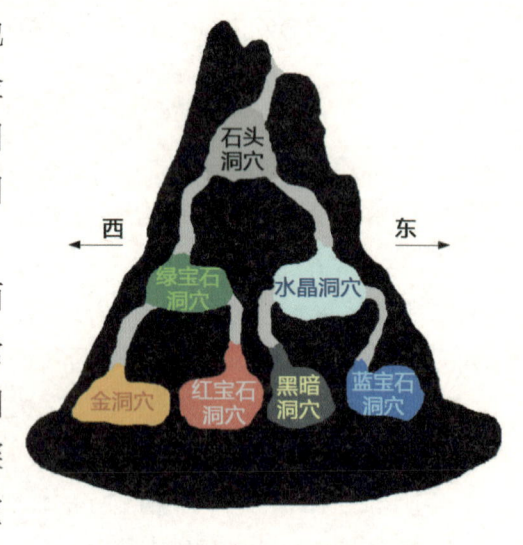

布鲁诺是广度优先探索者。他的策略是星期一从最高的石头洞穴开始，逐层探索洞穴。在每个级别中，他都会从西到东探索。因此，他星期二探索绿宝石洞穴，星期三探索水晶洞穴。

迪恩和布鲁诺会有一天在同一个洞穴里工作吗？（　　）

A. 不会

B. 是的，在黑暗洞穴中

C. 是的，星期六

D. 是的，他们在同一个洞穴里待了两天

解析

迪恩和布鲁诺探索洞穴的顺序分别如下表所示。

日期	迪恩	布鲁诺
星期一	金洞穴	石头洞穴
星期二	红宝石洞穴	绿宝石洞穴
星期三	绿宝石洞穴	水晶洞穴
星期四	黑暗洞穴	金洞穴
星期五	蓝宝石洞穴	红宝石洞穴
星期六	水晶洞穴	黑暗洞穴
星期日	石头洞穴	蓝宝石洞穴

综上，答案为 A 选项。

计算思维相关知识

这是一个二叉树遍历的应用。二叉树遍历即沿着某条路线搜索，依次对树中每个结点均做一次且仅做一次访问。二叉树遍历可以分为深度优先遍历和广度优先遍历。深度优先遍历，即每次探索到最深的结点；广度优先遍历，即优先探索第 1 层的结点，再探索第 2 层的结点，以此类推。

贡献者

［审 核］边琦，bianqi@imnu.edu.cn

2016-NL-03 洞穴游戏

Ⅰ：—	Ⅱ：—	Ⅲ：—	Ⅳ：中	Ⅴ：易	Ⅵ：—
分类	数据、数据结构与表征					
关键词	树形结构					

海狸王国的某个地区到处都是洞穴，洞穴之间有小路相连。每两个洞穴之间只有一条小路相连，该地区洞穴之间的路径分布如下图所示。

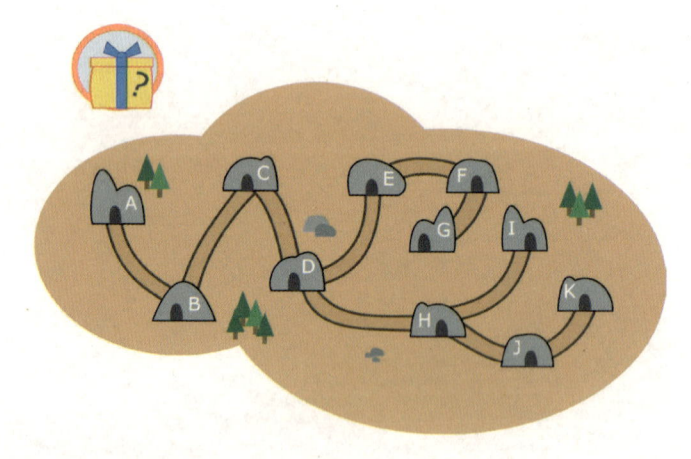

海尔和瑟奇就住在这里，他俩喜欢玩洞穴游戏。

海尔将礼物藏在某个洞穴中，然后让瑟奇去寻找这个洞穴。

瑟奇可以提问："礼物在 C 洞穴吗？"

如果瑟奇猜对了，海尔会回答"是"。否则，他就告诉瑟奇与 C 相邻的洞穴中，哪个是通向礼物的洞穴。

当瑟奇准确地猜出礼物藏在哪个洞穴中时，游戏就结束了。

> 瑟奇希望在提问次数尽可能少的前提下找到礼物。假如瑟奇已经应用了合理的提问策略，那么在最糟的情况下，他至少得问多少个问题，才能找到礼物？（　　）

A. 3　　　　　B. 2　　　　　C. 4　　　　　D. 0

解析

先来证明一下：无论礼物放在哪个洞穴，瑟奇都能在三个问题内找到礼物。

比如，瑟奇提出第一个问题："礼物在 D 洞穴吗？"

海尔可能的回答有 4 种。若回答"是"，那么只需要一个问题，游戏就直接结束。否则，海尔会指出 C、E、H 中哪一个是通向礼物的洞穴。

而对于后面的 3 种情况，瑟奇最多再提两个问题就可以得到确切答案，具体分析如下：

若海尔的回答为 C，接下来瑟奇提出的第二个问题是"礼物在 B 洞穴吗"，此时依据海尔的回答，就可以找到礼物。

若海尔的回答为 E，接下来瑟奇提出的第二个问题是"礼物在 F 洞穴吗"，同样地，通过海尔对第二个问题的回答，也可以很快确定礼物的位置。

若海尔的回答为 H，接下来瑟奇提出的第二个问题是"礼物在 H 洞穴吗"，对于这一问题，可能的答案有三种：第一种，"是"，那么就确定了礼物在 H 洞穴，此时一共提了两个问题，游戏结束；第二种，"不是，I 离礼物更近"，那么礼物就在 I 洞穴，也是一共提了两个问题就结束了游戏；第三种，"不是，J 离礼物更近"，那需要再提一个问题，从而确定礼物在 J 洞穴还是 K 洞穴中，因此，最多只要提三个问题。

接下来，要思考一下：为什么少于三次的提问无法确保获得答案？

首先，瑟奇必须提问，否则肯定没办法找到礼物，因而 D 选项肯定是错误的。

现在，假设瑟奇只能问两个问题。从图中可以看到，最佳的提问方式显然是第一个问题："礼物在 D 洞穴吗？"如果接下来海尔的答案是 C 或 E（即礼物藏在 A、B、C、D、E、F、G 中的任意一个洞穴中），那么就能通过两次提问找到答案。但是，如果海尔对这个问题的回答是"H"，那么剩下的一个问题还不足以确定礼物是在 H、I、J 或 K 中的哪一个。显然，只问两个问题无法确保找到礼物。

除此以外，假如在第一次提问中选择 D 以外的其他任何洞穴，也将导致至少需要三次提问才能找到正确答案，因此，答案为 A 选项。

计算思维相关知识

这是树形结构中的搜索问题。许多信息存储在树形结构中，设计和使用适当的算法来检索特定的信息是计算机科学研究中的重要内容。

在本题中，洞穴相当于树形结构中的结点。同时，每个洞穴最多有三条路径通向其他洞穴，这相当于树形结构中的分支。右图表示的是一棵三叉树结构的树形图。

从 D 出发，如果知道应该选择哪个分支（C、E、H 分支的其中之一）来查找所需的信息，而不必考虑其他分支，就大大简化了搜索过程。

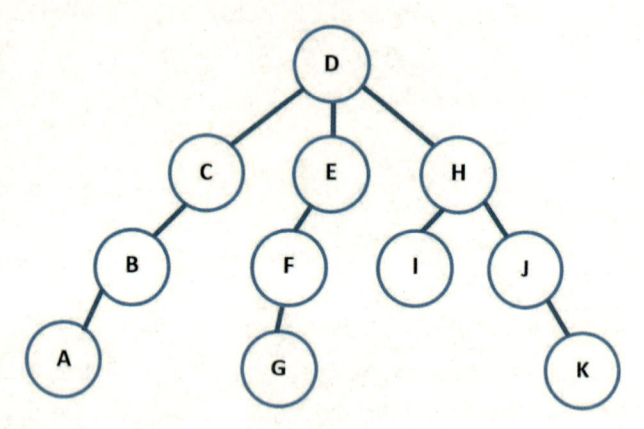

为什么树形结构非常重要呢？这是因为在树形结构中，可以通过分支来组织数据，从而使得在搜索时只需要遍历其中某一分支中的结点即可。

不过，也存在两种极端情况：第一种情况，数据被保存在一个只有一条分支的树形结构中（也可以将其理解为保存在一个线性结构中），那么搜索信息时则需要从头到尾进行遍历；第二种情况，所有的结点形成了一个星形结构，即一个结点在中间，其他所有结点都和此结点直接相连。那么在搜索时需要提出的问题是"数据是否保存在中心结点"，这样只需提问一次就能得到正确答案。

贡献者

[英译中] 孟繁舒，673800843@qq.com
[审核|校对] 石沙，shisha1974@163.com；何建春，45568307@qq.com；
孟爱玮，meng_aiwei@163.com；沈福杰，1034451217@qq.com

2014-TW-03 梦乡

Ⅰ：—	Ⅱ：难	Ⅲ：难	Ⅳ：中	Ⅴ：中	Ⅵ：易
分类	数据、数据结构与表征				
关键词	最小生成树				

某地有 7 个村庄 A、B、C、D、E、F、G。这 7 个村庄之间没有公路，所以如果有人想拜访另一个村庄的朋友需要步行前往。地方政府决定修建公路，使人们可以开车从一个村庄到达另一个村庄。右图中的数字为各村庄之间的距离。

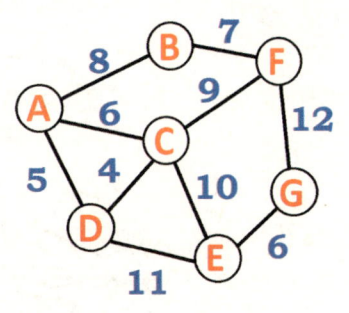

要想连通所有的村庄，最短的公路长度是多少？（　　）

A. 39　　　　B. 40　　　　C. 42　　　　D. 45

解析

1. 7 个村庄可看成 7 个结点，村庄间的距离可以看成每两个结点之间的边的权值，结点和边组成了图。把图中的所有边按权值从小到大排序：{4，5，6，6，7，8，9，10，11，12}。

2. 按权值从小到大选择边，形成最小生成树，若所选的边连接的结点不属于最小生成树，则将该边和结点并入最小生成树。

3. 重复步骤 2，直到访问（遍历）所有结点。

最小生成树是 {CD, AD, EG, BF, AB, CE}。

最小权值和是 4+5+6+7+8+10=40。

不选择边 AC 和 CF 的原因是，图 3 中结点 A 和 C 已经在最小生成树中，图 5 中结点 C 和 F 已经在最小生成树中。

图 1　　　　　　　　图 2

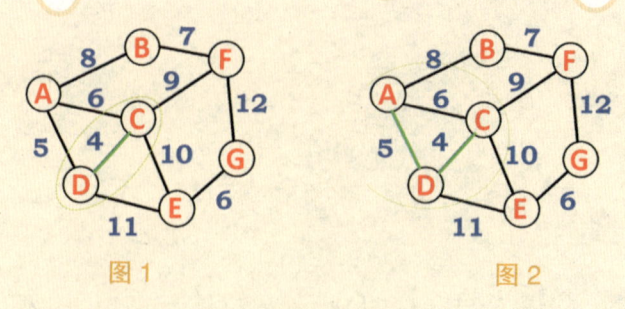

（1）选择权值最小的边 CD，将结点 C 和 D、边 CD 并入最小生成树。

（2）选择剩余权值最小的边 AD，将结点 A 和边 AD 并入最小生成树。

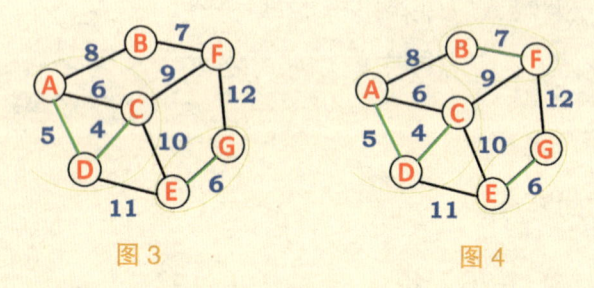

图 3　　　　　　　　图 4

（3）选择剩余权值最小的边 EG，将结点 E、G 和边 EG 并入最小生成树。

（4）选择剩余权值最小的边 BF，将结点 B、F 和边 BF 并入最小生成树。

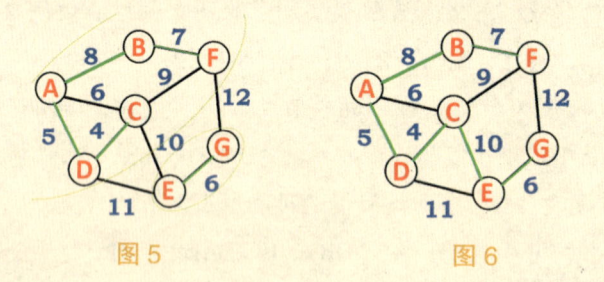

图 5　　　　　　　　图 6

（5）选择剩余权值最小的边 AB，将边 AB 并入最小生成树。

（6）选择剩余权值最小的边 CE，将边 CE 并入最小生成树，此时已连通所有结点。

📚 计算思维相关知识

这个问题涉及最小生成树。

在一个连通的无向图中，生成树是指将图中所有结点连接在一起的树。一个图可以有许多不同的生成树。我们可以给图中每条边分配一个权值，通过把每条边的权值相加来计算一棵树的权值和。最小生成树就是权值和最小的生成树。最小生成树在网络设计中有着重要的应用，计算机网络、电信网络、交通网络和供水网络的设计都使用了最小生成树。最小生成树一般有两种计算方法：Kruskal 算法和 Prim 算法。

Kruskal 算法又称"加边法"，设初始最小生成树的边数为 0，每迭代一次就选择一条满足条件的最小代价（权值）边，加入最小生成树的边集合里。

（1）把图中的所有边按代价（权值）从小到大排序；

（2）把图中的 n 个结点看成独立的 n 棵树，组成森林；

（3）按权值从小到大选择边，若所选的边连接的结点不属于最小生成树，则该边成为最小生成树的一条边，并将结点并入最小生成树；

（4）重复步骤（3），直到所有结点都在最小生成树内且生成 n–1 条边为止。

👥 贡献者

[英译中] 李娜，19247232@qq.com

[审 核] 刘凤祥，fengxiangliumail@163.com；邓文华，407438506@qq.com

[校 对] 向阳，15210848280@163.com；赵腾任，ZTR_2019@126.com

[修改|完善] 杨科可，540794502@qq.com

2016-CZ-02b 电梯里的麻袋

I：—	II：—	III：难	IV：中	V：中	VI：易
分类	数据、数据结构与表征					
关键词	堆栈，算法，结构					

靠近电梯的走廊里有一堆麻袋。因为走廊太窄，所以麻袋必须排成一行。每个麻袋上都贴着该麻袋的重量（单位：kg）。

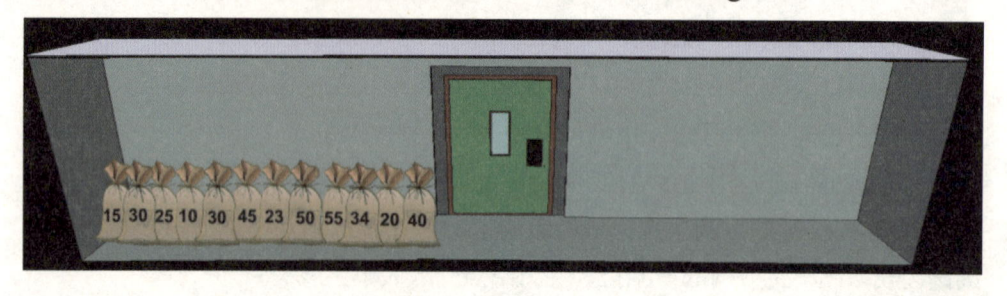

麻袋通过电梯被送到商店，送完后电梯会自动返回。电梯可装载的重量至少为80kg，但不能超过100kg。

将麻袋装到电梯上时，人们总是取离电梯最近的麻袋。如果这个麻袋使电梯超载，它就会被带到走廊的另一端。如果不超载，就会被放进电梯里。

如果开始那一端的所有麻袋都被拿走，则走廊另一端新形成的一行麻袋将以相同的方式被放进电梯。

现在，将所有的麻袋按照上述步骤运送到商店，需要运送多少次？
（　）

A. 3　　　　B. 4　　　　C. 5　　　　D. 6

解析

第一次装载前 3 个麻袋，重量为 40+20+34=94kg。

第二次装载时，将麻袋（55kg）放入电梯；下一个麻袋（50kg）会使电梯超载，所以它被放到走廊的另一端；下一个麻袋（23kg）被放入电梯，但电梯只装载了 55+23=78kg 的麻袋，再放入下一个麻袋（45kg）会使电梯超载，所以它被放到另一端，下一个麻袋（30kg）也同样如此。最后，下一个麻袋（10kg）可以放进电梯，电梯装载重量为 55+23+10=88kg。

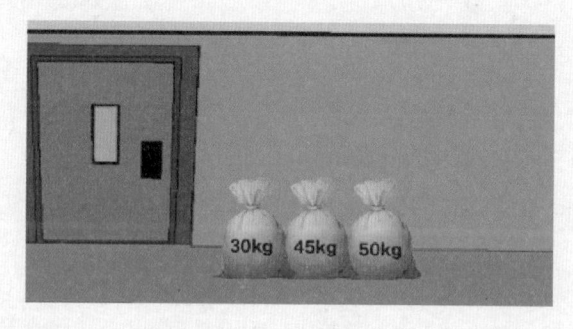

第三次装载时，将最后 3 袋（25+30+15=70kg）放入电梯，还需要继续放入麻袋，因此将走廊另一端的第一个麻袋（30kg）放入电梯。此时电梯装载的重量正好为 100kg。

第四次装载，另一端只剩下两袋：45+50=95kg，刚好可以一次被电梯运送完。也就是说，需要分四次才能把所有麻袋都运送到商店，即答案为 B 选项。

计算思维相关知识

本题涉及了算法中的堆栈结构。堆栈是一种有趣的数据结构，最后添加的内容会先被获取。例如，小孩玩的堆叠游戏，用砖块搭建一座塔，然后一个接一个地把砖块移除，以避免塔被破坏，最上面的砖块会先被移除。又例如，用多个球叠成的冰激凌也是堆栈结构：最后放上的球会最先被吃掉，最先放上的球会最后被吃掉。再例如，在浏览网页的过程中，访问过的网页地址放在一个堆栈中，反复按"后退"按钮时,最后访问的网页将最先出现。

当然,也有的场景不适合用堆栈结构。例如,在医院的候诊室里,如果应用堆栈结构,那么最后一个来的病人可以最先看医生,人们肯定不会喜欢这样的规则。

贡献者

[英译中] 秦练,314929419@qq.com
[校　对] 侯岸泽,1023911646@qq.com

2017-IR-07 图书分享俱乐部

Ⅰ：一	Ⅱ：一	Ⅲ：难	Ⅳ：中	Ⅴ：中	Ⅵ：易
分类	数据、数据结构与表征					
关键词	图，深度优先搜索					

某图书分享俱乐部有这样一个规定：当某位会员收到一本书时，如果这本书是该会员不曾阅读过的，就在阅读完此书后，将其传给还未阅读此书的年龄最小的朋友；如果该会员所有的朋友都已经阅读了这本书，则要将此书还给将书借给自己的那个人。

这个俱乐部的七名会员的关系如下图所示，图中已经标注了他们的姓名和年龄，连线表示他们彼此之间为朋友关系。

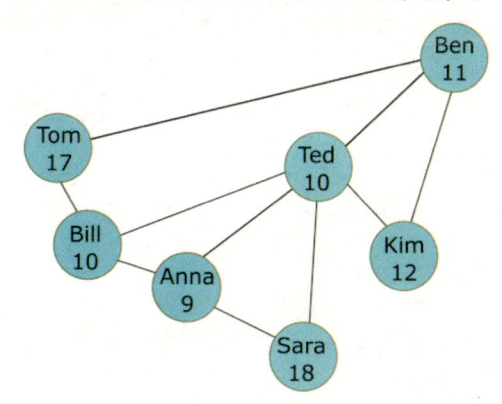

现在 Ben 读完了一本新书（其他人都未读过），按照俱乐部的规定，准备将这本新书分享给他的朋友。

❓ 谁会是这本书的最后一位读者呢？（   ）

A．Tom　　　　B．Sara　　　　C．Bill　　　　D．Kim

> **解析**

根据俱乐部的规定：

第 1 次，Ben 读完此书，将其给了 Ted。

第 2 次，Ted 读完此书，将其给了 Anna。

第 3 次，Anna 读完此书，将其给了 Bill。

第 4 次，Bill 读完此书，由于他的朋友 Ted 和 Anna 都已经读过此书，因此他把书给了 Tom。

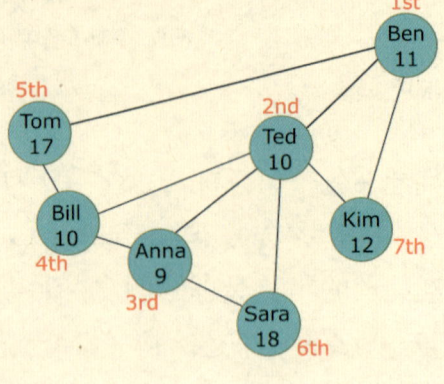

第 5 次，Tom 读完此书，已经没有未阅读此书的朋友了，所以，Tom 将书还给 Bill；同样的道理，Bill 又将书还给 Anna；Anna 将此书给自己朋友中唯一还未读过的 Sara。

第 6 次，Sara 读完此书，再次还给 Anna；Anna 又还给 Ted；Ted 将此书给自己朋友中还没有读过的 Kim。

第 7 次，Kim 终于读到这本书啦！即答案为 D 选项。

计算思维相关知识

在计算机科学中，有很多数据都是相互关联的。例如，我们的社交网络，可以视其为一组元素（人）和若干个联系（朋友关系）形成的网络；城市之间的高速公路网，也可以视为一组元素（城市）和若干个联系（道路）形成的网络；食物链，同样可以视为一组元素（各类生物）和若干个联系（捕食者和猎物的关系）形成的网络。因此，现实世界中的许多系统都可以被认为是一个网络。

通常，计算机科学家使用图来表示这一类数据的结构，主要用连接线来表示各数据之间的连接关系。为了分析这类图，科学家们又使用了多种算法。其中，深度优先搜索算法就是大家所熟知的一种算法。

深度优先搜索算法的搜索过程，就是对图中每一个可能的分支路径都深入搜索，直到不能再深入为止，而且每个结点只能访问一次。

在本题中，需要通过朋友的关系网来追踪一本书。实际上，这本书在朋友关系网中的传播路径，类似于利用深度优先搜索算法将某条指令在朋友关系网中进行传递的过程。

贡献者

［英译中］许会敏，huimin890@qq.com
［校　对］王梓璇，2479240985@qq.com；谢惜珍，670157989@qq.com；
　　　　　沈福杰，1034451217@qq.com；石沙，shisha1974@163.com

2014-SE-01 捉迷藏游戏

Ⅰ：—	Ⅱ：—	Ⅲ：难	Ⅳ：难	Ⅴ：中	Ⅵ：—
分类		数据、数据结构与表征			
关键词		树状图，遍历，最佳路径			

北极熊史文与河马哈里玩捉迷藏游戏，哈里隐藏在某个蓝色的湖泊中，史文从红色圆圈开始寻找，且只有 50 秒的时间去找哈里。史文只能沿线移动，并且在每条线上移动需要花费一定的时间（单位：秒），具体见图中标注。

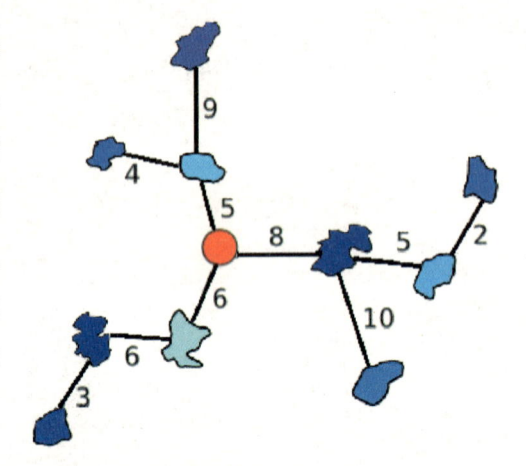

史文在 50 秒内可以访问多少个可能的隐藏地点？（　　）

A. 4　　　　B. 5　　　　C. 6　　　　D. 7

解析

首先，史文沿着需耗时 8 秒、5 秒、2 秒的路线走；然后返回，共需要 30 秒；接着，他沿着需耗时 6 秒、6 秒、3 秒的路线走，共耗时 45 秒。因此，在 50 秒内，他访问了 6 个哈里可能藏身的地方，即答案为 C 选项。

计算思维相关知识

本例是最佳路径的应用，在计算机科学中，高效的树或图的遍历算法非常重要，因为它们是存储大量数据的常用方法。

贡献者

［英译中］张思旭，2350975151@qq.com
［审　核］傅安娜，21703038@zju.edu.cn
［校　对］侯岸泽，1023911646@qq.com

2018-HR-08 穿越沙漠

Ⅰ:一	Ⅱ:一	Ⅲ:一	Ⅳ:难	Ⅴ:中	Ⅵ:易
分类	数据、数据结构与表征					
关键词	图论，深度优先搜索					

海狸克雷斯在环游世界。在去过很多有趣的景点后，他来到了沙漠。为了穿越沙漠，他需要从左上角的区域 A1 出发，到达右下角的棕榈树区域 D3。他可以向上、下、左、右四个方向（不能是斜上、斜下方向）移动，不能重复经过同一个区域，不能经过有仙人掌的区域。

水和苹果能为克雷斯提供能量，每经过一个区域就会消耗一滴水和一个苹果，但是可以在有水和苹果的区域收集这些能量，进行补充。当克雷斯没有水和苹果了，就不能继续向前走了，必须回到 A1 重新开始。

例如，下图中黄色区域标识的就是一条正确的路径。

对于路径 A1 → A2 → A3 → B3 → C3 → D3，每经过一个区域，克雷斯消耗或收集了水和苹果后，还拥有的能量结果如下。

A1：3 滴水和 1 个苹果　　A2：2 滴水和 2 个苹果

A3：1 滴水和 1 个苹果　　B3：1 滴水和 2 个苹果

C3：1 滴水和 1 个苹果　　D3：到达目的地

现在克雷斯即将面临的情况如下图所示，请你帮助他选择合适的路线，在有足够的水和苹果的情况下穿越沙漠。

以下哪个选项是克雷斯穿越沙漠的正确路线？（　　）

A. A1 → B1 → C1 → C2 → C3 → B3 → B4 → B5 → B6 → C6 → C7 → D7 → E7 → E6 → F6 → G6 → G7

B. A1 → B1 → C1 → C2 → D1 → D2 → D3 → C3 → B3 → B4 → B5 → B6 → C6 → C7 → D7 → E7 → E6 → F6 → G6 → G7

C. A1 → B1 → B2 → B3 → B4 → B5 → B6 → C6 → C7 → D7 → E7 → E6 → F6 → G6 → G7

D. A1 → B1 → C1 → C2 → D1 → D2 → D3 → E3 → E4 → F4 → F5 → F6 → G6 → G7

解析

选项A的路线是唯一正确的路线，采用其他路线都不能到达目的地。

对于路径 A1→B1→C1→C2→C3→B3→B4→B5→B6→C6→C7→D7→E7→E6→F6→G6→G7，对应经过每个区域拥有的能量如下表所示。

区域	A1	B1	C1	C2	C3	B3	B4	B5	B6	C6	C7	D7	E7	E6	F6	G6	G7
水/滴	3	2	1	2	1	2	1	2	1	3	2	1	2	1	2	1	到
苹果/个	1	2	1	1	4	3	2	1	2	1	3	2	1	2	1	1	达

计算思维相关知识

深度优先搜索（DFS）是图算法的一种，是对所有结点进行"深度"搜索的操作，即对每一个可能的分支路径都要深入到不能再深入为止，而且每个结点只能访问一次。如果找不到正确的路径，则返回到上一个结点，并"深度"检查另一条分支。

在本题中，要寻找解决方案，需要同时处理多个相关变量。

贡献者

[英译中] 孟爱玮，meng_aiwei@163.com
[审　核] 何建春，45568307@qq.com
[校　对] 孟繁舒，673800843@qq.com；石沙，shisha1974@163.com

十、路径问题

2013-JP-10 回家的路

I：难	II：中	III：易	IV：易	V：易	VI：—
分类	算法与编程					
关键词	最短路径					

海狸喜欢到公园玩。他的家（S）和公园（G）之间有一座用木梁连接而成的桥，这些木梁的长度相同，图中标有"×"的地方是不能通过的。

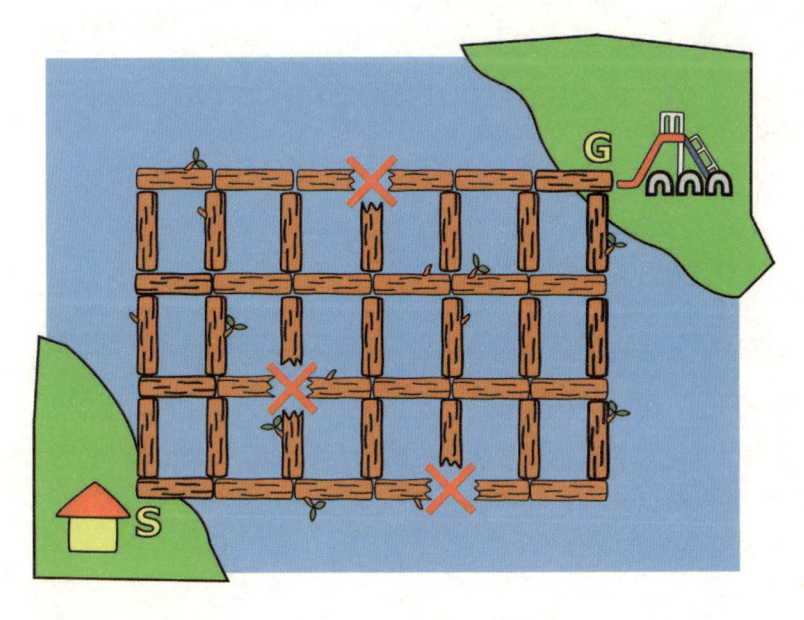

从海狸家到公园之间，共有几条最短路径？（　　）

A. 12　　　B. 14　　　C. 16　　　D. 18

解析

以图中任意一个交叉处为例，联通该交叉处的路径数量，是来自它左侧的不同路径数量与来自它下面的不同路径数量之和（因为我们的目标是从左下的家前往右上的公园。如果从右侧到达一个交叉处或从上方到达一个交叉处，则会绕路，使路径变长，因此不考虑）。

因此，如下图所示，我们可以将最短路径数量的数字从左下的 S 点处开始，向右上逐步相加，终点 G 点处的数字就是最短路径的数量。

计算思维相关知识

该方法将正确的数据按顺序填充到数组的每个单元格中，这种算法被称为"动态规划"。"动态规划"算法经常用于计算组合数或最优值。这种思维在小学奥数中也很常见，从起点 S 开始依次相加，最终结果 18 就是所有到达终点 G 的最短路径数之和。

贡献者

[英译中] 王宇，12533540@qq.com
[完　善] 尚凯，178004221@qq.com；张雅娟，490128905@qq.com
[校　对] 张桓玮，949956843@qq.com；赵腾任，ZTR_2019@126.com；
　　　　 张凯悦，2732382019@qq.com

2013-AT-08 不能右转

Ⅰ:难	Ⅱ:中	Ⅲ:中	Ⅳ:易	Ⅴ:—	Ⅵ:—
分类			算法与编程		
关键词			最短路径		

一群海狸要从旅馆通过下水道系统乘木筏回家。在下水道系统中，通过每一段路所需要的时间不同（下图给出了通过每一段路所需要的时间，以分钟为单位）。

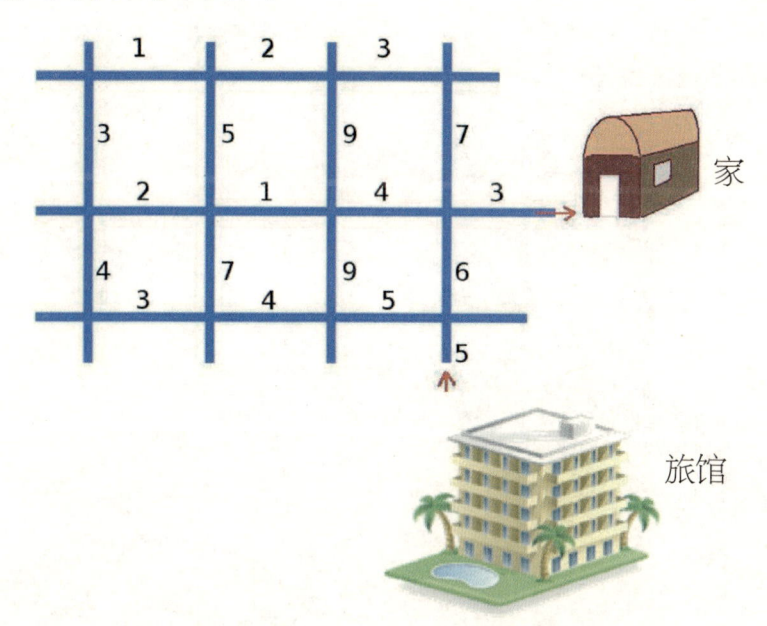

不幸的是，这群海狸的木筏几天前受到损坏，不能进行右转了。那么，他们乘着损坏的木筏从旅馆回到家至少需要多长时间？
（　　）

A. 14 分钟　　　　　　B. 37 分钟
C. 36 分钟　　　　　　D. 34 分钟

解析

根据图示，为了节省时间，优先选择靠右侧的路线。

选项 A：路程时间和是 5+6+3=14 分钟，但该路线存在右转，因为木筏损坏，不能右转，所以 A 选项不正确。

选项 B：路程时间和是 5+6+7+3+9+4+3=37 分钟，没有右转，符合要求，选择该路线（粉色路线）能到达目的地。

选项 C：路程时间和是 5+6+7+3+2+5+1+4+3=36 分钟。该路线（绿色路线）没有右转，而且相比选项 B 的路线，节省了 1 分钟。所以 C 选项更优，是正确答案。

选项 D：错误。因为在木筏不能右转的情况下，从旅馆回家不存在 34 分钟的路线。

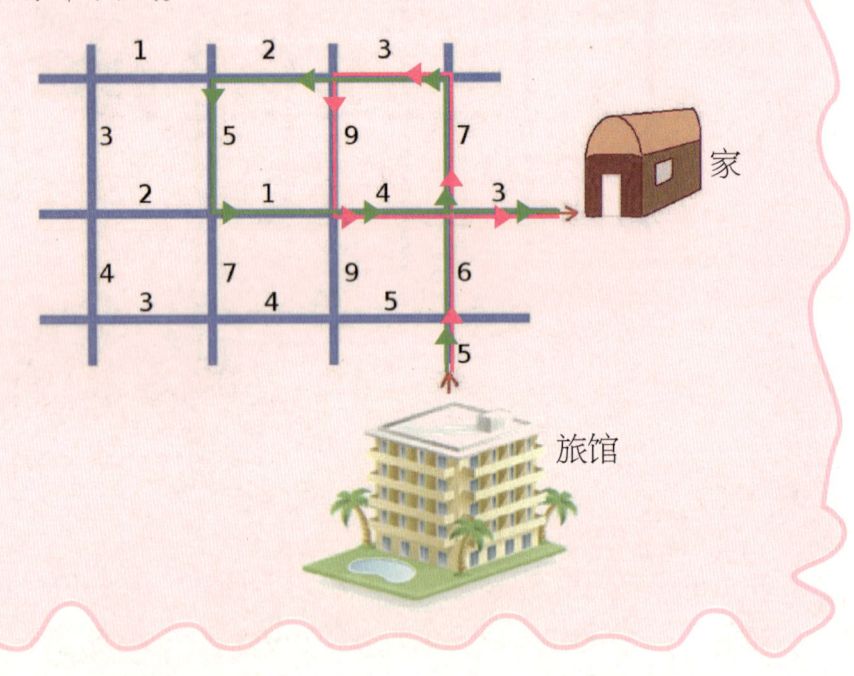

计算思维相关知识

本题的目标是找到符合条件的最短路径。选择哪条路径是基于每个决策点的特定规则（如时间）来决定的。这道题中，在十字路口做出选择的依据是不能右转，并且要选择最短路径。但是由于可能的路径数量很多，短时间内不能计算出通过所有路径的时间和，因此快速的解法就是检验各选项的路径，再进行对比和排除。

贡献者

[英译中] 李娜，19247232@qq.com
[审 核] 杨科可，540794502@qq.com；刘凤祥，fengxiangliumail@163.com
[校 对] 邓文华，407438506@qq.com；赵腾任，ZTR_2019@126.com；
　　　　张凯悦，2732382019@qq.com

2014-TW-01b 在六边形网格中移动

Ⅰ：—	Ⅱ：难	Ⅲ：中	Ⅳ：易	Ⅴ：—	Ⅵ：—
分类	算法与编程				
关键词	最短路径，六边形网格坐标				

海狸喜欢六边形，所以他们决定把国家分为许多个六边形的城市。他们为每个城市设置了坐标（见下图），设置两个相邻城市之间的距离为1。一只小海狸现在在城市(2,1)中，他要去见在城市(5,7)的哥哥，然后回到城市(6,3)的家里。

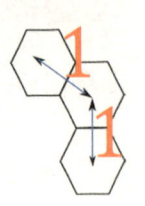

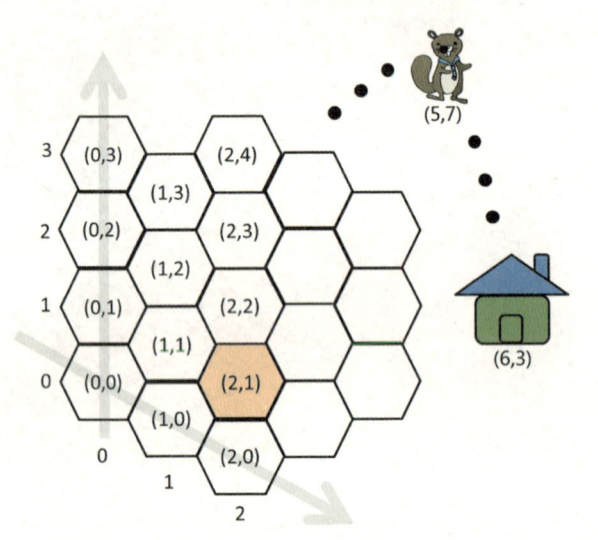

? 小海狸最少要走多远的路才能见到哥哥，然后回到家呢？（　　）

A. 8　　　　B. 9　　　　C. 10　　　　D. 11

解析

从城市 (2,1) 到城市 (5,7) 的最短路径之一是：(2,1)，(3,2)，(4,3)，(5,4)，(5,5)，(5,6)，(5,7)，距离是 6。然后，从城市 (5,7) 到 (6,3) 的最短路径之一是：(5,7)，(6,7)，(6,6)，(6,5)，(6,4)，(6,3)，距离是 5。综上，最短的距离是 6+5=11。

计算思维相关知识

本题主要考查对六边形网格坐标的认识。六边形网格坐标通常用于电脑游戏或电脑图形。计算六边形网格坐标之间的距离是使用六边形网格坐标的基础。我们一般比较熟悉平面直角坐标系，但不太熟悉六边形网格坐标，这道题是区分平面直角坐标和六边形网格坐标的一个很好的练习。

贡献者

[英译中] 李娜，19247232@qq.com
[审　核] 刘凤祥，fengxiangliumail@163.com；邓文华，407438506@qq.com
[校　对] 张凯悦，2732382019@qq.com
[修改|完善] 杨科可，540794502@qq.com

2013-CA-07 忽近忽远

I：一	II：难	III：中	IV：中	V：一	VI：一
分类		算法与编程			
关键词		演算法，最短路径			

　　有一个有趣的题目：需要在下面的题目中从"开始"移动到"完成"，但是第一步移动只能是四个方向之一：向上、向下、向左或向右。在第一步移动之后，下面所有移动应访问的位置由所在的单元格中的坐标来指示，如所在的单元格中的坐标为（R,C），其中 R 表示行（最上面一行为第一行，最下面一行为第六行），C 表示列（最左边一列为第一列，最右边一列为第六列），那么下一步将移动到 R 行 C 列的位置，以此类推。

　　（3,1）（2,3）（5,4）（6,2）（3,3）（4,3）
　　（1,3）（3,3）（2,5）（5,4）（4,1）（2,3）
　　（4,4）（6,6）（3,2）（4,3）（5,3）（4,3）
　　（6,5）（4,2）（3,6）（5,2）（3,5）（4,6）
　　（4,2）（2,2）（1,3）（2,1）开始　（1,4）
　　（5,3）（1,5）（6,3）（1,3）（1,1）完成

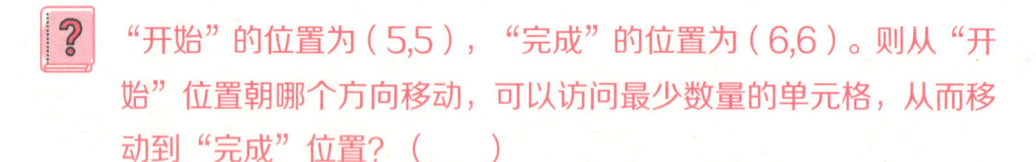

? "开始"的位置为（5,5），"完成"的位置为（6,6）。则从"开始"位置朝哪个方向移动，可以访问最少数量的单元格，从而移动到"完成"位置？（　　）

A. 上　　　　B. 下　　　　C. 左　　　　D. 右

解析

A：如果选择向上移动，将遵循以下路径：

（5,5）→（3,5）→（5,3）→（1,3）→（5,4）→（2,1）→（1,3），这将永远循环，因为路径中有一个循环从（1,3）开始，到（1,3）结束。

B：如果选择向下移动，将遵循以下路径：

（5,5）→（1,1）→（3,1）→（4,4）→（5,2）→（2,2）→（3,3）→（3,2）→（6,6），总共需要8步。

C：如果选择向左移动，将遵循以下路径：

（5,5）→（2,1）→（1,3）→（5,4）→（2,1），这将永远循环，因为路径中有一个循环从（2,1）开始到（2,1）结束。

D：如果选择向右移动，将遵循以下路径：

（5,5）→（1,4）→（6,2）→（1,5）→（3,3）→（3,2）→（6,6），总共需要6步。

综上，答案为D选项。

计算思维相关知识

这个题目包括遵循指定的算法（或步骤），查找路径中的循环，以及在给定几个路径的情况下确定最短路径，这些方法在信息学中都很重要。编写和理解程序需要完全遵循指定的步骤。图论是计算机科学中重要且应用非常广泛的内容，在路径中寻找循环是图论中的一个重要问题。确定问题的最佳解决方案是许多问题的一个方面，如实现某个目标的最佳、最快、最简单的方法。

贡献者

[英译中] 翟学坦，zhaixuetan@163.com
[审　核] 张思旭，2350975151@qq.com
[校　对] 王文华，ivanlawyer@126.com；高静静，gaojingjing0813@163.com；
　　　　赵腾任，ZTR_2019@126.com

2014-DE-07 地铁网络

Ⅰ：—	Ⅱ：—	Ⅲ：难	Ⅳ：中	Ⅴ：—	Ⅵ：—
分类	算法与编程					
关键词	算法，最短路径					

安娜、伯特和克莱尔住在一个有发达地铁网络的城市，下图为城市地铁网络的地图，地图中显示了地铁站及其连接线，数字代表两个相邻车站之间的花费（元）。

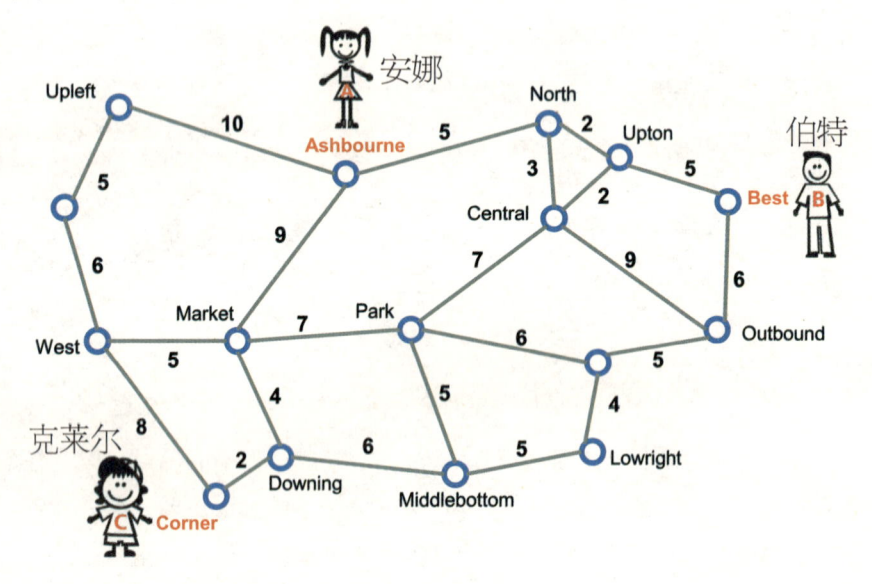

安娜住在 Ashbourne 车站附近，伯特住在 Best 车站附近，克莱尔住在 Corner 车站附近。他们想在地图上的某个车站见面，但是他们每个人坐地铁的花费不能超过 15 元，也不能步行，那么他们可以在哪里见面？（　　）

A. Ashbourne B. Best   C. Central   D. Corner
E. Downing   F. Lowright G. Market   H. Middlebottom
I. North   J. Outbound K. Park   L. Upton
M. Upleft   N. West

解析

要想判断三个人的花费是否都不超过15元,可以依次将选项中的车站作为终点站分别进行计算。解题时首先列出所有终点站,然后列出三个人各自的出发站、途经站和终点站,路径不唯一时,需要选择最短路径——可以通过图中连接线的长短快速判断;接着计算花费;最后判断三个人的花费是否都不超过15元,满足条件的车站为正确答案。

例如,让我们以Ashbourne为终点站,安娜不用乘坐地铁,花费为0;伯特的路径为Best → Upton → North → Ashbourne,花费为5+2+5=12元;克莱尔的路径为Corner → Downing → Market → Ashbourne,花费2+4+9=15元,满足条件。

A选项为正确答案。使用同样的方法可以发现,K选项也满足条件。

计算思维相关知识

数学概念"关系"在信息学领域中被大量使用,如大型数据库依赖于所谓的关系模型。在图结构中,同一组元素之间的关系用一个特定的透视图来表示。边可以具有方向或权重,如本题中的交通网络可以很好地被建模和可视化为一个带加权边的图,其权重表示花费。信息学中关于这类图的有效算法有很多,例如,在图中的结点之间找最短路径(一系列边)的算法。最短路径算法对于路线规划和许多其他应用程序都很有用,例如,如果你向交通网站询问从一个车站到另一个车站最快的路线,它将计算最短路径。用来计算最短路径的算法有Dijkstra算法。

贡献者

[英译中] 任嘉莉,845489971@qq.com
[审 核] 范洁,sunnymato@qq.com;白子颀,987088174@qq.com
[校 对] 张鹏飞,hs2zzpf@163.com;王文华,ivanlawyer@126.com;
         赵腾任,ZTR_2019@126.com

2014-FR-05 激光反射问题

I：—	II：—	III：难	IV：中	V：易	VI：—
分类	算法与编程				
关键词	最佳位置，路径				

图1是一束激光打在平面镜上反射的图示，"/"代表倾斜45°的平面镜，激光从黄色单元格照射进来。在当前平面镜摆放情况下，激光经过平面镜的反射不会击中右下角的绿色单元格。

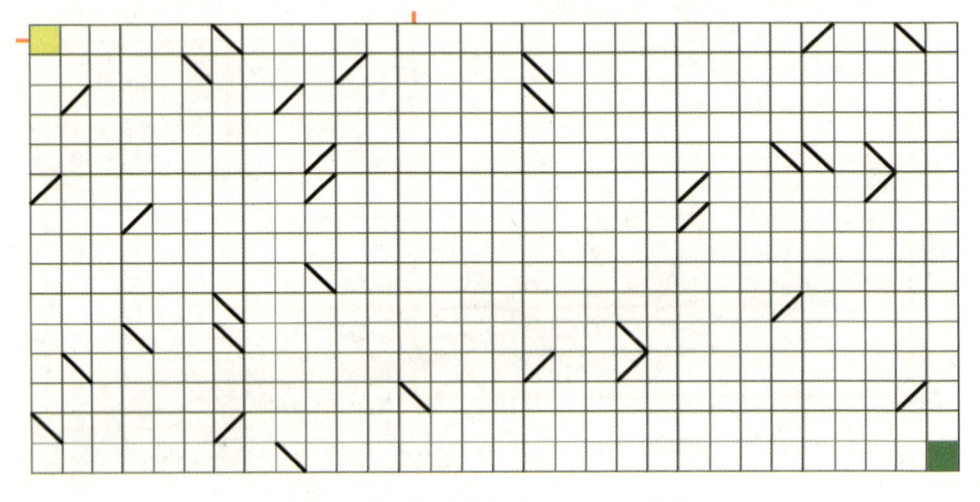

图 1 激光照射及平面镜摆放原始图

? 如果在图中某一位置添加一面平面镜，请问激光通过几面平面镜的反射，能以最少的反射次数击中绿色单元格？

解析

为了解决这个问题，我们可以采用逆向思维思考。假设一束激光从右下角的单元格射出，在哪里加一面平面镜可以使激光到达起点？得到的结果如图2所示。蓝色"/"为添加的平面镜。

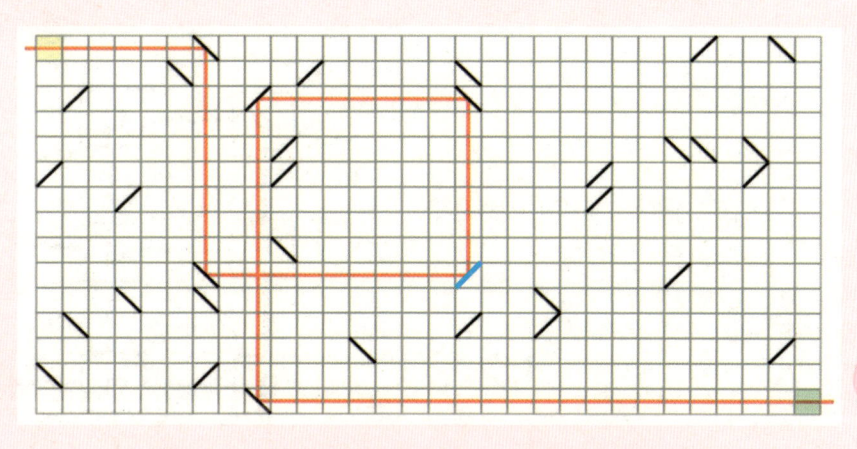

图2 添加一面平面镜后激光的照射及反射路线

计算思维相关知识

为了有效地解决这个问题，必须了解寻找激光路径的算法。正确的路径如图片所展示的一样，可以使用优化的策略或最短路径的算法来找到最佳的解决方案。通过逆向思维的方式获得解决方法，也是解决问题的一种常见方法。

贡献者

[英译中] 崔东伟，77107530@qq.com
[审　核] 赵腾任，ZTR_2019@126.com
[校　对] 徐继红，115202177@qq.com；向阳，15210848280@163.com

2016-PL-05b 邮差之旅

Ⅰ：—	Ⅱ：—	Ⅲ：难	Ⅳ：中	Ⅴ：中	Ⅵ：易
分类			算法与编程		
关键词			欧拉路径，中国邮路问题，优化路线		

海狸汤姆是一名邮递员。他每天从邮局（P地）出发，经过各条街道上的房子，最后再回到邮局。右图中的每一条线段表示一条街道，字母则表示各街道的交叉路口。

现在，汤姆从邮局（P地）出发，每条街道至少要经过一次，但他希望能走最少的路，并最终回到邮局（P地）。他至少要走多少条街道？（　　）

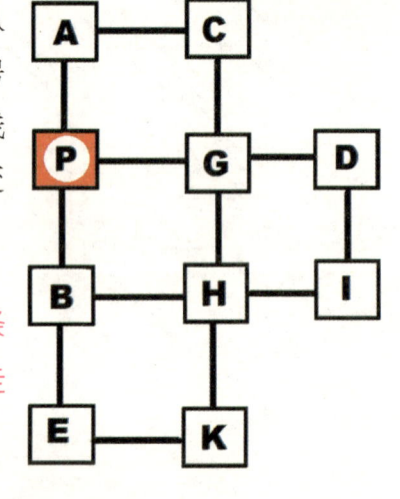

A. 13　　　　B. 14　　　　C. 15　　　　D. 16

解析

这道题是一个典型的中国邮路问题：邮递员送信，要走完他负责投递的全部街道，并回到邮局，他应该按怎样的路线走才能使自己走的路程最短？

欧拉图里每个结点的相连线段数都是偶数，即每个结点的出路和回路是成对出现的，从而保证到达和离开该结点的通路不重复。在这道题中，如果此街道图为欧拉图，那么，只需要求出图中的一条欧拉回路即可（欧拉回路，指每个街道都经过一次的路径）。否则，邮递员就得在某些街道上重复走若干次。

经过观察,可以发现街道图中有两个结点的相连线段数是奇数(B、P),且它们彼此相连。因此,在实际路线中,只需要重复走这两个结点之间的街道就可以了。

本题有多种正确的解决方案,只要将BP相连的街道重复走两次即可,如P→A→C→G→P→B→E→K→H→G→D→I→H→B→P。因此,至少要走14条街道,即答案为B选项。

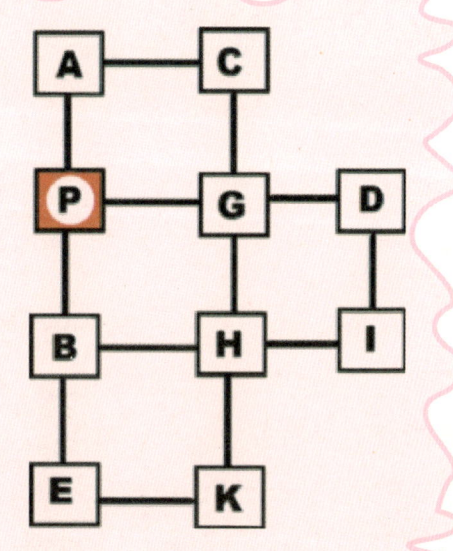

计算思维相关知识

图论中的图是由若干给定的点及连接两点的线所构成的图形,这种图形通常用来描述某些事物之间的某种特定关系。用点表示某一事物,用连接两点的线表示相应两个事物之间所具有的某种关系。

本题涉及信息学中的内容,此图中虽然含有欧拉路径,但不是一个完全意义上的欧拉图。因此,有些街道是必须重复走的。所以,解答此题还涉及"最优化"原则。

贡献者

[英译中] 何建春,45568307@qq.com

[审　核] 孟爱玮,meng_aiwei@163.com;石沙,shisha1974@163.com

[校　对] 孟繁舒,673800843@qq.com;侯岸泽,1023911646@qq.com

2018-IR-06 收费公路

Ⅰ：—	Ⅱ：—	Ⅲ：—	Ⅳ：难	Ⅴ：中	Ⅵ：—
分类	算法与编程				
关键词	图，最短路径				

在下面的地图中，带字母的圆圈表示城市，直线表示双向道路，道路上的数字代表汽车每次进入该道路时必须支付的通行费金额。道路的交叉处有交叉口。汽车可以在交叉口改变行驶道路，但需要支付进入的道路的全部通行费。例如，要从 B 地开车到 C 地，可以走通行费为 18 元和 6 元的道路，因此要支付 18+6=24 元的通行费。

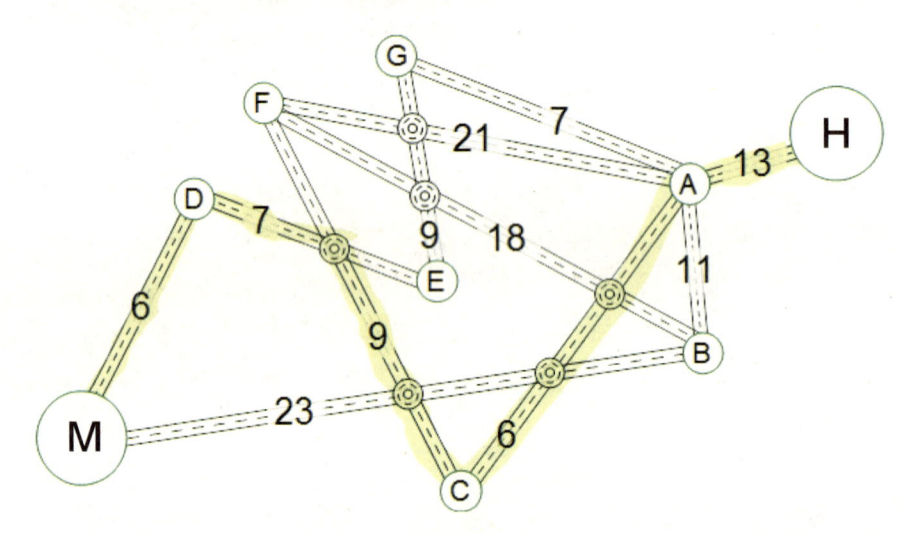

鲍勃开车从 H 地到 M 地至少要付多少元通行费？（　　）

A. 43　　　　　B. 39　　　　　C. 41　　　　　D. 45

解析

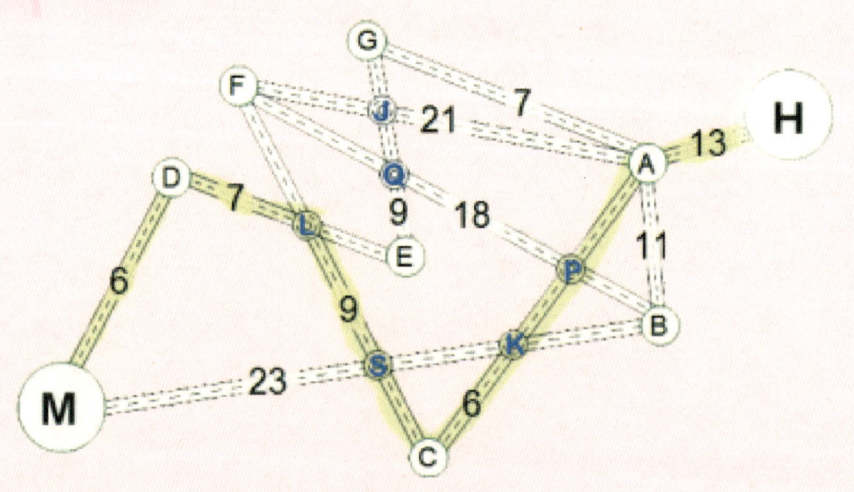

本题使用 Dijkstra 算法的解题过程如下：

（1）H→A 只有一条道路，因此通行费为 13 元；

（2）与 A 地邻接且通行费最低的道路为 AC，通行费为 6 元；

（3）与 C 地邻接的城市 S、L、F，通行费都为 9 元；

（4）下面要比较道路 SM、LM、FM，找到其中花费最少的那条道路，可知道路 SM 通行费为 23 元，道路 LM 通行费为 7+6=13 元，道路 FM 通行费为 9+7+6=22 元，即花费最少的为道路 LM；

因此通行费最少的路径为 H→A→C→L→D→M，通行费共计 13+6+9+7+6=41 元。

为了证明 C 选项的 41 元是要付的最少的通行费，我们试着找一条通行费更少的路径。

首先，很明显要经过花费为 13 元的 HA 道路，所以我们应该找到一条 A→M 的路径，使其要付的通行费比 41-13=28 元更低。

其次，我们不应该走 BM 道路，因为它的花费为 23 元，不可能再找到一条比 28-23=5 元便宜的 A→B 的道路。

所以，我们选择 DM 道路，花费为 6 元，因此我们应该找一条从 A 到 D 的路径，且通行费要比 28-6=22 元更低。

从 A 到 D 的路径不应超过三条道路，因为最便宜的道路花费为 6 元，因此若有四条道路，将至少花费 6×4=24 元。

我们可能会考虑道路 AB，但这会导致通行费更昂贵的解决方案，因为从 B 到 D 最少也需花费 18+9+7=34 元。

同样的思考过程也适用于 AF 道路，因为这条道路通行费非常昂贵。

如果走道路 AG，那么将至少需要支付 7+9+7=23 元，大于 22 元。

综上，如果走道路 AC，可以支付最少的通行费。

计算思维相关知识

在图论中，最短路径问题即在一个图的两个结点之间找到一条路径，使其组成的边的权重之和最小。图的结点对应于交叉口，边对应于道路，每个道路的权重由其长度、通行费、交通负荷或时间等决定。

在不依赖于道路行驶距离的情况下，通过使用附加结点和边来表示交叉口的方法，可以将在具有此类收费的地图上找到两个交叉点之间的最短路径问题简化为经典的最短路径问题。经典的最短路径问题可以用 Dijkstra 算法求解。

贡献者

[英译中] 张桓玮，949956843@qq.com

[修改|完善] 张雅娟，490128905@qq.com；王宇，12533540@qq.com；
尚凯，178004221@qq.com

[审核] 边琦，bianqi@imnu.edu.cn

2013-PL-10 挖水渠

Ⅰ：—	Ⅱ：—	Ⅲ：—	Ⅳ：难	Ⅴ：中	Ⅵ：易
分类	算法与编程					
关键词	最短路径，遍历					

小海狸想要挖一条水渠灌溉田地，他想省时省力地完成挖水渠工作，所以水渠应该尽可能短，但必须保证每一块小田地都能够被灌溉（当水渠到达田地的任意一边时，田地就能得到灌溉）。

下图是小海狸的田地，每一块小田地都是正方形的。小海狸只能从位于田地右上角的水源处挖掘水渠。为了便于计算，我们把一块小田地的边长设为1。

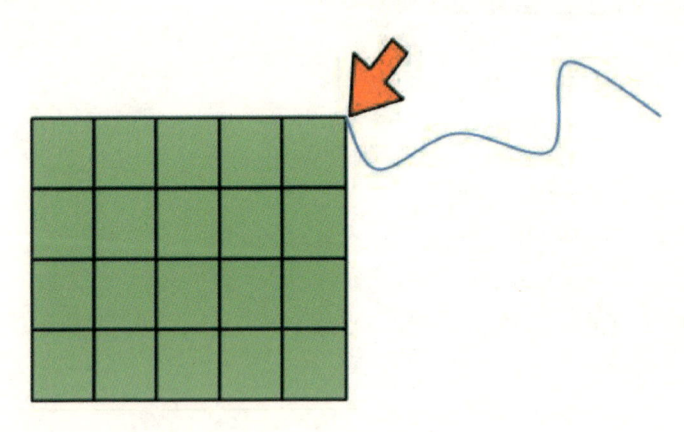

水渠的最小长度是多少？（　　）

A. 20　　　　B. 13　　　　C. 14　　　　D. 18

解析

答案仅提供了一种可能的解决方案。我们可以把田地分成上下两部分，每部分有 10 块小田地，如果从右上角开始挖掘水渠，一条水渠最多可以灌溉 2 块小田地，为使每块小田地都被灌溉，且水渠长度最短，我们应尽量安排水渠走田地的中间部分。

计算思维相关知识

本题是利用迪杰斯特拉（Dijkstra）算法求最短路径的一个变形，在一个图中，我们需要遍历所有的结点并且保证路径长度最短，那么我们就需要从某一结点出发，找到到达其他各结点的最短路径。

贡献者

[英译中] 高路祎，601306788@qq.com
[审　核] 赵腾任，ZTR_2019@126.com
[校　对] 侯岸泽，1023911646@qq.com；秦小娜，qinxiaona2009@yeah.net；
　　　　　郝思晨，904087600@qq.com；赵腾任，ZTR_2019@126.com；
　　　　　王戈，wgxp@sina.com

2016-PL-05 邮差之旅

Ⅰ：—	Ⅱ：—	Ⅲ：—	Ⅳ：难	Ⅴ：中	Ⅵ：易
分类	算法与编程				
关键词	欧拉路径，邮递员问题，最优化				

海狸汤姆是个邮递员。他每天都从邮局（P点）出发，经过各条街道上的房子，最后再回到邮局。右图中的每一条线段表示一条街道，字母则表示各街道的交叉路口。

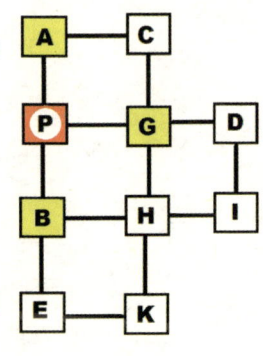

现在，汤姆从邮局（P点）出发，每条街道都至少要经过一次，但他希望能走最少的路，最后回到邮局。以下哪条路线是汤姆的最佳路线？（　　）

A. PACGPBEKHGDIHBP

B. PACGDIHKEBP

C. PBEKHIDGCAP

D. PACGPBHKEBHIDGP

解析

本题是一个典型的邮递员问题：一个邮递员送信，要走完他负责投递的全部街道，并回到邮局，他应该选择怎样的路线才能使自己走的路程最短呢？

首先，要了解一个概念——欧拉图。在欧拉图中，每个结点涉及的线段数都是偶数，即每个结点的出路和回路是成对出现的，从而保证到达和离开该结点的通路不重复。如果此街道图为欧拉图，那么，只需要找出图中的一条欧拉回路即可（欧拉回路，指每个街道都经过一次的路径）。而如果此街道图不是欧拉图，邮递员就得在某些街道上重复走若干次。

经过观察可以发现，该街道图中有两个结点（B、P）的相连线段数是奇数，且它们彼此相连。因此，在实际路线中，只需要重复走这两个结点之间的街道就可以了。

本题有多种正确的解决方案，只要将 BP 街道重复走两次即可，如 PACGPBEKHGDIHBP，即答案为 A 选项。

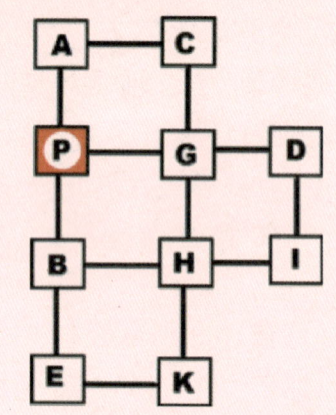

计算思维相关知识

图论是信息学的一部分。

图论中的图由若干给定的点及连接两点的线所构成，这种图通常用来描述某些事物之间的某种特定关系。用点表示某一事物，用连接两点的线段表示两个事物之间所具有的某种关系。

本题涉及的图中虽然含有欧拉路径，但该图不是一个完全意义上的欧拉图。因此，有些街道是必须重复走的。所以，此题还涉及"最优化"原则。

贡献者

[英译中] 何建春，45568307@qq.com

[审　核] 孟爱玮，meng_aiwei@163.com；石沙，shisha1974@163.com；
孟繁舒，673800843@qq.com

[校　对] 林泽珊，1123447303@qq.com

2015-IL-02 捷径

I：一	II：一	III：难	IV：难	V：中	VI：中
分类	算法与编程					
关键词	最短路径，洪水填充法					

海狸在玩黑白方块移动游戏。海狸只能站在白色方块上，他可以从一个白色方块走到任意相邻的白色方块（水平、垂直或对角）。当他走到下一个白色方块时，算一次移动。

海狸也可以跳过黑色方块，如在黑色方块沿跳跃方向的前方有一个白色方块时。如果海狸可以一次或多次跳跃，中间不走动，这些跳跃一起算作一次移动。

例如：右上图中从 b1 到 c1 需一次移动，从 c3 到 a5 需两次移动；右下图中从 a4 到 c4 再到 e2 需一次移动。

❓ 如果海狸站在右上角，想走到左下角。那么海狸到达目的地的最少移动次数是多少？（　　　）

A. 4　　　　B. 5　　　　C. 6　　　　D. 7

解析

第 1 次移动：标有数字 1 的白色方块为海狸第 1 次移动可能到达的位置。

k	j	i	h	g	f	e	d	c	b	a	
					■					1	🐹	1
		■					■		1	1	1	2
			■	■		■						3
					■			■				4
				■								5
🟩		■										6

第 2 次移动：标有数字 2 的白色方块为海狸第 2 次移动可能到达的位置。

k	j	i	h	g	f	e	d	c	b	a	
	2		2		■	2				1	🐹	1
2	■	2					■	2	1	1	1	2
	2		■	■	2	■			2	2	3
				2	■	2	2		■		2	4
				■								5
🟩		■			2		2		2			6

第 3 次移动：标有数字 3 的白色方块为海狸第 3 次移动可能到达的位置。

k	j	i	h	g	f	e	d	c	b	a	
3	2	3	2	■	2	3	2	■		1	🐹	1
2	■	2		2	3		■	2	1	1	1	2
3	2		■	■	3	■	3		2	3	3
3	3	3	3	2	■	2	2		■	2	4
		3	3	■	3						5
🟩		■	3	2	3	2	3	2	3		6

第 4 次移动：标有数字 4 的白色方块为海狸第 4 次移动可能到达的位置。

k	j	i	h	g	f	e	d	c	b	a	
3	2	3	2	■	2	3	2	■	1	🐹	1
2	■	2	■	■	2	3	■	2	1	1	2
3	2	■	2	■	■	3	2	3	■	2	3
3	3	2	3	2	3	2	3	2	■	2	4
4	3	3	3	■	■	3	■	■	3	3	5
4	4	■	3	2	3	2	3	2	3	4	6

在 4 次移动后到达目标单元格的方法有多种，下面为其中一种方法。

第 1 步：a1 → a2；第 2 步：a2 → c4 → e6 → g4 → g2 → i2 → i4；
第 3 步：i4 → j5；第 4 步：j5 → k6。

综上，答案为 A 选项。

计算思维相关知识

　　洪水填充法即从起始结点开始把附近与其连通的所有结点都提取出来，或填充成不同颜色，可以从一个区域中提取若干个连通的点，使其与其他相邻的区域区分开（或分别染成不同颜色）。因为其思路类似于洪水从一个区域扩散到所有能到达的区域，从而得名。这道题是洪水填充法的一种应用。可以使用此算法查找网格上单元格之间的最短距离。

贡献者

[英译中] 李泓，hushilihong@163.com

[审　核] 大熊，lovepooh1990@gmail.com

[校　对] 黄素云，1182994505@qq.com；朱燕南，3116465579@qq.com；
　　　　 王文华，ivanlawyer@126.com

[修改|完善] 李泓，hushilihong@163.com

2013-FR-02 霍比特人

Ⅰ：—	Ⅱ：难	Ⅲ：难	Ⅳ：中	Ⅴ：中	Ⅵ：易
分类	数据、数据结构与表征					
关键词	最短路径，枚举法					

海狸需要从家出发，在路上捡起三个环，然后将它们扔进火山的熔岩中销毁，最后返回家。走一段用黑线表示的路径需要用一天的时间。

请问，海狸最少需要多少天才能完成任务？（　　）

A. 13　　　　B. 12　　　　C. 11　　　　D. 10

解析

海狸至少需要10天才能完成任务，即答案为D选项。下面用红色线条标识的路径是唯一的。

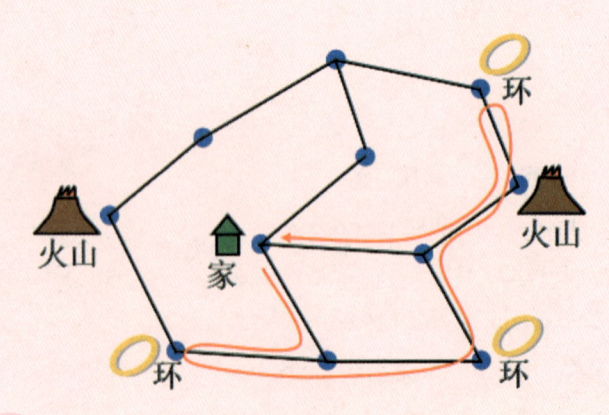

计算思维相关知识

此问题的目标是找到满足所有条件的最短路径。路径必须经过地图的三个特定结点（环），然后经过地图的两个特定结点（火山）中的至少一个。在没有更好的解决方案的前提下，一种方法是以蛮力的方式尝试所有可能的路径（枚举法）。

枚举法始终是使用计算机解决问题的有效方法，尽管只有在合理的时间内，当枚举的数量不是太多（如小于十亿）时，才会给出结果。如果数量太多，就需要设计更巧妙的算法。

贡献者

[英译中] 黄素云，1182994505@qq.com
[审　核] 朱燕南，3116465579@qq.com；大熊，lovepooh1990@gmail.com
[校　对] 李泓，hushilihong@163.com；王文华，ivanlawyer@126.com；
　　　　赵腾任，ZTR_2019@126.com

2018-IT-01a 海狸建小屋

I：—	II：—	III：—	IV：难	V：中	VI：—
分类	数据、数据结构与表征					
关键词	组合问题，最大时间最小化					

一个海狸家庭在沿河方向有 5 个不同的采食点。下图中标注了从一个采食点到下一个采食点的转移时间（单位：分钟）。这个家庭准备在其中两个采食点建小屋。

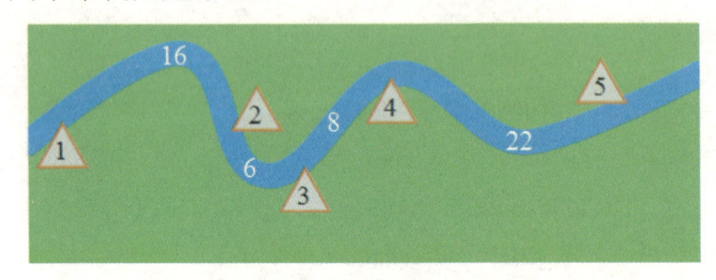

天气不好的时候，海狸会从一个采食点移动到最近的小屋避难，这种移动需要的时间称为逃跑时间。

海狸家庭希望把小屋建在合适的位置，以便尽可能缩短从各个采食点到小屋的逃跑时间，使其中最长的逃跑时间最短。

请问，海狸家庭应选择哪两个采食点建造小屋？（　　）

A．2 和 4　　　B．2 和 5　　　C．3 和 4　　　D．1 和 4

解析

从采食点 4 转移到采食点 5 需要 22 分钟，如果不在采食点 5 建一个小屋，那么在采食点 5 的海狸至少需要 22 分钟才能到达一个小屋。

因此应在采食点 5 建一个小屋。如果在采食点 4 建另一个小屋，则最长的逃跑时间等于 16+6+8=30 分钟，因此可以在采食点 1、2、3、4 中选择最短逃跑时间的位置建立第 2 个小屋。

可以看出，在采食点 5 和 2 建小屋，最长的逃跑时间最短（即答案为 B 选项）：在采食点 1 的逃跑时间为 16 分钟；在采食点 3 的逃跑时间为 6 分钟，在采食点 4 的逃跑时间为 8+6=14 分钟。

计算思维相关知识

本题类似工厂选址问题，工厂想建立一定的设施，就需要保证到达这些设施的用时最短，以达到效益最大化。注意，在本题中，希望最小化的不是时间的和，而是到达最近小屋的最大时间的最小化。在一般的情况下，求解这类问题是比较困难的。

贡献者

[英译中] 张桓玮，949956843@qq.com
[修改|完善] 张雅娟，490128905@qq.com；王宇，12533540@qq.com；
尚凯，178004221@qq.com；边琦，bianqi@imnu.edu.cn
[审核意见] 张雅娟，490128905@qq.com；边琦，bianqi@imnu.edu.cn

2015-TW-02 收集木材

Ⅰ:—	Ⅱ:—	Ⅲ:难	Ⅳ:难	Ⅴ:中	Ⅵ:易
分类		数据、数据结构与表征			
关键词		拓扑序列，最长路径问题			

修建水坝是海狸们每年最重要的任务，他们从森林里收集了大量木材用于建造水坝。聪明的海狸利用河流来运输这些沉重的木材。运输条件如下：

（1）海狸在岸边收集木材，然后把木材放到筏子上。

（2）筏子流经每条河时，海狸只能收集一定数量的木材。

（3）筏子只能顺河从北向南漂流。

海狸们必须找出能收集最多木材的路径。地图上标注了河流及流经每条河时能够收集的木材数量。指向标指示了南（S）、北（N）方向。

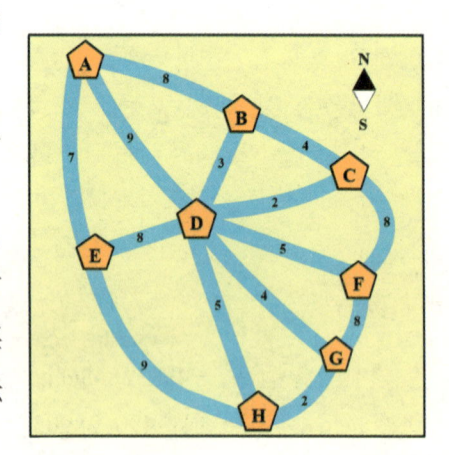

假如一只海狸从 A 处出发，到达 H 处，那么他一次最多能收集多少根木材？（　　）

A. 32　　　　B. 31　　　　C. 19　　　　D. 40

解析

最佳路径为 A→B→C→D→E→H，海狸最多可收集 8+4+2+8+9=31 根木材，即答案为 B 选项。寻找最佳路径的最简单方法是：从起始点开始，逐步计算到达下一级结点时木材数量的最大值，以此类推，直到找出最佳路径。

计算机可通过如下算法来完成该任务：

（1）将所有结点的值均初始化为0。

（2）从起始结点开始，对于入度为0的结点，循环执行如下计算过程（入度：有向图中，以某点为终点的路径的条数，即为该点的入度。）：

①将该结点的值与边值（路径上可收集木材的数量）相加，将新值与各子结点的值进行比较，并将较大的值赋给子结点。

②删除入度为0的结点及与其关联的路径。

③若到达终点，则退出循环，否则，继续执行循环。

（3）输出此时终点的值，结束计算。

下表为这一过程中的变化情况（红色数字表示此时结点的入度为0）。

轮次	A	B	C	D	E	F	G	H
初始	0	0	0	0	0	0	0	0
第一轮	—	8	0	9	7	0	0	0
第二轮	—	—	12	11	7	0	0	0
第三轮	—	—	—	14	7	20	0	0
第四轮	—	—	—	—	22	20	18	19
第五轮	—	—	—	—	—	—	28	31
第六轮	—	—	—	—	—	—	—	31

计算思维相关知识

该题是图论中的最长路径问题，在路径规划问题方面具有重要的应用价值。要解决起点到终点的最长路径问题，可以借助有向图，采用拓扑排序的方法来进行计算。

贡献者

[英译中] 刘宇隆，2461143833@qq.com

[审　核] 付康华，874081355@qq.com

[校　对] 边琦，bianqi@imnu.edu.cn

2018-SK-04 万圣节之旅

Ⅰ：—	Ⅱ：—	Ⅲ：难	Ⅳ：难	Ⅴ：中	Ⅵ：易
分类		数据、数据结构与表征			
关键词		路径表示，树状图			

雨果住在村庄的房屋 H 里。这个村庄只有 9 栋房屋和一条经过各房屋门前的绕湖环形路。每两栋房屋之间的距离正好为 10 米。

在万圣节那天，雨果戴着面具去拜访村民。

雨果从房屋 H 开始，选择了一个方向，然后一直朝那个方向走，直到他走到想要拜访的村民的房屋。拜访完一位村民后，他又选择了一个方向，并朝新选定的方向走，直到他走到想要拜访的村民的房屋，以此类推。每次拜访一间房屋的村民时，他都会记录自己从前一间房屋出来后所走过的距离。

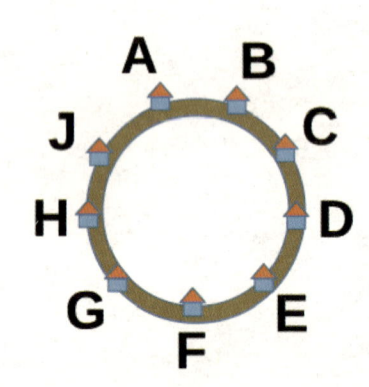

雨果最后拜访的是房屋 F 里的村民，并记录了 20、10、20、40 这 4 个数字。

❓ 请问，在雨果拜访房屋 F 里的村民之前，他依次拜访过哪些房屋里的村民呢？（　　）

A. 房屋 A、G、C
B. 房屋 G、J、D
C. 房屋 F、E、A
D. 房屋 A、J、B

解析

右图展示了雨果拜访不同房屋里的村民并最终到达房屋F的可能路径。雨果先沿顺时针方向走到房屋A，接着沿逆时针方向走到房屋J，再沿顺时针方向走到房屋B，最后沿顺时针方向走到房屋F。

我们必须证明其他可能的路径是不正确的。请注意，雨果可能沿顺时针方向走，也可能沿逆时针方向走，因此这4个数字就描述了$2×2×2×2=16$条可能的路径。从下面的2个树状图可以看出，使用其他15种方式中的任何一种，雨果都不可能最终到达房屋F。

（1）如果雨果最开始沿顺时针方向走20米，他将到达房屋A。下图显示了从房屋A顺时针或逆时针走的所有可能性。

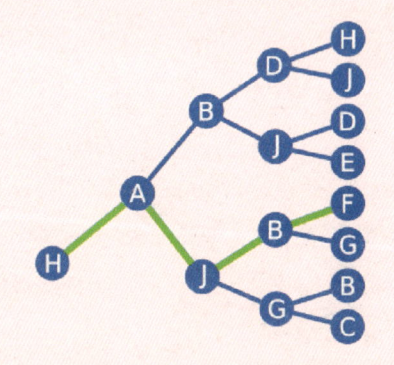

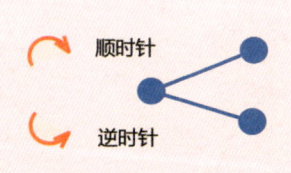

（2）如果雨果最开始沿逆时针方向走20米，他就会到达房屋F。从房屋F走的所有可能路径如右图所示。

通过比较以上两图的结果，仅有一种方案可以使雨果最终到达房屋F，即$H→A→J→B→F$，即答案为D选项。

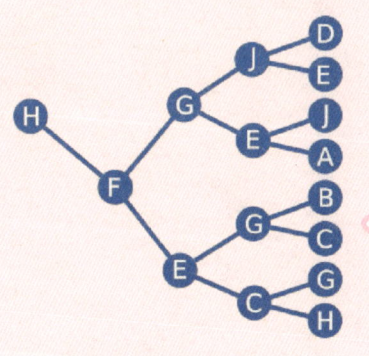

计算思维相关知识

计算机科学家和程序员经常将现实世界中的某些对象（如本题中访问村民时所走的路径）作为计算机的基础数据，然后找到这些对象的特殊属性。通过对现实世界中的对象进行特殊处理，才能更好地构建可行的模型，从而找到答案。

我们把雨果可能行走的路线以树状图的形式表示。树状图是一种重要的非线性数据结构，直观地看，它是数据元素（在树中称为结点）按分支关系组织起来的结构，很像自然界中的树。

在本题中，如果需要计算雨果的总行程，我们可以通过雨果行走的起点、终点和距离（不包含行走方向）来得到结果。若我们想确定雨果到达过哪些房屋，仅仅记录雨果行走的起点、终点和距离是不可行的。为了更好地解决难题，在特定情况下，我们可能有好几种解决方案，这就要求我们更好地记录更多相关信息，例如，本题中可记录行走距离和行走方向等。

贡献者

[英译中] 侯岸泽，1023911646@qq.com

[审 核] 赵腾任，ZTR_2019@126.com；秦小娜，qinxiaona2009@yeah.net；
郝思晨，904087600@qq.com；高路祎，601306788@qq.com

[校 对] 秦小娜，qinxiaona2009@yeah.net；赵腾任，ZTR_2019@126.com

[审核意见] 沈福杰，1034451217@qq.com

2016-LT-08 探索路径

Ⅰ：—	Ⅱ：—	Ⅲ：—	Ⅳ：难	Ⅴ：中	Ⅵ：易
分类	数据、数据结构与表征					
关键词	最短路径问题，迪杰斯特拉算法，图论					

克拉维娅骑着自行车游历附近的各个村庄，寻找穿过这些村庄的路线。如下图所示，每个村庄都有一个用字母标记的石头，村庄之间的所有道路都用黄色小旗标注了距离和方向。

通过多次骑行不同的路线，克拉维娅在每个村庄的石头下都留下了一张蓝色的纸条，纸条上的数字是她测量的从 A 村到该村庄的距离。

请问，她在蓝色纸条上标注的数字的具体含义是什么？（　　）

A. 从 A 村到该村庄，穿过村庄个数最少的最短路径长度
B. 从 A 村到该村庄的最短路径长度
C. 从 A 村到该村庄，若遇到路口就向左转弯的最短路径长度
D. 从 A 村到该村庄，若遇到路口就向右转弯的最短路径长度

解析

为了找到正确的答案，要根据四个选项中给出的含义分别计算。

A 选项是错误的，否则 D 村石头下的数字应为 45，Z 村石头下的数字应为 52；

C 选项是错误的，否则 C、D、Z 村石头下的数字分别应为 33、45、52；

D 选项是错误的，否则 C、D、Z 村石头下的数字分别应为 51、45、52。

因此，蓝色纸条上的数字表示的是从 A 村到该村庄的最短路径长度。

要找到最短路径，我们可以使用迪杰斯特拉算法：

（1）为每个村庄分配一个表示从 A 村到该村庄距离的初始值，A 村庄的初始值是零，而其他所有村庄的初始值均为无穷大。

（2）从 A 村出发，也就是将 A 设置为初始路口。

（3）对于初始路口，考虑其所有未访问的邻居（其他村庄）并计算到邻居的距离。而对于每个邻居，将新计算出的距离与原有的值（就是那个初始为无穷大的值）进行比较，并将结果更改为新计算出的较小值。

（4）考虑完当前路口的所有邻居后，将当前路口标记为已访问，已访问过的路口将不再检查。

（5）选择距离最小且未访问过的村庄，将其设置为新的"初始路口"，然后返回步骤（3）继续执行。

（6）如果目的地 Z 村庄被标记为已访问，就停止计算。

这个算法的运行过程就是我们解题时尝试相加的过程，按照四个选项的含义去尝试相加，用得出的结果与蓝色纸条上的数据进行对比，直到找到合适的结果为止。计算机计算并赋值的过程就是模拟的我们的计算过程。

综上，答案为 B 选项。

计算思维相关知识

寻找图中某些地点之间距离最短的路径问题为"最短路径问题"。我们可利用最短路径算法，自动查找各个位置之间的最短距离，例如，驾驶员在开车时用手机软件查询行车路线等。它是日常应用中最基本的算法之一。

而"迪杰斯特拉算法"是最受欢迎的算法，也是解决最短路径问题的算法之一。迪杰斯特拉算法的基本思路是先给每个位置的距离赋初始值，再逐步地优化、改进距离值。

另外，本题还涉及图论问题。图论是信息学中非常重要的数据结构。我们可以结合图和其他算法来求最短路径，比如通过求图的最小生成树来达到最终的目的。

贡献者

[英译中] 孟繁舒，673800843@qq.com
[校　对] 林泽珊，1123447303@qq.com
[审核|校对] 石沙，shisha1974@163.com；何建春，45568307@qq.com；
　　　　　孟爱玮，meng_aiwei@163.com